茶艺与茶文化专业系列教材

茶馆经营管理

刘　燕　李卓澄　王锦桦　**主　编**
刘　芳　周薇平　卫艺炜　堵　茜　马绵霞　**副主编**

数字资源总码

旅游教育出版社
· 北　京 ·

图书在版编目（CIP）数据

茶馆经营管理 / 刘燕，李卓澄，王锦桦主编. 北京 ：旅游教育出版社，2025. 9. -- (茶艺与茶文化专业系列教材). -- ISBN 978-7-5637-4895-2

Ⅰ. F719.3

中国国家版本馆 CIP 数据核字第 20254V06X1 号

茶艺与茶文化专业系列教材

茶馆经营管理

刘　燕　李卓澄　王锦桦　主　编

刘　芳　周薇平　卫艺炜　堵　茜　马绵霞　副主编

总 策 划	丁海秀
执行策划	赖春梅
责任编辑	赖春梅
出版单位	旅游教育出版社
地　　址	北京市朝阳区定福庄南里 1 号
邮　　编	100024
发行电话	（010）65778403　65728372　65767462（传真）
本社网址	www.tepcb.com
E - mail	tepfx@163.com
排版单位	北京鸿文瀚海有限公司
印刷单位	天津雅泽印刷有限公司
经销单位	新华书店
开　　本	710 毫米 ×1000 毫米　1/16
印　　张	15.5
字　　数	245 千字
版　　次	2025 年 9 月第 1 版
印　　次	2025 年 9 月第 1 次印刷
定　　价	66.00 元

（图书如有装订差错请与发行部联系）

茶艺与茶文化专业系列教材

编委会

茶馆经营管理

编委会

主　编：

刘　燕　江西环境工程职业学院

李卓澄　华饮（北京）科技股份有限公司

王锦桦　江西环境工程职业学院

副主编：

刘　芳　江西环境工程职业学院

周薇平　无锡工艺职业技术学院

卫艺炜　信阳农林学院

堵　茜　湖南生物机电职业技术学院

马绵霞　广东科贸职业学院

编　委：

王　厅　常德科技职业技术学院

禹淞文　常德市农林科学研究院

钱　瑜　无锡工艺职业技术学院

陈丽荣　无锡工艺职业技术学院

于海洋　哈尔滨大方茶馆

孙　丽　江西环境工程职业学院

蒋文昊　无锡工艺职业技术学院

茶者，南方嘉木也。江南烟雨浸润千年，茶香氤氲间沉淀着中华文明的精魄。在习近平总书记关于“三茶统筹”战略的引领下，在旅游强国与文化强国建设的时代召唤中，中国职业技术教育学会智慧文旅职业教育专业委员会、全国旅游职业教育教学指导委员会景区与休闲类专业委员会携旅游教育出版社、浙江旅游职业学院，广邀全国二十余所院校中的多位茶学专家学者与行业大师，如春茶吐蕊在全国率先出版“茶艺与茶文化专业系列教材”。这既是对传统茶道精神的现代诠释，也是对优秀传统茶文化的有效传承，更是旅游职业教育服务国家战略的生动实践。

茶艺与茶文化，作为“东方生活的美学范式”，承载着中华民族天人合一的哲学智慧，更是满足现代人民对美好生活需要的重要组成。新时代职业教育肩负着培养技术技能人才与文化传承者的双重使命，本系列教材以“一片叶子”为媒介，将茶树相关资源保护、非遗制茶工艺、现代文旅融合等要素熔铸其中，构建起贯通历史与未来、联结农业与文旅的知识体系与能力图谱。作为国家新版职教专业标准颁布后的首批配套教材，我们构建了“三维立体化”的编写体系：纵向贯穿“茶叶种植－精深加工－文化传播－旅游服务”产业链，横向融合农业类与旅游类院校的专业优势，深度嵌入中华茶文化与创新等教学资源库的数字化资源。特别是创新采用模块化、项目化、情境化等课程教学改革设计，每个教学单元不仅遵循案例或任务导入、工作过程或任务解析、技能训练与实践、学习效果检测与拓展等任务驱动的原则，而且包含标准教学视频、虚拟仿真实训或教学微课等新形态元素，从而使得诸如“西湖茶宴的意境营造”与“普洱茶渥堆发酵技术”等专业知识得以在数字空间完美呈现。这种“三维立体化”的教材编写模式，正是专业“五金”新基建理念的具象化表达。

本系列教材的编写团队秉持“三跨三融”原则——跨地域组建团队、跨领域整合资源、跨时空共享成果，融通标准、融汇技艺、融合文化，这已然成为本套教材的鲜明特色。例如，广西职业技术学院带来六堡茶制作技艺的国家级非遗传承经验，江苏农林职业学院贡献茶叶深加工领域的科研成果，新疆农业职业技术大学注入边疆茶文化传播的鲜活案例等。这种“东茶西引、南北互鉴”的协同机制，打破了传统教材编写的学科壁垒和区域隔阂。在本系列教材中，《茶文化》《茶席设计与茶会组织》《茶空间花艺》《茶树栽培与茶园管护》等将茶园的生态景观、文化主题、多元场景等转化为教学情境，《茶调饮制作》《茶叶审评》用创新时尚理念来引领茶学科严谨厚重的知识传达，凡此种种努力，无不彰显着协同创新的力量。本系列教材还特别设计“四阶递进式”教学模块：从茶叶、茶园认知的“识茶明理”，到加工实训的“制茶悟道”，从茶艺展演的“事茶修心”，到文旅融合的“传茶致远”。每个模块均坚持“岗课赛证”融通的思想理念，既对接评茶员、茶艺师等职业标准，又衔接全国职业技能大赛规程。更值得关注的是，教材创新设置《茶调饮制作》《茶空间花艺》《茶馆经营管理》等文旅生活领域的应用项目，让课堂真正成为文化传承与产业创新、文旅深度融合的耦合点。

本套教材既可作为中高本旅游类相关专业教学用书，也可作为茶艺与茶文化相关从业人员和社会人士借鉴与参考的读本。本套教材共有15本，在教材出版的同时，同步上线智慧职教等智慧教育平台，实现“纸质教材＋移动端资源＋虚拟仿真系统”的全场景覆盖。我们期待，当新疆学子通过AR技术复原宋代点茶技艺，当海南学生借助数字地图溯源茶马古道，这些浸润着江南茶韵却不止于江南的教材，能培育出新时代的“茶文化摆渡人”，让中国茶香飘向世界各地。

作为全国首套“茶艺与茶文化专业系列教材”，汲取了同行许多研究和实践成果，在此一并表示感谢。同时编写中也一定还有诸多不足和遗漏之处，恳请读者批评指正，我们将在今后再版过程中予以完善和修正。

杜兰晓　教授
中国职业技术教育学会智慧文旅职业教育专业委员会　执行主任
浙江旅游职业学院　校长

前言 FOREWORD

中国是茶的起源地，茶文化博大精深、包罗万象，在漫长的历史岁月中臻于至善。茶不仅是中国人日常生活中不可缺少的一部分，更是深深地融入中华民族传统文化之中，成为中国文化中浓墨重彩的一笔。茶馆文化是茶文化的重要组成部分，它通过茶叶、水、茶具、插花等以品茗为主体的表层文化和在体验休闲过程中孕育出来的价值观念、审美情趣、思维方式等，传递着中国茶文化的多层涵养。

茶馆萌芽于晋元帝时期，形成在唐代，宋代初具规模，明清之际终为时尚。如今，随着互联网时代的到来，茶馆的经营也随之转型并不断创新，许多新型茶馆打破了传统老旧模式，开发新技术，尝试利用新媒体来寻求更适合茶馆自身发展的道路。茶馆业作为茶产业、文化产业的细分领域，必须将文化、科技、产业三合一，以文化赋能茶馆经营管理、以科技实现茶馆转型升级，并形成产业融合发展的新局面。在新时代背景下，我们看到茶产业迎来了新的市场机遇与挑战。共建平台、共享资源、共同发展，才能推动全民以茶为底色的美好生活全面开启。为提升茶馆的经营水平、弘扬民族茶文化，利用现代科技来提升茶馆行业竞争力，满足不同消费者的需求，为从业者提供科学指导和借鉴参考，我们编写了此书。

本书从学习者和从业者的角度出发，立足于现代茶馆经营管理的实际需求，不仅注重学科的理论性和科学性，还兼顾茶馆经营与管理实践中的实用性和可操作性；既注重管理理论与方法的系统阐述，又强调茶馆实际的管理与经营实证分析，为的是让读者对茶馆管理的理论知识有一个全面的认识，了解现代茶馆管理的实践运作技巧。可为社会培养专业的茶馆经营与管理工作人员、茶馆经营者以及茶文化爱好者提供指导与参考。

我们结合专业理论教学的研究，深入调研了全国各地茶馆在设计与经营中的实际运作情况，系统阐述了茶馆经营管理各个环节的知识与技能。全书共分六大项目，在逻辑框架、内容编排上，我们做了以下尝试。

1．采用项目式的编写方式，涵盖茶馆经营管理的基本理论与应用、茶馆的商业模式与业务类型、茶馆的规划与设计、茶馆服务与管理、茶馆的产品和营销、茶馆文化的衍生创意与实践，以项目式和任务式进行系统全面的分析与阐述，力求让学生由表及里地对这些内容有全面了解和认识。

2．根据茶馆资源的类型和茶馆实际运作中所涉及的人力资源、财力资源、物力资源等进行系统和全面的阐述与分析，力求既能以新的研究视角对茶馆的资源管理进行讨论与研究，又能利用茶馆各种资源管理间的逻辑关系，把茶馆管理中涉及的方方面面内容有机地结合起来。

3．大量采集全国不同茶馆的经典案例，探讨不同特色茶馆的经营之道，将理论知识与实际问题结合，帮助学生更好理解抽象概念，同时以提问的方式引导学生从多个角度分析案例，培养其批判性思维。

希望本教材能够为广大茶馆经营者、从业者以及热爱茶文化的读者提供有益的参考和借鉴，共同推动中国茶馆行业健康发展，让中华茶文化在新时代绽放出更加绚丽的光彩！本教材参考和引用了多位专家学者的研究成果，在此谨表谢意！由于编者学识有限，书中疏漏和不妥之处在所难免，恳请广大读者赐教惠正。

编　者

目录 CONTENTS

茶趣-山璃翠果

项目一

茶馆经营管理的基本理论与应用

思维导图

- 茶馆经营管理的基本理论与应用
  - 茶馆概述
    - 茶馆的历史与发展
    - 茶馆的类型与特点
    - 茶馆的功能与价值
  - 茶馆经营管理的概念
    - 茶馆经营管理的内涵与工作内容
    - 茶馆经营管理的目标与原则
  - 茶馆经营管理中的核心理论与应用
    - 茶馆经营管理中的市场营销管理理论与应用
    - 茶馆经营管理中的人力资源管理理论与应用
    - 茶馆经营管理中的财务管理理论与应用

学习目标

知识目标：

- 掌握茶馆的基础概念及其历史发展；
- 理解茶馆经营的相关概念；
- 熟练掌握茶馆经营管理中相关理论依据及其在实际中的应用。

技能目标：

- 能理解茶馆的基础概述；
- 能理解茶馆经营的实质及相关理论在茶馆经营中的作用。

素养目标：

- 通过此项目提升学生的理解力及分析能力；
- 能培养学生严谨的科学精神。

任务一　茶馆概述

茶馆概述

一、茶馆的历史与发展

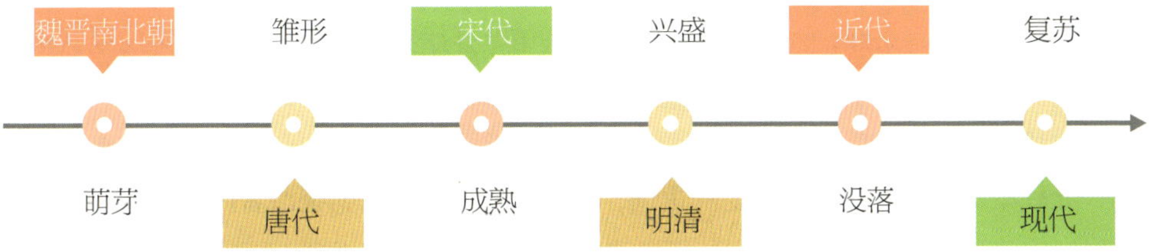

茶馆发展历程

（一）早期孕育的魏晋南北朝茶馆

早在西汉时期，王褒《僮约》中就有“武阳买茶”的记载，表明当时茶叶在局部地区已经市场化。到了魏晋时期，茶叶消费风尚进一步盛行，饮茶逐渐进入人们的日常生活，并且出现了“以茶代酒”“以茶待客”的新形式，说明人们对茶叶的需求更加多样化和生活化。据《广陵耆老传》记载：“晋元帝时，有老妪每旦独提一器茗，往市鬻之，市人竞买。”这种带有商业和服务性质的直接进行买卖茶水的流动茶摊，可以说是古代茶馆的雏形。到了南北朝时期还出现了集喝茶、歇脚、住宿于一体的“茶寮”，这种固定形式的“茶寮”可以说是我国古代茶馆的初级形式。

（二）初具雏形的唐代茶馆

唐代随着城市经济的较大发展，以及陆羽《茶经》的问世流传，上层社会的饮茶之风盛行，为茶馆的形成奠定了社会基础。另外，茶税制和贡茶制的确立也极大地刺激了茶叶经济的发展，同时也逐渐把茶馆业推向了兴盛。唐代封演的《封氏闻见记》卷六《饮茶》载：“自邹、齐、沧、棣，渐至京邑城市，开店铺，煎茶卖之，不问道俗，投钱取饮。”可见，当时全国很多地区都有了卖茶饮的店铺，并且在饮茶之风大兴的背景下，煎茶售卖的形式不仅是流动式的茶摊，还拥有了固定营业场所的铺面，可见“煎茶卖之”的“店铺”的主要功能已然与正式茶馆无异。而后随着茶铺的进一步发展，茶馆在形式上也更加多样化，如分布于城市中的茶坊、茶肆、茶邸、茶寮等，即便在村镇，也有散布于乡野的茶棚、茶亭等饮茶场所，这些不同的茶馆形式宣告着茶馆业的初步成型和茶馆的兴起。唐代的茶馆和茶文化一样，虽然气势恢宏，但也才刚刚踏上前进的道路。

（三）方兴未艾的宋元代茶馆

宋代由于皇室的提倡与推崇，茶叶广泛种植，茶叶加工技术不断进步，茶叶产量大大增加，加之繁荣的商品经济、人口流动加剧等原因，使饮茶习俗更为普及，茶馆业也繁荣兴盛，这为我国茶馆业后期的巅峰时期奠定了坚实的基础。唐代时，茶已成比屋之饮；宋代的饮茶之风较之有过之而无不及，饮茶已成了人们的生活日常。宋朝几乎各大小城镇都有茶馆、茶肆，而且逐渐脱离酒楼餐馆，开始独立经营，进而茶馆的经营机制应运而生，如招聘“茶博士”，注重茶馆装潢，增加演艺活动等。宋代茶馆的兴盛不仅体现在数量增多，而且其丰富多彩的经营特色更彰显了宋代茶馆的丰富文化内涵。

元代茶馆业曾一度因战争受到重创，随着政权巩固，元朝统治者施行了一些促进农业生产的政策，茶叶经济得到恢复，茶馆业也得到了进一步的发展。元茶馆依然沿用茶肆、茶坊、茶店等称呼，但是茶馆装饰更加精致，服务也更加完备，除提供茶水、茶点之外，茶馆的休闲娱乐功能进一步加强，装修更讲究，环境营造更具艺术性。同时由于茶馆业的繁荣，第一次出现茶馆的职业雇工“茶博士”，他们拥有专业的煮茶技艺，对茶的专业知识有一定了解。这种茶馆职业人员的出现是茶馆成熟的一个典型标志。

（四）繁荣鼎盛的明清茶馆

到了明清时期，由于散茶的兴起使得泡茶方式更为便利，再加上资本主义萌芽等原因，茶馆在数量和规模上达到了封建社会的顶峰。这一时期，根据消费群体的不同，可分为大众茶馆和高端茶馆。大众茶馆的消费群体为平民大众，高端茶馆的消费群体是达官显贵和文人雅士。高端茶馆注重环境营造，从整体设计到局部布景，从四时插花到茶挂布置，从茶品到茶具，都十分考究。

（五）风云变幻的近代茶馆

19 世纪中叶以来至新中国成立阶段，社会动荡、战乱频繁，各种社会矛盾尖锐，社会经济发展低迷，使得整体茶叶行业大衰退，更直接影响了茶馆的发展。在此时间内，中西文化碰撞，茶馆的陈设装饰、消费礼俗等表现出一定的中西合璧的特点。

（六）重获新生的现代茶馆

改革开放后，拥有上千年历史的茶馆再次迎来全新生机，以崭新的风貌展现出社会主义新时代气息。1988 年北京老舍茶馆正式开业，可以看作中国传统茶馆发展的转折点和重要标志性事件。不仅传统茶馆、茶楼重放光彩，现代化的茶馆、茶艺馆也如雨后春笋般涌现。现代茶艺馆最早于 20 世纪 70 年代出现在我国台湾，到了 80 年代，台湾的茶艺馆就达到了 500 家。此后全国各地先后开设了多家茶艺馆，而且在大中城市里蓬勃发展。新时期的茶馆从形式、内容到经营理念、品牌建设与文化内涵都发生了巨大变化，相较于以前更加有活力，也更符合社会发展的需要。

如今茶馆的形式更加多元化，成为传统与现代交融的重要载体，正经历着前所未有的变革与发展。随着人民生活水平的日益提高和消费观念的转变，茶馆已不仅是提供茶水服务的地方，更是人们社交、休闲、商务洽谈及文化体验的重要场所。最新统计数据显示，截至 2024 年 1 月 2 日，我国共有 212.3 万家茶馆相关企业，这足以说明茶馆行业的庞大规模。这些茶馆不仅遍布全国各大城市，还逐渐向小城镇和乡村地区延伸。从地域分布来看，北京、广州、深圳、杭州、成都、上海、长沙、重庆等一、二线城市是茶馆的主要聚集地，尤其是新式茶饮门店数量众多，其中广州的新式茶饮门店数超过 12000 家。这些城市经济发达，人口密集，为茶馆行业的发展提供了肥沃的土壤。就消费者群体层面来看，茶馆的消费者不再仅仅局限于 35 岁以上的中年男性，而是覆盖了 18 ～ 70 岁全年龄段，其中新中式茶饮消费主力群体为年轻白领和学生。随着“90 后”“00 后”逐渐成为消费主力军，他们对茶馆的认知和需求正在发生变化。这些年轻的消费者更倾向于选择具有特色、品质上乘的茶馆，对茶馆的环境、服务以及茶叶品质有较高的要求。他们对新鲜、健康的产品有更高的需求，对品牌的选择也更加注重个性化和情感共鸣，茶馆市场品牌竞争日益激烈。市场上涌现出众多知名连锁品牌和地方特色品牌，这些品牌通过提供优质的茶叶、独特的装修风格和舒适的消费环境来吸引大量消费者。这也促进了茶馆的不断优化与创新，企业只有不断加强品牌建设，提升服务品质，才能满足消费者的多样化需求。

二、茶馆的类型与特点

（一）茶馆分类

现今茶馆风格多样，经营项目也是花样百出，其中部分茶馆只负责茶品销售和体验，是品茗及欣赏茶艺表演的最佳场所。来这里的茶客大多是具有一定消费能力的中等以上收入阶层，茶馆对于他们而言是传播信息、交流思想的场地。而且清茶馆对室内的设计、音乐、书画与茶艺都较为重视，通过高雅别致的环境可以带给顾客最适宜、最具美感的品茗体验。从某种意义上说，它们是有效传播中华茶文化艺术的发祥地。而这些具有丰厚文化底蕴、富含中华茶艺特色的中高档茶馆正吸引着一批批注重体验、崇尚茶文化的茶客。除此之外也有一些茶馆兼营饭酒茶，类似于先前广东茶楼的味道，也可以称为茶餐厅，它是集中式饮食文化与茶文化为一体的兼容型茶馆。若以茶馆风格可分为四大类型。

1．传统的中式茶馆

例如，长沙的云山院茶室，邻湖而筑，茅草为顶，有纹路清奇的木制、石质桌椅，制作精良的茶具，意境悠远的山水画，完美的传统中式美学体现得淋漓尽致。秉承东方美学的云山院将花道、熏香、赏器结合，带给顾客“慢生活”享受。南昌的九寸溪茶空间，于赣水之滨，室外一小院，竹木为篱，藤牵蔓绕，室内典型的暗色木制茶桌椅，辅以幽暗光影，让人感受传统茶空间带来的宁静与雅致。

南昌九寸溪茶馆

2．与自然融合的园林艺术茶馆

茶馆选址与自然风光相融合，整体装潢风格以园林艺术为基调，使人在喝茶的同时又能够感受自然，放松心情。例如，岳麓区的如愿茶坊，隐匿在岳麓山的能量谷中，依山傍水，以自然的园林派为风，顾客尽可品一杯悠悠茶香，与自然温柔对话。再有武夷山的天心明月茶庄园，院内处处皆是园林景象，更有老丛作伴，在饮茶的同时充分感受武夷山的气息与独特风韵。

3. 民俗茶馆

这类茶馆与地域民俗相融合，凸显地方特色文化。例如，湖南的山隐栖苑择湖南省湘绣博物馆为邻，将湘茶、湘绣、湘菜、湘园四大文化融为一体，打造了具有浓厚湖湘文化的特色茶馆。湖南非遗茶空间，以“五彩湘茶 · 湖湘非遗”为主题打造，不仅茶品使用五彩湘茶，并将湖南非遗应用到了空间打造及周边产品，让客户在品尝五彩湘茶的基础上了解湖南的非遗文化。

长沙如愿茶坊

武夷山天心明月茶庄园

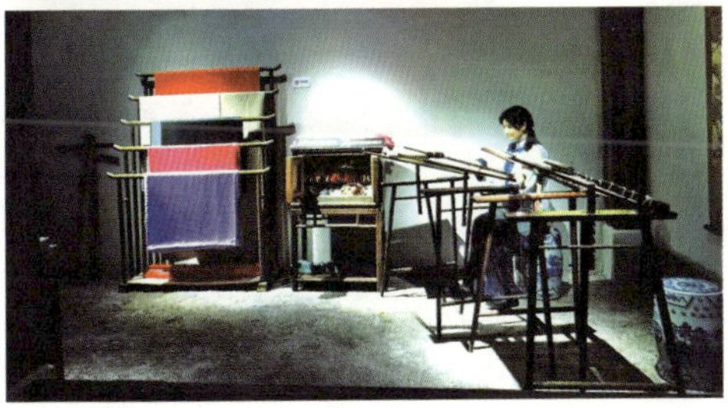

长沙山隐栖苑

4. 新中式便捷茶馆

这类茶馆以简约、雅致的小资文艺风为主旋律，清新的中西式结合装潢，加上精致的茶具、茶点，具有浓郁的国风文化，以“好拍、能晒、方便”这种新模式、新店型出圈。例如，长沙鹈壶茶客厅以一种新中式风格作为表达，庭院纯净素雅，馆内各个独立榻榻米包厢分区，既有传统的格局设计又有现代化的产品输出，将拍照打卡和喝茶约会一体化，为顾客提供了一种悠然自得的氛围感，深受年轻群体的喜爱。深圳的 tea’ stone，在品茶方式上化繁为简，场景打造拒绝古板，更加开放社交，从产品包装设计到饮茶方式创新都结合了中西美学。这不仅是时尚有趣的茶生活，更是创意茶饮＋社交空间＋创新零售的全新体验。

长沙鹈壶茶客厅

深圳 tea’ stone

表 1–1 茶馆风格分类

风格类型	基本特征	举例
传统的中式茶馆	秉承东方美学，以中式风为特色	云山院、尚书房、九寸溪
园林艺术茶馆	选址与自然风光相融合，装潢风格以园林艺术为基调	如愿茶坊、试茗阁、天心明月
民俗茶馆	与地域民俗相融合，可以凸显地方特色文化	山隐栖苑、小背娄茶苑、擂茶馆
新中式便捷茶馆	简约、雅致的文艺风，好拍、能晒、方便	菩岚茶事、鹈壶茶客厅、tea’stone

（二）现代茶馆的行业特点

茶馆是服务业领域中较为独特的部分，尤其是当代茶馆，有各式各样的新形式，以茶艺和品茗为载体，顺应了当前的消费趋势和潮流，满足了顾客物质和精神的双重需求。根据全国各地的茶馆现状初步分析，可以得出茶馆行业的基本特征。

1. 茶馆是茶文化的重要窗口

作为特殊的服务行业，其经营宗旨除了营利外，也有着一定的文化使命，是具有自觉文化意识的文化产业。茶馆本身就是当代文化复兴热潮结出的果实，是茶文化集中展示的场所，通过艺术装潢及茶艺表演，让顾客在品茶的同时，感受茶文化的魅力和传统文化的博大精深。因此，茶馆最大的特点就是要有自觉的文化追求，将茶文化传播当作茶馆的经营核心宗旨。

2. 茶馆平均利润率较高

茶馆单就利润率而言可高达 30% ～ 65%，这也是如今出现茶馆“热”的重要原因。2020 年虽然受疫情的影响有所下滑，但随着社会复工、复产、复市全面推进，市场逐步加快复苏。据中国茶叶协会统计，全年茶叶国内销售量达 220.16 万吨，比增 17.61 万吨，增幅为 8.69%；销售总额为 2888.84 亿元，比增 149.34 亿元，增幅 5.45%。可见茶叶市场依然兴盛。

3. 茶馆经营产品具有特殊性

茶馆除了提供有形产品以外，还提供了更重要的无形产品——服务。茶馆工作的服务人员不仅要独具慧眼，善于观察和了解顾客、分析顾客的真实需求，表现出服务的灵活性、随机性和亲和性，还要专业知识全面、技能娴熟，使顾客理解到茶文化的独特魅力，并积极主动地参与到整个茶艺活动中，这就对服务人员的素质有了高要求。

4. 茶馆业可以和多行业关联，推动多个行业的发展

茶馆业可与旅游业结合，尤其是茶叶主产区，让茶叶成为地方旅游特产。同时茶馆除了茶叶主产品外还可以营销茶具、茶点等相关产品，带动这些行业的消费。

5. 追求社会效益

由于茶馆行业的特殊性，在经营管理过程中不仅要注重经济效益，更要强调其社会效益。茶馆在经营过程中要加强茶文化的宣传和普及，运用茶艺独特的文化属性，善化社会，促进人和人之间的和谐，推动社会文明的进步。同时，社会效益和经济效益相辅相成，良好的社会效益也能促进茶馆经济效益的提高。

三、茶馆的功能与价值

中国茶馆的生生不息源于它根植于中国几千年传统社交礼仪的价值观和深厚的文化积淀，其中茶文化的发展与融入使茶馆早就不是只局限于解决口腹之欲的简单场所，而是成为中国人品茗乐道、追求身心愉悦的精神家园，更是推动茶产业发展，传播弘扬茶文化的重要舞台。

（一）人际交往的首选之地

庄子云："君子之交淡如水，小人之交甘如醴；君子淡以亲，小人甘以绝。"这是我国在人际交往中重要的伦理基础，更可以看作中国人喜欢相聚茶馆所遵循的深层次精神追求。茶性至俭与茶道所追求的朴素、简单的精神都与"君子之交淡如水"的理念相暗合。同时，茶馆高雅别致的环境风格又与中国人骨子里崇尚风雅的种种潜意识契合。故茶馆理所当然地成为具有文化品位和追求人士洽谈合作、人际交往的理想场所。

日常生活中亲朋聚会、商务洽谈、情侣约会等，都需要一个相对安全且条件良好的公共空间，现代城市中新型茶馆因环境舒适、设备齐全、服务上乘可满足人们对公共空间的延展需求。此外，正是因其优越的体验也可以让平时工作紧张的人们纾解压力，是朋友们松弛身心、交流感情的第二客厅。

（二）精神文明建设的重要窗口

文化是民族的精神命脉，文艺事业是时代的集结号。习近平总书记在中国文联十一大、中国作协十大开幕式上的讲话中指出："文化兴则国家兴，文化强则民族强。当代中国，江山壮丽，人民豪迈，前程远大。时代为我国文学事业繁荣发展提供了前所未有的舞台。"要重视精神文明建设，推动社会主义文艺繁荣兴盛，建设社会主义文化强国。茶文化作为中国优秀传统文化之一，具有着悠久的历史底蕴和独特的文化特征，而现代茶馆作为茶文化的重要载体，与地域文化、校园文化紧密结合，成为我们精神文化生活中不可缺少的组成部分。在某种程度上，茶馆也承担了一定的社会责任，它不仅发扬了茶文化的和谐精神，更为构建和谐社会做出了巨大贡献。

（三）传统文化的美丽画廊

自古以来茶文化就与音乐、书画、设计、园林等传统艺术相互融合。茶馆在装修风格、内部陈设、背景音乐等方面都离不开我国传统文化的支撑，这些都是在将茶文化与传统文化完美结合，让顾客在品茗之余得到更丰富的精神享受。人们在茶事活动中的插花、焚香、听琴，茶室中悬挂的名人字画，茶馆举办的茶文化讲座或文化交流活动，都很大程度上促进了中国传统文化的传播与交流。例如，常德大河茶博物馆，将“紫袍玉带”等奇石异木陈列馆中；尚书房，将琴、艺、书、画相融一体；妙华茶馆有佳茗、妙器和美食；长沙沁和茶馆不仅有每周一次“读书分享”，每年一次“养壶心得交流会”，还不定期举办“名茶推介”“艺术鉴赏”等沙龙活动。

（四）周边产业的带动者

现代茶馆的经营多元化使它们除了茶品销售以外，往往还带动着其他产业的发展。许多产品和服务都被直接或间接地用于现代茶馆的经营中，如茶具、香道、艺术表演、旅游、展览等。当它们向消费者提供产品或服务时，也在进一步促进相关联产业的发展。

（五）大众文化交流的中心

近些年来，随着人们物质生活的不断提高，追求精神享受的各类活动也随之丰富，如书画展、评茶、观茶艺、茶文化培训、品茶活动、诗词朗诵等，茶馆自然而然就成为这些活动的最佳场所。我们不仅和茶文化相关活动有所联系，也有进行海峡两岸、中日和中韩的茶道交流。例如，湖南长沙的时蕴茶驿联合百年名校长沙师范大学开展“茶文化茶礼仪实训”活动，让长沙师范大学的莘莘学子，在悠悠岁月蕴养的茶香中，了解中国茶文化，学习茶礼仪，并在这样的过程中发现自己，精进自己，从而开启一个新的自己。涟源“渌羽”茶艺馆每年举办围棋赛、象棋赛，不仅为爱好棋艺的消费者提供了交流平台，而且培养了一批青少年“棋手”。再如新化的“慎德堂”，将新化千年古城里的一方老宅，稍加修整，融入当地特色曲艺，打造成了展示新化文化的“网红地标”。不仅如此，许多著名茶馆还是国际文化交流的重要场所，如老舍茶馆、上海湖心亭茶楼和峨眉山竹叶青等茶馆都是国事访问活动的重要场所之一。

任务二　茶馆经营管理的概念

一、茶馆经营管理的内涵与工作内容

茶馆经营管理的概念

（一）茶馆经营管理的定义

茶馆经营管理，是指对茶馆的日常运营、人员管理、产品服务、市场营销等方面进行全面、系统、科学的管理。这涉及从选址装修、原料采购、员工培训到客户关系维护、市场推广等一系列环节。茶馆经营管理的核心在于通过有效的管理手段，提升茶馆的运营效率和服务质量，以满足消费者的需求，实现茶馆的可持续发展。

（二）茶馆经营管理的工作内容

具体来说，茶馆经营管理包含以下五个方面的内容。

1．店面选址与装修

选择合适的店面位置，并进行合理的装修设计，以营造出舒适、雅致的用茶环境。茶馆店面的选址是开设茶馆之前的一个至关重要的步骤。商家根据自身的经营理念、目标顾客群和产品特色，在市场调研的基础上，选择合适的地理位置，以确保茶馆日后的正常运营和持续发展。一般遵循以下几个原则：①市场需求原则，选择客流量大、消费者需求高的区域，如商业中心、旅游景区、文化街区等；②交通便利原则，确保茶馆周边交通便捷，方便顾客前来消费；③竞争环境原则，分析周边竞争对手的情况，选择竞争相对较小的区域，以减少竞争压力；④租金成本原则，根据自身的经营实力和财务状况，选择租金相对合理的地段。

茶馆装修是指对茶馆内部空间进行整体规划和设计，通过运用各种装修材料、色彩、灯光等元素，营造出符合茶馆主题和氛围的室内环境。装修不仅要考虑美观性，还要注重实用性、舒适性和文化性，以满足顾客的多方面需求。其基础原则有：①突出主题原则，突出茶馆的主题和特色，营造独特的文化氛围；②实用舒适原则，装修应注重实用性，满足顾客的基本需求，同时营造舒适、温馨的室内环境；③绿色环保原则，选用环保材料，减少装修污染，为顾客提供健康、安全的消费环境；④经济合理原则，在保证装修质量的前提下，合理控制装修成本，避免过度浪费；⑤创新美观原则，装修设计应具有创新性，符合现代审美观念，吸引顾客的眼球。同时，要注重细节处理，提升整体美感。

2．原料采购与库存管理

确保茶叶、茶点等原料的品质和供应稳定性，同时对库存进行科学管理，以降低运营成本。茶馆的原料采购是指茶馆为确保日常运营所需，通过直接或间接的渠道，采购所需的茶叶原料及其他相关物品，如茶叶、茶点、茶器等的过程。这一过程涵盖了供应商的选择、产品质量的把控、价格谈判以及运输和交付等环节。在采购过程中要遵循几个原则：①质量优先，采购过程中应首先考虑茶叶原料的质量，确保茶叶的新鲜度、口感和安全性；②价格合理，在保障质量的前提下，尽量争取合理的价格，降低采购成本；③供应商可靠，选择有良好信誉和稳定供应能力的供应商，确保原料的稳定供应；④多样性选择，根据市场需求和茶馆特色，选择多样化的茶叶原料和其他物品，满足顾客的不同需求。

库存管理是指茶馆为达到营业目标，通过合理规划和有效控制，对库存茶叶原料和其他相关物品的数量、品质、种类进行管理和维护的过程。它涉及库存的分类、数量的确定、库存的保管、库存的盘点以及库存的预警等多个方面。在其过程中要做到分类管理、合理库存量、先进先出、定期盘点、安全储存。

通过遵循以上定义和原则，茶馆可以确保原料采购和库存管理的有效性，为茶馆的稳定运营和良好发展奠定坚实的基础。

3．人员招聘与培训

招聘具备专业技能和良好服务态度的员工，并进行系统的培训，以提升员工的服务水平。

（1）人员招聘。在人员招聘中要坚守以下原则。

公平竞争。招聘过程中应确保公平、公正、公开，不得以性别、种族、宗教信仰、民族、身体或智力残疾等为由歧视任何应聘者。这符合茶馆人力资源管理的基本原则，有利于广泛吸引人才。

注重能力。在招聘过程中，应主要关注应聘者的专业技能、工作经验、学习能力及团队协作精神，而不是仅仅看重他们的学历或背景。招聘时要看重求职者的道德品质和素质，选择符合茶馆文化和价值观的员工。

大浪淘沙。一旦启动招聘，应尽量在短时间内吸引大量应聘者前来面试，即便最终只录用少数人。这有助于为茶馆保留更多的选择空间，同时也增加了应聘者的心理压力，有利于茶馆更快速、准确地识别合适的人选。

高工资高标准。提供比本地同行业更高的工资可以吸引更多优秀的应聘者。同时，制定严格的业务流程执行标准有助于确保员工质量和维护茶馆的服务标准。

（2）员工培训。优秀的员工需要坚持培训，这样不仅能让员工学习到更多关于茶文化和茶艺的知识，提高自己的专业素质和服务水平，加强员工间的交流和合作，增强团队凝聚力，为茶馆的发展贡献力量。更可以增强茶艺师的服务意识，让员工更加关注顾客的需求和满意度，从而提高茶馆的服务质量，提升员工的销售技巧和产品知识，使员工能够更好地推销茶馆的产品和服务，提高销售业绩。

茶馆在人员招聘与培训方面应遵循一定的原则，并充分认识到其重要性。通过科学合理的招聘和培训策略，茶馆可以吸引更多优秀的人才，提高员工的素质和服务水平，为茶馆的长期稳定发展提供有力保障。

4．客户关系维护

在茶馆经营中，客户关系维护极为重要。通过优质的服务和丰富的活动，增强客户对茶馆的忠诚度和黏性，实现客户资源的有效积累。

客户满意度和忠诚度是衡量茶馆经营成功的重要指标。通过有效的客户关系维护，茶馆能够及时了解客户的需求和反馈，从而有针对性地改进产品和服务，提升客户满意度。同时，良好的客户关系还能够增强客户对茶馆的信任和忠诚度，促使客户成为茶馆的忠实拥趸。同时，茶馆作为茶文化的重要传承地，其品牌影响力对于吸引客户、提升市场竞争力具有重要意义。通过维护良好的客户关系，茶馆能够积累口碑，树立品牌形象，吸引更多潜在客户的关注和光顾。更重要的是，良好的客户关系会成为茶馆业务长期发展的基石。通过有效的客户关系维护，茶馆能够与客户建立长期稳定的合作关系，实现业务的可持续发展。

维护好优质客户可以从以下六个方面进行分析。

（1）提供优质的服务。优质的服务是客户关系维护的基础。茶馆员工应具备良好的职业素养和服务意识，为客户提供热情、周到、专业的服务。在茶叶选品、泡茶技艺、环境营造等方面，茶馆应注重细节，力求为客户提供最佳的品茗体验。

（2）定期举办活动。定期举办活动是增强客户黏性的有效手段。茶馆可以举办茶艺表演、茶文化讲座、茶友交流会等活动，吸引客户参与，增进客户与茶馆之间的互动和联系。通过活动，茶馆不仅能够展示自身的茶文化底蕴和实力，还能够加深客户对茶馆的了解和认同。

（3）建立客户档案。建立客户档案是客户关系维护的重要步骤。茶馆应对客户进行详细分类和记录，包括客户的姓名、联系方式、消费习惯、兴趣爱好等信息。通过客户档案，茶馆能够更好地了解客户需求，为客户提供个性化的服务。同时，客户档案还能够帮助茶馆进行客户关系的跟踪和维护，及时发现并解决客户的问题。

（4）定期回访客户。定期回访客户是维护客户关系的有效途径。茶馆可以通过电话、短信、邮件等方式，定期向客户问候和了解客户的近况和需求。在回访过程中，茶馆应积极听取客户的意见和建议，及时改进服务质量，提升客户满意度。

（5）利用社交媒体平台。社交媒体平台是现代社会中人们交流互动的重要工具。茶馆可以通过微博、微信、抖音等社交媒体平台，发布茶馆的最新活动、产品信息和茶文化知识等内容，吸引客户的关注和参与。同时，社交媒体平台还能够帮助茶馆与客户建立更加紧密的联系和互动，提升客户黏性。

（6）实施会员制度。实施会员制度是增强客户黏性和忠诚度的重要手段。茶馆可以设置不同等级的会员制度，根据客户的消费额度和频率给予不同的优惠和待遇。通过会员制度，茶馆能够激励客户增加消费频次和金额，同时也能够为客户提供更加便捷和个性化的服务。

5．市场营销与推广

制定有效的营销策略，通过线上线下多种渠道进行宣传推广，提升茶馆的知名度和影响力。市场营销是茶馆为了满足客户需求，通过市场调研和分析，制定相应的市场策略，以满足客户需求为核心，实现产品（服务）销售、品牌宣传以及客户关系维护的一系列活动。在茶馆的经营中，市场营销的主要目的是确定目标市场、定位茶馆品牌、提升竞争力，从而吸引和保留顾客。而市场推广是茶馆为了扩大品牌知名度、提升市场竞争力，通过一系列的市场活动将产品或服务介绍给目标市场，并刺激消费者购买的过程。在茶馆的市场推广中，通常会采用广告、促销、公关、网络营销等多种手段，以吸引消费者的注意力，提高品牌曝光度，并促进销售增长。在茶馆经营过程中，市场营销与推广是密不可分的。市场营销通过市场分析、品牌定位、产品策略等手段，为市场推广提供了方向和目标。而市场推广则通过具体的市场活动，将市场营销策略转化为实际行动，实现品牌宣传、产品销售和客户关系的建立。两者相互支撑、相互促进，共同推动茶馆业务的发展。在实际操作中我们可以通过以下策略实施。

表 1-2　茶馆市场营销策略

策略名称	具体策略实施内容
市场调研	通过问卷调查、访谈等方式了解目标客户的需求和偏好，为产品开发和市场策略制定提供依据
品牌定位	根据市场调研结果，确定茶馆的品牌形象、价值主张和市场定位，使品牌在市场上具有独特的竞争优势
产品策略	根据市场需求和品牌定位，开发适合目标消费者的茶品和服务，并提供优质的产品体验和服务保障
价格策略	根据产品成本、市场需求和竞争状况，制定合理的价格体系，以平衡利润和市场份额
促销策略	通过折扣、优惠券、赠品等方式吸引消费者购买，提高销售量和客户满意度
公关活动	通过赞助活动、参加展会、举办茶艺表演等方式，提高品牌知名度和美誉度，树立企业形象
网络营销	利用社交媒体、搜索引擎、电子邮件等互联网工具，进行品牌推广和在线销售，拓宽销售渠道

通过以上措施的实施，茶馆可以实现市场营销与推广的有效结合，提升品牌知名度、扩大市场份额、增强客户黏性，从而实现长期稳定的业务发展。

二、茶馆经营管理的目标与原则

（一）茶馆经营管理的目标

茶馆经营管理的目标主要包括以下四个方面。

表 1-3 茶馆经营管理的目标

茶馆经营管理的目标	茶馆经营管理的目标内容
提升客户满意度	通过提供优质的服务和产品，满足客户的各种需求，提升客户的满意度和忠诚度
实现经济效益	通过科学的管理和有效的运营，降低运营成本，提高盈利能力，实现茶馆的经济效益
传承茶文化	茶馆作为茶文化的传播场所，应承担起传承和弘扬茶文化的责任，通过举办各种茶文化活动和交流，推动茶文化的普及和发展
树立品牌形象	通过独特的品牌定位、优质的产品和服务以及有效的营销策略，树立茶馆独特的品牌形象，提升品牌价值和竞争力

（二）茶馆经营管理的原则

1. 以客户为中心

始终把客户的需求和满意度放在首位，通过提供优质的产品和服务来满足客户的需求和期望。市场是由企业和消费者构成的，商品是连接他们之间的桥梁。而商品的最终结局是被消费者使用。商品的整体评价，来自消费者在使用过程中商品品质的表现。这一过程中，满足了消费者需求，就会产生再次合作购买的行为，并且会产生一定的传播效应。可以看到，一个产品从开发到成为流通的商品，都是需要围绕消费者来转的，消费者的使用评价处于重中之重的位置。顾客是所有商品的归宿，只有牢固树立以顾客为中心的营销观念，才能更好地为顾客服务，才能赢得顾客的青睐。因此，在茶馆的经营与管理中要合理利用文化力量引导消费者的消费理念，培育忠诚的消费者。而消费者也可以坚信茶馆企业尊重他们，能够为他们提供最大的消费价值，从而成为茶馆谋求最大利润的主要群体。

2. 创新驱动

随着社会的快速发展和消费者需求的变化，传统的茶馆经营方式可能无法完全满足现代消费者的需求。通过不断创新，茶馆可以适应市场变化，提供更加符合消费者需求的产品和服务。只有不断创新，茶馆才能在众多竞争对手中脱颖而出，保持或提升市场份额。同时，创新是文化传承的重要动力。通过创新，茶馆可以在传承传统茶文化的基础上，为其注入新的活力，才能实现茶文化的可持续发展。可以从管理方式及业务模式上进行创新。

（1）引入现代管理理念和工具。茶馆可以引入先进的现代管理理念，如精益管理、六西格玛等，提高管理效率和效果。同时，利用 ERP、CRM 等管理工具，实现资源的优化配置和客户关系的有效管理。

（2）提升员工素质和能力。通过定期的培训和学习，提升员工的茶艺水平、服务技能和管理能力，为茶馆的创新提供人才支持。

（3）建立激励机制。设立合理的激励机制，如绩效考核、奖金制度等，激发员工的积极性和创造力，推动茶馆的创新发展。

（4）线上线下融合。借助互联网和移动技术，搭建线上平台，提供在线预订、支付、配送等服务，拓展线上市场，实现线上线下融合。

（5）多元化产品和服务。除了传统的茶饮服务外，茶馆还可以提供茶叶销售、茶艺表演、茶室租赁等多元化服务，满足消费者的多样化需求。

（6）跨界合作。与书店、手工艺品店、电影院等行业进行跨界合作，共同打造综合性的消费场所，拓宽客源渠道。

（7）个性化定制服务。根据消费者的个性化需求，提供定制化的茶品和服务，如定制茶礼盒、私人茶艺课程等，提升消费者的体验感和忠诚度。

茶馆不断创新管理方式和业务模式，是适应市场变化、提升竞争力、传承与发展的重要途径。通过引入现代管理理念和工具、提升员工素质和能力、建立激励机制等方式实现管理方式的创新；通过线上线下融合、多元化产品和服务、跨界合作、个性化定制服务等方式实现业务模式的创新。这些创新方式将为茶馆带来新的发展机遇和市场空间。

3．品质至上

注重产品和服务的质量，确保茶叶、茶点等原料的品质和供应稳定性，提供优质的服务和体验。在茶馆中，品质的重要性不言而喻，它对于茶馆的经营、顾客体验以及品牌建设都具有深远的影响。

（1）提升顾客满意度和忠诚度。顾客是茶馆经营的核心，而产品品质则是决定顾客满意度和忠诚度的关键因素。当茶馆提供的产品品质优异时，顾客能够享受到高品质的茶品和愉悦的品茗体验，进而增加他们对茶馆的满意度和忠诚度。高满意度的顾客不仅会成为回头客，还会向亲朋好友推荐茶馆，进一步扩大茶馆的口碑和影响力。

（2）塑造品牌形象。优质的产品品质是塑造茶馆品牌形象的基础。当茶馆的茶品和服务质量都达到甚至超过顾客的期望时，顾客会对茶馆产生良好的印象，并逐渐形成对该品牌的认知、认同和忠诚。优质的品牌形象有助于提升茶馆的知名度和美誉度，使茶馆在激烈的市场竞争中脱颖而出。

（3）增强市场竞争力。在当今市场竞争日益激烈的环境下，产品品质优异是茶馆赢得市场份额的重要保证。当茶馆的茶品和服务质量都具备竞争力时，它就能够吸引更多的顾客，提高市场占有率。同时，优质的产品品质还能够使茶馆在价格上获得一定的溢价空间，提高盈利水平。

（4）促进可持续发展。优质的产品品质不仅能够满足当前顾客的需求，还能够为茶馆的长期发展奠定基础。随着顾客需求的不断变化和升级，茶馆需要不断创新和改进产品，以满足市场的需求和变化。当茶馆具备高品质的产品和服务时，它就能够更好地应对市场的挑战和变化，实现可持续发展。

4．员工为本

重视员工的培训和发展，激发员工的工作积极性和创造力，打造高效、专业的服务团队。传承茶文化离不开人才的培养，茶馆业更是要培养多元化的人才队伍。从业人员的整体素质在茶馆中以隐形的软实力存在，决定了茶馆的发展方向、经营模式及发展高度。茶馆对从业人员的合理协调、组织、高效培训，能促进茶馆的人和物发挥出最高的效益，从而使茶馆高效、有条不紊地运转；同时，茶馆对从业人员思想、心理和行为进行适当引导、管理和协调，调动员工积极性和主观能动性来提高茶馆人力资源的管理效率。例如，北京王府茶楼一直鼓励他们的团队“走出去”，走茶山、拜名师、寻好茶。组织学习的足迹一路从杭州到四川，从云南到江南。同时，鼓励并支持店与店之间的学习交流，也会组织员工到其他的名茶馆去学习。茶馆通过搭建这样的桥梁，发挥纽带作用，服务管理都得到了不同程度的提升。

5．社会责任

茶馆作为传承中华优秀文化的场所，肩负着重要的社会责任。要积极履行社会责任，关注环保、公益等社会问题，推动茶馆行业的可持续发展。

（1）提供优质的产品和服务。提供高品质的茶品和服务是茶馆最基础的责任与义务，确保顾客能够享受到愉悦的茶艺体验，满足消费者的需求。

（2）关注员工福利和劳动权益。茶馆应该关注员工的福利和劳动权益，提供良好的工作环境和福利待遇，吸引和留住优秀的员工。

（3）开展环保倡导。茶馆应该积极倡导环保理念，采取节能减排的措施，减少对环境的影响，如优先选择有机茶叶、使用环保材料包装产品、推广环保的用茶方式等。

（4）参与公益活动。茶馆可以积极参与各类公益活动，如组织募捐活动、支持妇女发展项目、与慈善机构合作等，为有需要的人群提供帮助。

（5）与社区合作。茶馆可以与当地社区建立良好的合作关系，如与当地中小学合作开展茶文化课程、与社区健康中心合作开展健康讲座等，促进茶文化的传播和普及。

（6）公开透明经营。茶馆在经营过程中应保持公开透明，遵守相关法律法规和行业规范，坚决抵制不法行为和虚假宣传。

茶馆肩负社会责任的重要性不言而喻，通过提供优质的产品和服务、关注员工福利和劳动权益、开展环保倡导、参与公益活动、与社区合作以及公开透明经营等方式，茶馆能够为社会带来积极影响，展现企业的社会责任感。同时，这些方式也能够促进茶馆自身的可持续发展和竞争力的提升。

（三）茶馆经营管理的实践应用

在茶馆经营管理的实践应用中，需要注重以下五个方面。

1．制定详细的管理制度和流程

通过制定详细的管理制度和流程，规范员工的行为和操作，确保茶馆的日常运营有序进行。

2．加强客户关系管理

通过收集客户信息和反馈意见，了解客户需求和期望，建立稳定的客户关系和信任度。

3．不断创新产品和服务

根据市场需求和消费者喜好，不断创新产品和服务，提升茶馆的吸引力和竞争力。

4．营造独特的文化氛围

通过装饰布置、文化氛围营造等方式，打造出具有独特魅力和文化内涵的茶馆环境。

5．积极参与市场竞争

通过市场调研和竞争分析，了解市场趋势和竞争对手情况，制定相应的竞争策略和营销策略。

茶馆经营管理是一项复杂而重要的工作，需要经营者具备全面的管理能力和敏锐的市场洞察力。通过明确茶馆经营管理的定义、目标与原则，并注重实践应用和创新发展，可以不断提升茶馆的运营效率和服务质量，实现茶馆的可持续发展和长期盈利。同时，茶馆经营管理也是对中华茶文化的重要传承和弘扬过程，需要我们共同努力和推动。

任务三　茶馆经营管理中的核心理论与应用

一、茶馆经营管理中的市场营销管理理论与应用

茶馆经营管理中的核心理论与应用

茶馆的经营管理是以经营管理学为基础，综合运用多种学科知识来研究现代茶馆经营与管理的特点与规律的一门学科。茶馆经营管理中的市场营销管理是推动茶馆品牌发展、提升经营效益的关键组成部分。

（一）茶馆营销的概念及特点

1．茶馆营销的背景与发展

茶馆文化是中国传统文化的重要组成部分，随着现代消费模式的变化，茶馆行业发展迅速，茶馆数量也在持续增长。据统计，截至 2024 年 3 月，全国范围内处于正常经营状态的茶馆共有约 13.29 万家。近年来，消费者对茶馆的需求从传统的休闲消费逐渐向高品质的体验式消费过渡，茶馆营销成为提升竞争力和顾客忠诚度的关键手段。

2．茶馆营销的概念

茶馆营销是指茶馆为适应快速变化的市场环境、满足消费者需求并实现经营目标所进行的综合商务活动。它涵盖了茶馆目标市场的分析、产品开发与定价、销售渠道的选择及促销活动的设计等多方面内容。茶馆营销既注重传统文化的传承，也融入了现代商业逻辑，通过多种营销手段提升顾客体验，增强市场竞争力。

3．茶馆营销的特点

（1）实物营销与服务营销的结合。茶馆的营销策略同时关注实物产品与服务体验的结合。茶馆不仅提供茶叶、茶水、茶点等有形商品，还提供文化氛围、休闲空间等无形服务。现代茶馆已不仅是品茶的场所，更是消费者追求社交、文化体验的空间，因此，营销活动需兼顾这两方面的需求。

（2）7P 营销组合的应用。茶馆的营销活动通常以 7P 营销组合为基础，即产品、价格、渠道、促销、人员、有形展示和服务过程的有效组合。通过精心设计，茶馆能够创造出独特的顾客体验，增强品牌忠诚度。

表 1-4　7P 营销理论及其内容

7P 营销名称	具体营销内容
产品	茶馆需在产品多样性、质量和服务标准上精心设计，确保茶品与文化体验的结合，同时注重品牌形象和信誉
价格	茶馆的定价策略需考虑顾客的价值认知、茶叶品质以及服务水平。价格不仅是收入的来源，也能影响消费者对茶馆品牌的定位与认知
渠道	茶馆的地理位置及可达性直接影响顾客流量和满意度。除了实体茶馆外，线上茶馆服务（如外卖茶品、线上茶文化推广）也逐渐成为市场竞争的一部分，拓宽了消费渠道
促销	促销活动包括广告宣传、人员推销、线上线下的联合促销等。通过不同的促销方式，茶馆可以扩大品牌影响力，并在市场中保持活跃

续表

7P 营销名称	具体营销内容
人员	服务人员是茶馆与顾客之间的直接沟通者，优质的服务人员能提升顾客的整体体验。茶馆人员不仅需要具备茶叶知识，还需要提供热情、专业的服务，塑造茶馆的文化氛围
有形展示	茶馆的装修风格、环境布局、颜色搭配及音乐选择都会影响顾客的感受。茶馆的有形展示不仅体现了品牌文化，也影响了顾客的舒适感
服务过程	茶馆的服务过程也是营销的一部分。愉悦、高效的服务流程能够提升顾客的满意度，减少等待时间或因技术问题引发的负面情绪，从而增强顾客的忠诚度

4．茶馆营销的现代化趋势

随着数字化和社交媒体的普及，茶馆的营销方式逐渐向线上线下融合的方向发展。许多茶馆通过社交媒体与顾客互动，推广茶文化和产品。同时，部分茶馆开始使用大数据分析消费行为，优化产品组合与服务流程。此外，茶馆行业还与文创、旅游等产业结合，创造出更具吸引力的文化体验，吸引年轻消费者群体。

5．茶馆营销的挑战与机遇

尽管茶馆行业迅速发展，但也面临激烈的市场竞争与消费升级的挑战。消费者的需求日益多元化，茶馆需在产品创新、品牌定位和顾客体验上不断优化。同时，茶文化的传播与现代营销理念的结合给茶馆行业带来了新的机遇。通过提升品牌文化价值、构建线上线下的多元销售渠道，茶馆将在未来市场中成为人们重要的商务与生活休闲空间。

（二）茶馆营销的作用

茶馆市场营销的核心作用在于提升茶馆的市场占有率、扩大市场份额，并增强其在激烈竞争中的优势。随着茶馆业的快速发展，营销在茶馆经营中的重要性日益凸显。具体而言，茶馆营销具有以下五个方面的作用。

1．实现供需结合

茶馆营销能够有效实现产品供给与市场需求的精准对接。茶馆若想取得经营成功，必须通过营销活动精准把握市场需求。市场是茶馆经济活动的基础，营销已成为茶馆各项经济活动的中心环节。通过营销活动，茶馆能够进行市场细分和市场定位，并根据消费者的需求调整产品和服务。此外，茶馆的各类资源（如人力、财力、物资）也需通过营销筹措。最为关键的是，茶馆的产品和服务能否被消费者认可，必须依赖于有效的营销推广活动。

2. 实现产品价值与经济效益

茶馆营销的最终目标是让茶馆的产品与服务为顾客接受，并通过使用价值的传递实现其经济价值。茶馆产品的价值不仅体现在其成本上，还包括生产中所创造的附加价值，如利润和税收。有效的营销能够加速茶馆的经济活动，提升资金周转效率，降低交易成本，最终实现产品的价值转换。因此，营销活动在茶馆经营中扮演着不可或缺的角色。

3. 提升市场竞争力

营销是提升茶馆市场竞争力、开拓市场的重要途径。茶馆的竞争力不仅体现在产品的品质和价格上，还体现在品牌形象、顾客忠诚度和市场占有率等方面。尽管茶馆的竞争力依赖于其内部资源和管理水平，但有效的市场营销能够极大地提升茶馆在消费者中的知名度与美誉度。通过持续的营销活动，茶馆不仅能巩固现有市场，还能不断开拓新的市场空间，扩大顾客群体，增强其在同行中的竞争优势。

4. 促进茶馆创新

茶馆营销是推动茶馆创新的关键动力。茶馆的创新不仅涉及管理制度、产品设计和服务模式的革新，还包括满足消费者需求、吸引并培养忠实客户群的市场导向创新。茶馆在竞争中需要不断开发新产品、改进服务以适应市场变化，而这些创新活动依赖于市场营销的反馈与推动。营销为茶馆提供了市场动态和消费趋势的洞察，帮助茶馆在产品创新中找到方向，保持市场竞争力。

5. 推动茶馆文化的传播

茶馆不仅是一个消费场所，更是一种文化载体。现代茶馆文化已经与社区、校园、乡村等地方文化深度融合，成为中国精神文明建设的重要组成部分。茶馆通过营销活动推广其文化内涵，不仅为顾客提供了休闲体验，还为社会提供了文化交流的空间。茶馆营销促进了茶文化的普及，帮助人们在现代快节奏生活中找到心灵的休憩之地。

（三）茶馆产品策略

1. 茶馆产品的概念与特点

茶馆产品指的是茶馆提供的有形产品和无形服务的总和，包括茶水、餐饮和茶艺展示等。茶馆产品具有以下四个主要特点。

（1）有形与无形商品的结合。茶馆产品既有实物形态的茶品和餐饮制品，也包含无形的服务体验。茶馆的无形性更多地体现在顾客的感知和体验中。顾客决定是否购买茶馆产品，往往依赖于茶馆的声誉、服务水平、环境以及过去的消费体验，通过物化展示，使“不可感知”转化为“可感知”。然而，顾客是否能够获得预期的消费体验，通常难以提前判断。

（2）质量差异性。茶馆产品的质量差异体现在两方面：一是不同茶馆之间的服务水平差异；二是同一茶馆在不同时间和场合对不同顾客提供的服务质量不同。这种差异性主要源于茶馆经营中的大量手工劳动，员工的技能和态度直接影响服务质量。此外，顾客的口味和期望也不尽相同，导致对同样产品或服务的评价有所不同。因此，茶馆产品的服务质量经常会随着环境、员工和顾客的变化而波动。服务人员的素质和顾客个性是决定服务质量的两个关键因素。

（3）不可储存性。茶馆的产品由每一次具体的实物和服务组成，其使用价值仅限于一次消费。因此，茶馆产品的不可储存性意味着服务不能被储存或预先大量生产，所有的服务和产品必须根据当时的需求进行提供。

（4）所有权的不可转移性。茶馆产品的所有权不会因消费过程而转移。在顾客完成消费并离开茶馆后，交易结束，不涉及产品所有权的进一步变化。这与实体商品的消费不同，顾客并不拥有茶馆提供的产品和服务，只享有一时的消费体验。

2. 茶馆产品策略

在现代营销理论中，产品策略常被分为整体产品的多个层次，主要包括“三层次论”和“五层次论”。

（1）“三层次论”是将整体产品分为核心产品、形式产品和附加产品。

表 1-5　三层次论

产品层次名称	概念
核心产品	顾客购买某种产品时所追求的使用价值和核心利益。对于茶馆而言，指的是顾客希望获得的休闲和茶饮体验
形式产品	产品实体和服务的外观，包括茶品的质量、外观特色、品牌和包装等，它决定了顾客的购买意愿
附加产品	顾客在购买产品时所获得的额外服务，如优质的顾客服务和附加利益

（2）科特勒的“五层次论”进一步细化了产品层次。

表 1-6　五层次论

产品层次名称	内容
核心产品	顾客真正想购买的服务或利益，如茶馆提供的休闲空间、茶艺表演等
形式产品	包括茶品、餐点、包厢设施等，是核心产品的具体体现
期望产品	顾客期望的环境和服务条件，如茶馆的装饰、氛围、独立空间等，符合顾客对纯正茶文化体验的期待
附加产品	顾客购买时获得的额外服务，如快速结账、停车服务、会员卡等，这些附加服务提高了顾客的满意度
潜在产品	企业未来可能提供的额外产品或服务，如顾客获得的未来优惠券或增值服务

茶馆的产品策略应从核心产品、形式产品、期望产品和附加产品等层次进行全面考量。在满足顾客休闲、文化、餐饮和社交需求的同时，茶馆还应注重产品的文化内涵和附加价值的开发。比如，茶品不仅是物质消费品，还是文化消费的载体，茶文化的深度挖掘可以赋予产品更高的附加值。茶馆可以通过文化活动和服务创新，提升顾客的体验和感知价值。

3．茶馆产品策略的实践应用

通过对茶馆历史演进、产品属性和整体产品的分析，可以得出三点关键结论。

（1）无形性强。茶馆产品的核心是无形的服务体验，这种体验通过茶品、环境和服务来具体化，使顾客的感知从不可触摸变得可感知。

（2）文化性突出。茶馆产品的持久生命力来源于其深厚的文化内涵。茶饮不仅是物质消费，更是文化的象征，开发和培育茶文化能够显著提升产品的市场价值。

（3）休闲功能。茶馆产品的重要功能是为顾客提供休闲空间，这是其历久弥新的原因之一。茶馆通过营造舒适的休闲环境和文化氛围，满足了顾客的社交和文化需求，从而实现产品的核心利益。

因此，茶馆应注重文化与休闲功能的结合，在产品策略中强化文化内涵和休闲体验，以提升市场竞争力。

（四）茶馆质量管理

茶馆提供的产品本质上是一种服务，因此茶馆的质量管理与服务质量管理理论密切相关。20 世纪 80 年代初，瑞典学者克朗鲁斯（Gronroos）提出了顾客感知服务质量的概念，认为服务质量是顾客期望与实际服务表现之间的差异。如果实际服务超过顾客期望，顾客的服务体验质量就会提升，反之则感知质量下降。对于茶馆而言，质量管理涵盖了茶水、服务和卫生三个关键方面。

1．茶水质量

茶馆的核心功能是提供高品质的茶饮和休闲体验。品茶讲究“色、香、味、形”四个方面，茶馆供应的茶水必须在这四个维度上达到较高标准。茶水的色泽应清透诱人，香气纯正，滋味鲜醇，外形美观。相比日常简单的泡茶，茶馆需精心挑选优质茶叶，使用纯净水和合适的茶具，并掌握精湛的冲泡技艺。茶馆经营者不仅要懂得茶叶的分类和品质差异，还需掌握冲泡的艺术，才能为顾客提供优质的茶水体验。

2．服务质量

茶馆的服务质量涵盖多个维度，是整体顾客体验的重要组成部分。具体而言，茶馆服务质量包括以下五个方面。

表 1-7　茶馆服务质量包含内容

名称	内容
设备设施质量	设备设施的配置和运行状况是茶馆服务的基础。良好的设施不仅能够提升顾客的舒适度，也是衡量服务质量的重要指标
产品质量	茶叶本身的质量是服务的重要部分，高品质的茶叶是吸引和留住顾客的关键
服务人员质量	服务人员的态度、技巧、效率、礼节等都会影响顾客的体验。优质的服务要求员工既要专业又要礼貌，能够高效满足顾客需求
环境氛围质量	茶馆的环境包括装饰、灯光、音响、温度等。优雅、整洁、具有文化品位的环境不仅满足顾客的物质需求，也能提升他们的精神享受。良好的氛围有助于顾客在茶馆获得更舒适的体验
后台服务质量	后台管理、技术支持和组织工作是保障前台服务质量的关键。各部门协调顺畅，管理规范，才能确保整体服务水平达到标准

3．卫生质量

茶馆的卫生状况直接关系到顾客的健康和消费体验，同时也反映了茶馆的经营水平和文明程度。茶馆的卫生管理主要体现在以下三个方面。

（1）食品卫生。茶叶作为食品，必须严格遵守《中华人民共和国食品卫生法》的相关规定。茶馆应从正规渠道采购茶叶，确保不含农药残留或其他有害物质。在茶叶的加工和冲泡过程中，卫生标准同样需要严格把控，确保顾客能够享受到安全、健康的茶饮。

（2）茶具卫生。茶具的卫生对茶饮质量和顾客体验至关重要。茶具在使用后必须彻底清洁消毒，玻璃茶具应晶莹剔透，瓷质茶具应洁白无瑕，紫砂茶具应光滑如新且不留茶垢。洁净的茶具不仅防止病从口入，还能提升品茶的视觉享受，给顾客带来更愉悦的体验。

（3）环境卫生。品茶环境的整洁与美观直接影响顾客的感受。茶馆应保持窗明几净，地面洁净，整体环境整齐有序。在此基础上，茶馆可以适当摆放盆景、工艺摆件，或悬挂字画，提升环境的文化气息和舒适度。

通过良好的质量管理，茶馆不仅能够提升顾客的满意度，还能增强自身的竞争力。在服务和卫生管理上精益求精，将有助于茶馆在市场中保持持久的吸引力。

（五）茶馆价格策略

价格策略在茶馆经营中占据重要地位。消费者在选择商品时往往对价格非常敏感，尤其是面对同类产品时，他们通常会倾向于选择价格较低的。茶馆的定价不仅影响营业额和利润，还决定了其市场定位和目标顾客群体。价格反映商品的价值，因此，任何定价都应遵循价值规律这一基本原则。作为服务型行业，茶馆的定价主要取决于其硬件设施、服务质量等多种因素。以下是几种常见的定价方式。

1．按消费层次定价

价格高低常常反映消费层次，不同价格吸引不同消费群体。传统的老式茶馆设施简陋、价格低廉，吸引的是每天光顾的“老茶客”，他们通过“孵茶馆”来消磨时间。然而，随着社会进步和生活水平的提高，这类茶馆逐渐被淘汰。现代消费者到茶馆更多是为了休闲、享受或社交，如放松心情、调节生活节奏、聊天或洽谈生意。由于人们的收入水平、消费能力和文化素养存在差异，茶馆经营者应根据不同层次的硬件设施、品茶环境和提供的服务来制定相应的价格，以满足各类顾客的物质和精神需求。

2．按成本定价

成本定价是最基本的定价依据之一。在此基础上，茶馆还需考虑毛利率的高低。与餐饮业相比，茶馆的成本相对较低，因此毛利率通常较高。茶馆消费时间较长，座位周转率低，这意味着茶馆的毛利率应包括时间成本。此外，豪华设施和优越地段的茶馆经营成本较高，价格和毛利率也相应提高，而较为普通的茶馆则相对降低价格。

3．按营业时间定价

很多茶馆根据不同的时间段来制定价格，利用时间差异进行定价。例如，晚上是人们工作后放松的黄金时段，许多茶馆在晚上设定较高的价格，其次是下午和深夜。而早晨和上午的价格则相对较低，吸引早起的老年人光顾。许多茶馆通过低价的早茶吸引退休老人，虽然价格低廉，但由于客流量大，依然能实现薄利多销。这种基于时间段的差异化定价策略，不仅满足了不同层次消费者在不同时段的消费需求，还帮助茶馆经营者充分利用有限的经营空间，实现利润最大化。

4．其他定价考虑

茶馆的定价策略还可以结合地段和消费群体的特点。例如，面对单位团体、旅行社或老顾客，茶馆可以提供折扣或优惠价格。通过灵活运用价格杠杆，茶馆可以有效调节市场需求，参与市场竞争，并吸引更多的消费群体。定价不仅是一种经济决策，更是一种市场竞争手段，茶馆经营者应根据市场反馈灵活调整价格策略，以提升自身的竞争力并赢得顾客的青睐。

（六）茶馆渠道策略

营销渠道是指产品从生产者向用户转移过程中所经过的路径，以及相应的中间机构和设施。合理的营销渠道设计能帮助企业以最短的时间和最小的成本将产品传递到顾客手中，同时为企业带来最大的效益。对于茶馆而言，营销渠道即是将其产品和服务传递给茶客的过程。与其他商品相比，茶馆的渠道相对简单，具有以下两个显著特点。

1．直接销售

茶馆通常采用直接销售模式，即零层营销渠道。产品从茶馆直接传递给顾客，没有中间批发商、零售商的介入。这种方式不仅简化了产品流通过程，还能更好地与顾客建立联系，增强消费体验。

2．渠道简短

茶馆的营销渠道较短。由于其不涉及复杂的中间环节，如批发商或中间商，茶馆可以更灵活地控制产品的流通速度和服务质量。短渠道也有助于减少产品在传递过程中的费用，提高经营效率。

（七）茶馆促销策略

茶馆促销是为了激发顾客的购买欲望、影响其消费行为、扩大产品销售的一系列沟通与说服活动。通过促销，茶馆可以传递信息、激发需求、促进购买、扩大市场份额，增强竞争力并改善服务体验。常见的茶馆促销策略包括以下四种。

1．人员推销

茶馆的人员推销分为三种方式。

（1）探测性推销。适用于首次接触的顾客。通过与顾客的互动，观察他们的反应，逐步引导兴趣向产品转移，促成购买行为。

（2）创造性推销。通过展示和宣传茶馆产品的独特性，激发顾客的潜在需求，引导其产生购买冲动。

（3）针对性推销。针对已经有初步了解的顾客，有目的地推荐产品，进一步引导其购买行为。

2．广告宣传

茶馆广告促销的方式主要有报纸、广播、网络媒体等。为了使广告活动达到良好的营销效果，需要综合分析广告媒体和市场环境。

（1）研究重点应围绕以下两个方面。

① 主观环境。即广告策划中的自我支配因素，如市场调研、创意策划、广告时机的选择以及茶馆的经济实力等。

② 客观环境。即广告信息传播的条件和媒介，如传播量、受众数量、信息亲和力等因素。

（2）在选择广告媒体时，应考虑以下四点。

① 产品特点。不同产品适合不同的广告形式，媒体选择应符合产品定位。

② 目标市场。茶馆应根据目标市场的特点选择最合适的广告媒体。

③ 覆盖面和影响力。广告的传播范围、接触频率和影响强度必须与茶馆的市场范围相符。

④ 广告成本。企业应权衡广告的效果与成本，提升广告的经济效益。

3. 营业推广

营业推广是通过非常规的、非经常性的促销活动来激发顾客的购买欲望。常见的方式有陈列展示、产品赠送、折价优惠、抽奖等。不同的茶馆可以根据自身特点，灵活采用这些推广方式。例如，赠送茶饮或折价优惠不仅能吸引顾客首次消费，还能提高顾客的重复购买率，推动新产品的销售。

4. 公共关系

公共关系是茶馆通过与公众建立良好关系来提升品牌形象，加强内部凝聚力并激发顾客需求的系统性活动。通过公众关系活动，茶馆不仅能改善与顾客的互动，还能树立特定的企业形象。茶馆的公共关系对象包括顾客、新闻媒体、茶叶供应商、同行业主及内部员工等。

常见的公共关系活动有以下几种。

（1）赞助和支持公益活动。通过参与社会公益活动提升企业的社会责任感，增加品牌的社会影响力。

（2）新闻宣传。借助媒体报道茶馆的特色或活动，提升品牌曝光度。

（3）顾客反馈处理。重视顾客的意见和建议，积极改进服务，增强顾客满意度。

（4）建立外部友好联系。加强与供应商、机构和同行的合作与联系，形成互利共赢的局面。

（5）内部员工关系。通过激励员工、加强内部沟通，营造积极的工作氛围，提升员工忠诚度和工作效率。

（八）茶馆职员策略

提升服务质量是茶馆在市场竞争中取胜的关键因素之一。与传统茶馆相比，现代茶馆，尤其是特色茶馆，不仅注重茶饮，还承载了丰富的文化内涵，面向的是高层次的消费群体。因此，茶馆服务人员不仅要严格按照服务规范要求，礼貌周到地为顾客提供基础服务，还需具备更高的文化素养和专业技能。通过服务员的言行举止，顾客不仅能享受高品质的服务，还能获得精神上的满足。为提升服务质量，茶馆服务人员应具备以下四个方面的技能。

1. 茶叶知识

服务人员需要对茶的历史、种类、各类名茶的产地及其特点有深入了解，掌握不同茶叶的冲泡方法，并能鉴别茶叶的质量。

2．茶具选择与茶艺技巧

熟练掌握如何正确选择和使用茶具，同时具备精湛的冲泡技艺，以确保茶叶的最佳风味和顾客的优质体验。

3．茶文化知识

了解各地及各民族的饮茶习俗和茶文化的背景知识，能在服务过程中融入茶文化的介绍，为顾客带来更深层次的文化体验。

4．外语能力

掌握1至2门外语，特别是与茶艺相关的外语会话，能够更好地接待外籍顾客，提升茶馆的国际化服务水平。

茶馆的服务水平不仅决定了茶文化的传播效果，还直接反映了茶馆的特色和经营层次，以及在市场竞争中的地位。高质量的服务能够让茶客在品茶的同时了解茶文化，掌握识茶、泡茶、用水的基本知识，使他们留下深刻而美好的消费印象。因此，茶馆应将提升职员素质视为提高服务水平的核心策略。

（九）茶馆过程策略

作为综合性服务企业，茶馆不仅提供茶饮，还涉及信息咨询、餐饮、娱乐、会议、商务洽谈等多种服务。要确保每位顾客都能获得一致的高质量体验，茶馆需要制定清晰的服务流程，并将其制度化。通过全员、全程、全方位的质量管理，茶馆可以增强服务人员与顾客之间的互动，提高整体服务水平。

在服务过程中，员工与顾客的沟通是关键环节。然而，由于服务的无形性，沟通中存在一定的挑战。茶馆服务中的沟通困难主要体现在以下四个层次的差异上。

1．语言差异

语言障碍往往是最明显的难题，虽然也较为容易克服。茶馆服务人员需要掌握一定的外语基础，特别是在涉外服务中，能够用顾客熟悉的语言进行沟通。

2．非语言行为差异

微笑是世界通用的“语言”，但肢体语言的差异可能影响服务质量。茶馆服务人员应学会通过眼神、手势等非语言行为传递友好和专业。

3．价值观差异

不同文化背景下的顾客有着不同的价值观，这种差异在涉外服务中尤为突出。服务人员需要具备敏感性，尊重并理解顾客的不同需求和偏好。

4．思维过程和习惯差异

思维方式和行为习惯的差异可能导致沟通障碍。茶馆应为员工提供文化差异方面的培训，帮助他们理解不同顾客的思维方式，以便更好地适应和满足他们的需求。

通过有针对性的培训，茶馆员工不仅能提升自身服务技能，还能更有效地掌控服务过程，确保顾客体验到专业、周到的服务。

（十）茶馆有形展示策略

茶馆营销中的有形展示策略，通过管理服务工具、设备、员工、信息资料、顾客、价目表等为顾客提供的可感知服务线索，增强茶客对茶馆服务的理解，帮助他们做出购买决策。茶馆的有形展示主要包括以下七个方面。

1．实物展示

茶馆的外在展示包括其建筑结构、规模、造型、装修材料，以及招牌、橱窗、门面等元素。茶馆的独特外观和设计能让顾客形成“可识别的特色”印象。同时，内部的陈设布局、装饰风格、家具选择，以及与邻近建筑物的对比、停车便利性等，也是影响顾客体验的重要因素。良好的实物展示能够提升茶馆的品牌形象，使茶客对其产生好感。

2．氛围展示

茶馆内部氛围的设计直接影响其形象和顾客的感受。茶馆的氛围是通过精心的空间设计来影响顾客的感知，包括陈设布局、家具选择、照明、色调、材料使用、空气调节、标识及视觉呈现等细节。这些要素的巧妙组合可以创造出独特的印象。例如，通过背景音乐、灯光、气味等营造舒适的环境，让顾客在身心放松的同时，提升对服务质量的期望。茶馆应根据定位和目标市场，设计与其服务主题相符的氛围。

3．价格展示

价格不仅反映商品的价值，也是顾客评估服务质量的重要线索。高价格往往暗示高质量服务，因此价格必须与实际的服务质量相匹配。如果价格过高而服务质量不符，茶客会感到受骗。因此，茶馆经营者应重视价格的合理展示，使其与顾客的期望相符，避免产生负面影响。通过透明、合理的定价策略，茶馆能够提升顾客对其服务的信任和忠诚度。

4．职员展示

与实物展示的机械化不同，茶馆员工的展示是活生生的。员工的形象、行为和态度直接影响顾客对服务质量的感知。因此，茶馆应重视员工的管理，确保其展现积极的态度和专业的行为。职员展示可以从以下四个方面入手。

（1）外表因素。服务员的仪表、仪容和举止是顾客对茶馆的第一印象，直接影响他们对服务的评价。整洁的外表和得体的礼仪能够为茶馆加分。

（2）语言因素。员工的语调、语气和言辞不仅是沟通的工具，也是展示服务素质的重要途径。良好的语言表达能让顾客感到被重视和尊重。

（3）行为方式。员工的行为体现了茶馆的服务理念。积极、礼貌的行为不仅能提升顾客体验，还能传递茶馆的专业精神。

（4）精神风貌。员工的精神面貌反映了茶馆的管理水平。积极向上的团队氛围能够感染顾客，消除服务无形性带来的心理距离，让他们感到放松和愉悦。

5．品牌形象展示

品牌形象对茶馆至关重要。茶馆的品牌是长期优质服务积累的结果，代表了其服务承诺和文化内涵。树立品牌形象需要长期努力，通过一致的服务标准和特色展示，形成独特的品牌认知。

6．社会形象展示

茶馆不仅是商业实体，也是社会的一部分。茶馆经营者需要承担相应的社会责任，关注环保、公益等问题，塑造负责任的社会形象。通过积极参与社会活动，茶馆可以增强顾客的认可度和忠诚度。

7．名人效应展示

名人效应是茶馆营销中不可忽视的一环。名人的题字、书画、古籍收藏或茶文化诗句等，都能够提升茶馆的文化氛围，吸引更多顾客。名人的认可不仅增强茶馆的权威性，还能打消顾客对服务质量的顾虑。

通过以上有形展示策略，茶馆可以有效提升顾客的体验和品牌认知，增强市场竞争力。

【业界案例】

永川中华茶艺山庄的休闲旅游特色

崇尚自然、返璞归真已成为新世纪人类的共同追求，因而以“上山下乡”为特征的生态旅游成为国内外旅游亮点。在茶的故乡“巴山峡川”核心地区山城重庆，以追寻茶史，凭吊古茶树、古茶区为主旨的茶文化旅游热也悄然兴起。在重庆市郊永川茶山竹海旅游区内，万亩茶园的绿海中近年来矗立起一座高大雄伟的仿古建筑楼群，它就是集休闲、观光、品茗和欣赏古代石刻园林艺术于一体的永川中华茶艺山庄。

该山庄作为重庆永川茶山竹海国家森林公园的重点项目，建设的宗旨在于弘扬中华茶文化博大精深的人文内涵，而其经济目标则在于启动重庆旅游市场的全面建设，推进具有区域性乃至全国性影响的自然生态旅游区的开发。因此，它的起点是朝向国内外旅游大市场，各个环节都由优秀专家主持，并认真进行了市场、消费群体、产品风格的定位。

一、市场定位

该项目的消费档次吻合民俗风情旅游的中高档身份，为了良好的企业形象的建立，同时也为了增加人气，在茶文化主题项目系列上做到雅俗共赏。如建设了茶俗文化展览馆来满足青少年学生、一般工薪家庭的需要等；而休闲游乐的项目系列除餐饮部分考虑了大众消费需求外，其他的项目以中高档消费为主，适合政府招待外宾、集团旅游消费、各种会议接待、企业界及文化艺术界人士聚会、外国团队游客消费等。

二、风格定位

文化含量高的、民族民俗风情为主导的、综合性的特色旅游园区，强调古朴、自然的野趣与现代旅游民俗风情文化的融合。山庄的特色是高度的专业化，体现在茶文化方面所达到的学术水准，内涵丰富，重点突出。

1．巴渝茶俗文化展览馆：展览馆对我国茶的起源和历史、巴渝茶区资源分类、名贵品种标本、茶文化发展史、制茶技术发展史以及中华民族56个民族各自的茶俗文化等，进行实物的、文字的、图片的、影像的全方位展示，并在巴渝茶俗文化基础上尽可能地展示了世界其他地区的茶俗文化资料，使之成为行业内的权威性展馆。

2．茶艺表演中心：中心以专业化的水准展示中华民族茶俗的代表性和流派。首先它完整地收集中国各民族茶俗不同时代、不同地区的主要风格，同时收集世界其他代表性茶艺，如韩国茶礼、欧美茶艺、非洲茶艺等。所有展示都是“以品带赏”，实际上是一处带有展演性特点的室内精品茶坊，融观赏性、知识性、趣味性于一体的休闲去处。

3．景观茶园：茶园充分利用现有的建筑屋顶和林间茶地建造而成，强调茶与自然的融合，突出休闲性。茶园相对集中，视野开阔，茶品突出本地的特色。同时，棋牌娱乐、表演观赏、书画展示等内容组合配套，完全适应旅游休闲各类客人的需要。

4．以茶菜为特色的茶味佳肴：一个完整的休闲山庄，餐饮项目无疑是开发重点，也是经济效益的主要来源之一。中华茶艺山庄餐饮项目求质量而非数量。所有的餐饮项目均实现了与茶相关的特色化原则。一方面集中巴渝目前走红的各种美食，结合当地特点将这些美食与茶结合在一起。如豆花、凉菜、老火锅的调料中加入茶叶成分，烤羊肉时将茶叶浆调入作料中，茶烧排骨，绿茶炖莼菜等。另一方面则发掘历史上的茶宴，辅之以茶饮、茶酒。独创箕山茶餐流派风格，展现了特有的饮食文化。

5．以采制茶为中心的观光、休闲活动：在春、夏、秋三季，茶树抽发新梢时节，由山庄导游小姐带领游客到茶园现场采茶、制茶，在茶艺师亲自辅导下，练习泡茶、奉茶、品茶技艺。游客自制之茶可以购回自用。另外设有陶吧，陶艺工程师手把手教会游客“捏泥巴”的手艺。

当然，这一类以观光旅游为特色的现代茶馆近年来在云南、广东、广西、浙江也不断涌现，且各有特色，都受到观光客的青睐。

资料来源：本案例摘自刘勤晋著《茶馆与茶艺》，中国农业出版社，2007 年

1. 永川中华茶艺山庄的市场定位是什么？

2. 请您分析永川中华茶艺山庄的营销特色。

二、茶馆经营管理中的人力资源管理理论与应用

在茶馆经营中，人力资源管理至关重要。人才是茶馆活力与竞争力的核心，直接影响其发展方向、经营模式和可持续性。因此，科学合理地开发和管理人力资源，是推动茶馆经营成功的关键。

（一）人力资源与人力资源管理

1. 人力资源的概念

人力资源这一概念最早由管理学家彼得 · 德鲁克在 1954 年提出，他认为人是企业中拥有“特殊能力”的资源。20 世纪 60 年代，美国经济学家西奥多 · 舒尔茨进一步发展了人力资本理论，强调人力资源对经济发展的重要性。从全球视角来看，学者们普遍认为人力资源是指具备智力劳动和体力劳动的人的总和，推动着经济与社会的整体进步。

人力资源可以通过数量和质量两方面衡量。数量指劳动人口的总量，而质量则涉及劳动力的综合素质，包括身体素质、文化水平、思想道德和专业技术等。相比其他资源，人力资源具有显著的特性：能动性、时代性、时效性、智力性和增值性等。这些特性决定了人力资源对组织发展的独特贡献。

2. 人力资源管理的概念

人力资源管理是通过科学方法对组织内的人力资源进行规划、组织、领导和控制的系统性管理过程。其主要目标是充分发掘员工潜能，将合适的人才安排到合适的岗位，最终实现组织目标。

人力资源管理包括以下五大职能。

人力资源管理中职能相互作用，确保茶馆在激烈的市场竞争中保持活力和竞争优势。有效的人力资源管理不仅提升了茶馆的服务质量和客户满意度，还为茶馆的长期发展提供了坚实的基础。

表 1-8　人力资源管理的五大职能

职能名称	内容
获取	通过招聘与配置，确保茶馆拥有所需的人才，以实现其运营目标
保持	通过合理的薪酬和福利制度、良好的工作环境等，保持员工的工作积极性和忠诚度，保证劳动关系的和谐
开发	通过培训和职业发展计划，提升员工技能与素质，激发潜力，推动个人和组织的共同成长
激励	建立激励机制，增强员工的工作积极性和创造力，提高工作效率
控制与调整	对员工进行合理的调配和动态调整，包括晋升、调动、奖励、处罚等，确保人力资源管理与组织战略同步发展

（二）茶馆人力资源管理

1. 茶馆人力资源管理的概念

茶馆人力资源管理是茶馆资源管理中的核心部分，对提高茶馆的市场竞争力和经济效益起着重要作用。它指根据国家政策和茶馆的管理方针，整合和管理茶馆的员工资源。在量的方面，茶馆人力资源管理包括合理协调员工、有效组织培训，并优化人力与物力的配置，确保茶馆高效运转。在质的方面，茶馆人力资源管理注重通过引导和激励员工，提升其主观能动性，从而提高管理效率并实现茶馆的经营目标。

2. 茶馆人力资源管理的特点

表 1-9　茶馆人力资源管理的特点

特点	具体内容
局外性	茶馆作为服务行业，其服务质量和水平主要由顾客监督和评价。其特性不仅减少了内部管理的压力，还能弥补管理人员的疏漏，促进管理制度的完善
动态性	茶馆人力资源管理是一个开放、发展并与时俱进的系统。它根据社会需求和行业环境的变化不断调整，确保管理模式的持续更新
超前性	茶馆管理者需具备前瞻性，通过提前规划解决人力资源开发与利用之间的滞后性问题，协调长期发展需求与短期利益之间的矛盾，确保人力资源的高效运用

3. 茶馆人力资源管理的内容

表 1-10　茶馆人力资源管理的内容

名称	具体内容
形成	发现具备劳动能力的人才，评估其体质、智力和技能
开发	将潜在人力资源转化为实际的生产力，通过培训和培养提升员工能力
分配	根据茶馆需求，将不同人才合理分配到合适岗位
使用	充分发挥员工潜力，确保其在各自岗位上高效完成任务

4．茶馆人力资源管理的重要性

茶馆人力资源管理秉持“以人为本”的原则，通过协调人与人、人与工作、人与组织的关系，提升茶馆的竞争力与效益，对茶馆的长期发展至关重要。其重要性主要体现在以下三个方面。

（1）保证茶馆正常经营的基础。茶馆的组成部分主要是人与物，而人是决定茶馆运作的关键因素。茶馆从业人员不仅是个体，更是分工合作的整体。因此，加强人力资源管理，科学协调人与人、人与事的关系，对于维持茶馆的正常运转极为重要。

（2）增强茶馆活力和提高整体素质的前提。在市场经济环境下，顾客对消费环境的感受要求越来越高，而茶馆的活力和整体素质直接受制于员工的身体素质和工作状态。通过加强人力资源管理，茶馆可以激发员工的主动性，提高其素质，从而增强茶馆的吸引力和服务水平。

（3）提升服务质量，创造社会和经济效益的保障。作为服务型经济组织，茶馆的设备与物资需要通过员工的劳动才能实现最大效益。服务质量直接依赖于员工的服务意识、心理状态及专业水平。因此，提高人力资源管理是提升茶馆服务质量、实现良好社会与经济效益的重要手段。

通过加强人力资源管理，茶馆不仅能够提升内部管理效率，还能在市场竞争中占据有利地位，确保其长远发展。

（三）茶馆从业人员的招聘

茶馆从业人员的招聘是茶馆活力的核心来源，也是人力资源管理的关键环节。它不仅关系到茶馆整体素质和服务水平，还直接影响茶馆的未来发展方向与高度。为了确保招聘到合适的人才，茶馆在招聘过程中需要经过一系列严谨的准备和分析。

1．招聘准备工作

（1）制定人力资源规划。人力资源规划是招聘的基础，包括对茶馆现有员工状况的详细分析，并结合茶馆的长期发展目标，制定合理的人才引进计划。人力资源规划主要由以下五部分组成。

表 1–11　人力资源规划的五大组成

名称	具体内容
信息收集与分析	需要全面收集与茶馆相关的运营资料，包括经营战略、目标、岗位说明等。这些资料有助于了解现有员工的分布和茶馆未来的发展需求
需求预测	需求预测是指对茶馆未来某一时间段内所需员工的数量和类型进行分析。预测的依据包括组织结构、经营水平、业务发展趋势等。例如，茶馆的组织形式（如直线职能制）决定了各类岗位的需求数量，而经营水平也会影响茶馆的用人需求

续表

名称	具体内容
供给预测	供给预测则侧重分析现有员工的状况，包括员工年龄、技能、经验等。通过清查现有资源，可以预测在未来一段时间内可能的人员流失，并为缺口提前做好准备
净需求确定	通过比较供需情况，判断茶馆现有的人力资源是过剩还是短缺。针对不同的情况，茶馆可采取措施如裁员、培训或招聘来平衡供需
规划制定	根据供需分析，制定长期（一般为三年）和短期（年度）的人力资源规划，确保茶馆在人力资源方面的可持续发展

（2）岗位分析。岗位分析是招聘工作中的重要一环，涉及对岗位职责及所需技能的详细说明。通过撰写《茶馆工作说明书》和《茶馆工作任务书》，明确各岗位的职责和要求，有助于精准地筛选合适的应聘者。

表 1–12　茶馆的岗位分析

名称	内容
岗位要求分析	工作岗位要求涵盖了完成任务所需的知识、技能、经验等，帮助招聘者明确各岗位的实际需求
报酬分析	岗位报酬分析则需全面考量内外在报酬，如工资、福利和工作中的主观满足感。明确岗位的整体回报，有助于提升员工满意度

（3）招聘表格设计。设计简洁、详细的招聘表格能帮助茶馆在人力资源管理中有效筛选应聘者。招聘表格包括简章、登记表和简历表等。

表 1–13　茶馆招聘表格包含内容

名称	内容
招聘简章	招聘简章需要详细介绍茶馆概况、岗位信息、应聘要求及福利待遇。简章的设计应合法、真实，并确保信息的完整性和准确性
招聘登记表	登记表应包括应聘者的基本信息，如岗位、学历、工作经历等，为后续筛选提供数据支持
简历表	简历表是应聘者展示自我的初步材料，内容需包括个人基本信息、工作经验、教育背景等。表格设计需简明扼要，信息全面

2．招聘方式

（1）内部招聘。内部招聘是通过茶馆现有员工中挑选合适的人选填补空缺岗位。内部招聘的优势在于提升员工的士气、降低招聘风险，同时也节省了招聘和培训成本。然而，过度依赖内部选拔可能导致“近亲繁殖”，不利于茶馆引入新的思维和创新。

（2）外部招聘。外部招聘则通过广告、人才市场、校园招聘、网络招聘等渠道进行。外部招聘的好处是能够引入新鲜血液，增强茶馆的创新能力，但也存在风险，如外聘人员需要适应时间、可能与茶馆现有文化产生冲突等。

3．招聘测试与面试

（1）测试形式。为了深入了解应聘者的综合能力，茶馆通常会安排多种形式的测试。

表 1-14　茶馆招聘的测试形式

名称	内容
智能测试	通过笔试等方式测试应聘者的认知能力和专业知识
技能测试	技能测试主要评估应聘者的操作能力和茶艺技巧
个性测试	个性测试帮助茶馆了解应聘者的性格特征，并据此安排合适的岗位
情景模拟测试	通过模拟实际工作情境，测试应聘者的应变能力、领导力等

（2）招聘面试。面试是茶馆选拔员工的关键环节，能更直观地了解应聘者的综合素质。通过面对面的交流，茶馆管理者可以更好地评估应聘者是否符合茶馆的用人要求。

茶馆从业人员的招聘是一个复杂且系统的过程，涉及多个环节。通过合理的人力资源规划、岗位分析、表格设计及招聘渠道选择，茶馆可以确保招聘到符合发展需求的人才，为茶馆的长远发展提供坚实的人力资源基础。

（四）茶馆员工培训

茶馆员工培训是茶馆根据自身发展和各岗位需求，有计划地开展茶学专业知识、泡茶与服务技能、工作态度等方面的培训活动。它是茶馆人力资源管理的重要组成部分，不仅提升员工工作技能和业绩，还有助于增强茶馆的竞争力。

员工培训是一项复杂的工作，需投入人力、财力和物力，并占用员工的工作时间。因此，培训的设计、组织与实施必须精心，以确保事半功倍的效果。

1．茶馆员工培训的程序

（1）分析培训需求。培训需求分析是确定茶馆培训需求和降低培训成本的基本准备。分析从组织、工作和个人三个层面展开。

表 1-15　茶馆员工培训需求分析的三个层面

名称	内容
组织层面	组织分析主要针对茶馆的目标、环境与资源，识别可能存在的问题并分析成因，从而快速有效地解决问题。茶馆的目标包括利润、销售、市场份额和产品质量。反思人力资源状况，以便针对性地展开培训

续表

名称	内容
工作层面	工作分析侧重于与绩效相关的工作内容、标准和技能，找出实际情况与理想目标的差距，从而确定培训内容。常用分析方法包括观察法、调查法和绩效考评法
个人层面	对员工进行绩效与工作标准的对比，分析差距产生的原因，最终确定培训对象与相关项目。常见的差距包括茶学知识、操作技能和服务态度等

（2）设置培训目标。培训目标为员工培训提供方向与动力，主要包括传授知识、提高技能和转变工作态度。

表 1–16　茶馆员工培训目标

培训目标	内容
传授知识	包括茶馆工作常识、茶学专业知识及相关新知识
提高技能	提升管理、沟通和操作技能等
转变工作态度	通过培训提高员工之间及与茶馆之间的理解和信任，增强员工的忠诚度

（3）制定培训计划。详细的培训计划有助于培训的顺利进行，主要内容包括培训项目、方式、方法、课程资料、培训要求、讲师、对象、时间、地点及预算等。

（4）实施培训。培训计划落实后，实施是关键步骤。培训负责人需选择有经验和责任心的人员负责培训工作，并对培训过程进行实时检查、监督和调整。

（5）评估培训。评估分为对受训者的评估和对培训过程的评估。对受训者的评估通过笔试、情景模拟和操作测试进行，培训过程的评估则关注教学过程、效果和教师水平等。

2．茶馆员工培训的方式与方法

（1）培训的形式。分为脱产培训和在职培训。

表 1–17　茶馆员工培训的形式

培训方式	概念
脱产培训	员工暂离工作岗位参加专业或管理培训，适合培养技术和管理人才
在职培训	员工在工作岗位接受培训，通常由主管担任教员，常用学徒培训和工作轮换等方法

（2）培训的方法。常用的方法包括授课法、研讨法、角色扮演法、情景培训法和四步培训法。

表 1-18　茶馆员工培训的方法

培训方法	内容
授课法	通过教师讲授知识展开培训，适合大规模员工，但需结合多种教学方式以提高参与感
研讨法	通过讨论专题促进交流，教师引导讨论并总结归纳
角色扮演法	在真实场景中扮演角色，加深对工作的理解
情景培训法	针对茶馆工作中常见问题提出假设性解决方案，员工讨论后由教师分析
四步培训法	包括讲解、操作示范、实习和上岗操作

3. 茶馆员工培训的内容

茶馆以茶为核心，员工需具备扎实的专业知识、高质量的服务能力和丰富的管理经验，基础培训涵盖以下三个方面。

（1）茶学专业知识的培训。茶学知识包括茶艺技能、评茶技能、茶叶销售、基础知识及相关知识。

表 1-19　茶馆员工茶学专业知识的培训内容

茶学专业知识培训	内容
茶艺技能培训	提升茶艺师的沏茶技艺和表演能力，掌握茶性、茶具、水等知识
评茶技能培训	提升员工的感知能力，掌握茶叶的干茶、汤色、香气、滋味和叶底的审评
茶叶销售培训	培养销售技巧、心理素质、观察与推理能力
茶学基础知识培训	包括茶叶加工、分类、栽培及文化史等内容
其他相关知识培训	涉及传统文化、植物学、营养学等

（2）服务能力的培训。服务能力培训内容包括形体训练和语言训练。

表 1-20　茶馆员工服务能力培训内容

服务能力培训	内容
形体训练	严格要求员工的坐姿、站姿、走姿等，提升外在气质
语言训练	包括敬语、委婉语等，强调语调、语速和仪态的重要性，帮助员工与客人建立良好的沟通

（3）管理者的培训。管理者培训分为高层、中层和基层管理者。

表 1-21　茶馆管理者的培训内容

管理者培训	内容
基层管理者培训	包括基本原理、管理理论及沟通技巧等
中层管理者培训	侧重本职位的专业知识与部门管理
高层管理者培训	着重管理决策、合理用人、协调能力及创新能力

【业界案例】

未能举办的元旦茶话会

某公司决定在 1 月 1 日到当地一家经营良好的商务茶楼开展元旦茶话会活动。12 月 28 日，公司秘书以电话方式向茶楼预订了一个能容纳 20 人的大包厢，并对消费时间和要求进行了说明。但元旦那天，当公司员工按计划到茶楼去消费时，服务员却因包厢已满无法接待，引起茶楼主管和顾客的争吵。茶楼经理查明，原来是 12 月 28 日的前台值班员因家有急事请假回家，而没有将此预订信息及时向主管汇报，从而引发一场不愉快的争吵，不仅影响了正常的经营，而且使茶楼形象受到损坏。

分析：工作失误的出现是由于值班员没有及时将信息传达，从而造成茶馆系统内部信息传达受阻，使茶馆经营无法正常运作。此类事例如果经常发生，势必给茶楼的营运带来极其严重的损失。这一案例正说明了茶馆服务信息是各服务岗位之间进行联系和开展工作的基础。

三、茶馆经营管理中的财务管理理论与应用

随着时代发展，财务管理成为茶馆行业不可或缺的关键环节。本节主要聚焦茶馆财务资源管理，探讨投资、资产、成本、利润及财务分析的基本知识。茶馆已从传统茶饮销售演变为融合休闲、旅游和文化的现代企业，甚至形成了全国性和国际性连锁。这对财务管理提出了更高要求。由于茶馆的独特性，其财务管理有别于餐馆、酒吧等行业，精准定位有助于提升资金使用效率，增强竞争力，从而提高投资回报率并推动行业的科学发展。

（一）茶馆财力资源与管理

1．基本概念

（1）茶馆的财力资源。财力资源是一个国家或经济组织在一定时期内所掌握的物质资料的货币表现。在茶馆行业，财力资源的表现主要体现在两个方面：一是茶馆所拥有的现实财力，即实际拥有的资金；二是茶馆获取现实财力的能力，即潜在财力。

（2）茶馆的财力资源管理。茶馆的财力资源管理是指企业根据国家法律制度，以获取经济效益为目标，通过预测、计划、控制、协调等手段，组织相关财务与经营活动，妥善处理各方面的经济关系。

2．茶馆财力资源管理的主要任务

茶馆的财力资源管理是经营管理的核心内容，涉及资金与物资流向的各个环节，包括采购、加工、销售、服务等。其主要任务包括以下几项。

（1）开辟财源与合理筹措资金。保证资金的正常周转，以满足茶馆日常经营活动的需求。

（2）提高资金与物资的利用效率。通过分析资金与物资在经营活动中的占用情况，优化分配与使用，减少浪费。

（3）成本管理。科学设置成本核算科目，降低成本、增加盈利，并及时调整不合理支出。

（4）收入与利润管理。合理分配收入，及时核算利润，确保各方面的财务关系合理稳定。

（5）财务监督与维护财务纪律。建立健全财务管理制度，加强内部控制，保障经营目标的实现。

（6）财力资源管理分析。深入分析财力资源的使用情况，识别影响企业发展的因素，提出改进措施。

3．开展茶馆财力资源管理的意义

财力资源管理是茶馆企业创建与运营的基础，贯穿经营的每个环节。通过优化财力资源管理，茶馆不仅可以提高资金使用效率，降低经营成本，还能在市场竞争中占据优势，促进企业的可持续发展。

（二）茶馆财务部门设置

茶馆的财务管理是实现盈利与经营状况科学管理的基础，需设立相应的财务管理机构。

1．财务部门设置的基本原则

（1）适合实际原则。财务部门的设置应符合茶馆的组织形式，大型企业可设独立财务部门，而中小型企业则可采取多功能合一的模式。

（2）成本效益原则。部门设置需在成本与效益之间权衡，确保提高管理效率。

（3）协调有序原则。有效调动员工间的协作，确保信息收集真实科学。

（4）合理保密原则。保护企业的商业秘密，特别是涉及知识产权的内容。

2．财务部门设置的重要性

财务部门负责企业的综合资金管理，包括资金筹集、预算编制、利润分配及日常财务活动的控制与分析。科学设置财务部门及合理配置财务管理人员，能够为茶馆的经营管理提供有力支持。

3．选择适度的财务管理模式及规模

财务部门的设置应根据企业规模与内部管理需求而定。大型茶馆可按职能分工设立资金组、总账会计组、成本控制组等，确保财务管理的高效运作。中小型茶馆则可设立完整财务部门，或根据需要设立专业管理岗位，以提高管理水平，增强市场竞争能力。个体经营的茶馆也应建立简单的财务管理制度，以确保经营的合规性与有效性。

（三）茶馆投资管理

茶馆企业在进行投资决策前，必须开展全面的市场调研，包括市场报告、市场定位、建设方案、营销策划方案、材料与设备档次定位、财务融资计划等。详尽的前期市场调查有助于精确分析，进而降低主观判断，增强决策的科学性，使得投资更加合理，并提高回报效益。项目投资估算作为建设前期的重要工作，属于项目建议书和可行性研究报告的重要组成部分。因此，在茶馆投资估算的基础上，还需对各项指标进行细化，对各种支出进行详尽规划，以确保投资预算的准确性和有效性。

1. 茶馆投资预算

（1）基本概念。投资预算是指在特定时间和空间范围内，为了实现特定目标而对资源进行合理配置的预算行为。对于茶馆建设投资而言，投资预算是为了获取更大的报酬而制订的资本支出计划，反映资金的来源与运用，估算投资方案的投资报酬，同时也是项目管理的一部分。

（2）茶馆投资预算的特点。茶馆投资预算需准确判断市场，具备资金量大、周期长、风险大、时效强的特点，并能为未来投资支出提供导向。

（3）茶馆投资预算的重要性。科学合理的投资预算能够降低投资风险，控制资本支出，评估投资方案实施后的收入和投资回报。

（4）茶馆投资预算的分类。

① 按投资目的：可分为扩充型项目、调整型项目、服务型项目。

② 按项目关系：可分为独立项目、相互排斥项目、相互关联项目。

③ 按项目性质：可分为新建项目、重建项目、扩建项目、更新改造项目。

（5）茶馆投资预算的过程。投资预算贯穿茶馆项目的决策、计划、控制与评价过程，主要包括以下几个方面。

① 寻求投资机会。初步可行性研究、可行性研究及评估决策。

② 数据收集与决策。对投资机会的管理与评估，进行项目实施准备及执行管理。

③ 项目再评估与调整。对已决策项目的后期评价。

在数据收集阶段，投资者不仅需关注现有数据，还应评估不同事件发生的可能性，采用统计分析方法进行客观测算，并根据实际情况调整决策。

2. 投资预算的评价方法

投资预算通过评估现金流量来影响决策，常用的方法包括以下几种。

（1）投资回收期法。计算简单，考量投资风险，适用于初步评估。公式为：

$$投资回收期 = 原始投资总额 / 年现金净流量$$

（2）会计收益率法。通过比较会计收益率与资金成本来评估项目，适合资金较少且希望快速回收的企业。

（3）净现值法。计算未来现金流的折现值与项目投资成本的差值，考虑资金时间价值，是较科学的投资评价方法。

3．茶馆投资效益分析

（1）基本概念。投资效益是指投资活动成果与所占用资源之间的对比关系，财务效益是从投资者角度衡量项目是否值得的标准。

（2）投资效益的评价指标。主要包括静态评价指标（投资回收期、投资收益率）和动态评价指标（净现值、内部收益率、动态投资回收期）。

（3）茶馆投资效益估算。在开业前，应详细掌握硬件设备投资、资金需求、建设装潢时间、日常流动资金及经营费用等。充分调查后，进行详细的预算，增加投资成功率。

4．茶馆投资资金筹备与运用

（1）投资资金筹备。筹资是投资活动的基础，合理规划资金筹措至关重要。若资金不足，可寻求合作伙伴或银行贷款，保持资金需求、建设费用与可筹集资金的平衡。

（2）资金运用计划。需制定详细的资金运用计划，计划应随建设实施情况变化，但必须努力按目标执行。资金运用计划包括收支计划、利益分配计划及资金使用计划。

（3）收支计划。

① 营业额估算：根据市场调查和历史数据进行年度营业额预测。

② 经营支出计算：将费用分为变动费用与固定费用，并考虑折旧及其他相关费用。

③ 利益分配计划：除了缴纳税款外，还应提取公积金和分配红利。

（4）资金计划。分为资金使用计划与资金调配计划，合理控制投资成本，以确保资金高效利用。

5．提高茶馆投资效益的途径

（1）完善投资决策。科学的投资决策是提升投资效益的前提，需结合宏观经济战略与茶馆项目的微观决策。

（2）适度投资规模与合理投资结构。合理确定投资规模与结构，保持需求与供给的动态平衡，促进茶馆经营的可持续发展。

（3）细化全过程管理。加强对投资项目的全过程管理，及时发现问题并进行优化改进，以实现投资效益目标。

（4）提升服务水平。通过改善服务质量和经营特色，增强竞争力，提高茶馆的盈利能力。

（四）茶馆资产管理

茶馆的经营特点体现在其是食品行业与文化休闲行业的跨界融合，这使其资产体系显得杂乱、繁多且复杂。从大型机械设备、茶台、茶席等固定设施，到茶巾、茶具（如杯、碟、碗、盖）、茶宠等细小用具，甚至茶叶、茶食品等经营产品，茶馆资产的种类繁多，尤其是规模化和多元化的茶馆企业，还涉及茶餐饮和茶艺表演等多种经营服务，进一步加剧了资产管理的复杂性。

在茶馆的经营管理中，资产管理常常是薄弱环节，存在资产流失、保养不及时、毁损严重、管理不规范及责任不明确等问题。资产是茶馆企业运营的基本要素，其安全、完整、齐备与完美是为消费者服务和创造效益的基础保障。

1．基本概念

（1）资产。资产是指企业因过去的交易或事项而形成的、由企业拥有或控制的、预期能为企业带来经济利益的资源，包括各种财产、债权及其他权利，且可用货币计量。

（2）资产分类。资产可按流动性分为流动资产和非流动资产；按实物形态的可触性和可视性分为有形资产和无形资产。

（3）茶馆资产管理的重要性。资产是茶馆经营的必备要素，资产管理的目的是保障资产的安全与有效性，提高其使用效率。资产管理涵盖了资产的形成（购置）到运营的全过程，而不仅限于某个环节。有效的资产管理可以降低运营成本、提升经济效益，并解决管理不规范、资产利用率低等问题。资产形成阶段需进行全面评估，以避免盲目购置，减少资产闲置和成本浪费。管理后，合理分流闲置资产，提高使用效益，同时，完善的报损制度也能降低随意性。

2．茶馆流动资产管理

（1）流动资产的特点与内容。茶馆流动资产是指在一年内或一个营业周期内能变现或使用的资产，包括现金、存款、应收账款、预付款、存货等。流动资产形态多样，具有使用周期短、变现能力强、波动性大的特点。

（2）流动资产管理的要求。茶馆流动资产管理的目标是加速资金的利用效率，保障经营的顺利进行。流动资产的高效管理有助于降低资金占用，减少资金贷款需求，从而提升经济效益。特别是存货管理，存货包括各类茶叶原料、茶食品等，存货的流转直接影响企业的流动比率，过多的资金占用可能给经营带来困难。管理要求包括:正确预测流动资产需求、合理配置流动资产、控制流动资产占用量、提高资金使用效益等。可通过流动资产周转率等指标来评估管理效果。

3．茶馆固定资产管理

（1）固定资产的内容与特点。茶馆固定资产是指用于生产商品、提供服务或经营管理，使用期限超过一年且单位价值在规定标准以上的资产，如房屋、设备等。固定资产具有投资回报周期长、价值补偿与实物更新分开等特点。

（2）固定资产管理要求。固定资产管理要求包括：准确评估固定资产的价值、加强实物管理、实现保值与增值。应使用原始价值、重置完全价值与净值三种计价方法，以便于管理。固定资产的折旧需按期计入经营成本，日常管理中需关注账、卡、物的一致性，及时处理闲置和报废资产，并进行定期清查。

4．茶馆无形资产管理

（1）无形资产的内容与特点。无形资产是指企业长期使用并能带来经济利益但没有实物形态的资产，如商标权、专利权等。无形资产的主要特点包括非实体性、独占性、不确定性、共享性与高效性。

（2）无形资产管理要求。茶馆应重视无形资产管理，包括对无形资产的形成、积累、评估、管理和创新。管理无形资产时需关注知识产权、企业文化、独特的茶艺表演等，并采取适当的注册与保护措施，以增强企业的市场竞争力。

5．茶馆资金循环管理

茶馆资金循环是指资金从占用到以货币形式被回收的过程，良好的资金循环是茶馆经营的基础。资金循环主要包括：资金筹集、资金投入与使用、实物消耗后的资金回收，以及回收资金的再分配。良好的资金管理能够保障茶馆的正常运营，支持日常业务发展，提高经济效益。

（五）茶馆成本及管理

1．茶馆成本

茶馆是为公众提供茶叶、茶水、茶艺表演、茶餐等综合销售与服务的商贸机构。成本是指企业在一定时期内为了生产和销售一定数量的产品所支出的费用，也称为总成本。茶馆企业的成本费用一般分为经营支出和期间费用两部分。经营过程中发生的直接支出，如茶叶和食品的采购成本，通常归为生产营业成本；而不能直接归属于某个特定产品的费用，如营业费用、人工费用、管理费用和财务费用等，则列为期间费用。

2．茶馆成本管理的意义

在市场经济条件下，成本管理是企业核心竞争力的基石。随着茶馆经营竞争的加剧，场地和人工等成本逐年上升，企业盈利能力面临巨大压力。茶馆的成本管理通过对生产服务过程中所发生的产品成本和各类费用进行计划、组织、核算和控制，旨在降低生产服务成本，增大利润空间，加快资金积累，从而提高茶馆的经济效益。

茶馆产品服务成本是反映其经营管理水平的重要指标。通过对产品服务成本的分析，可以发现经营管理中的优势和薄弱环节，从而扬长避短，为改善经营管理指明方向。成本分析不仅总结了前一阶段的管理工作，也是下一阶段成本管理的起点，为制定未来成本计划提供依据，是茶馆企业总结过去、规划未来的重要指标。

3．茶馆成本

茶馆成本管理的控制是在产品成本形成过程中，定期监督和核算，以及时控制不合理的偏差，确保各项成本费用在预定范围内。根据与经营业务量的关系，茶馆成本可分为固定成本、变动成本和混合成本。

（1）固定成本。在一定期间内，其总额不随业务量的增减而变化的成本，如场地租金、固定资产折旧和员工工资等。

（2）变动成本。随着业务量变化而变化的成本，主要包括销售的茶产品、食品成本和洗涤费用等。

（3）混合成本。包含固定成本和变动成本的部分，如电话费用和汽车费用等。

4．茶馆成本管理

茶馆的成本和费用受经营管理的影响较大。为了更好地规划经营管理，提高经济收益，管理者需要不断思考如何做好成本管理。以下是茶馆经营管理中的关键环节。

（1）茶馆采购环节的控制。采购控制应包括采购标准和相关制度。茶馆需以合理的价格、适当的时间、安全可靠的货源采购茶叶和其他所需物资，确保经营服务的顺利进行。同时，要结合资金和市场需求，强化预算约束，避免盲目开支，提高资金使用效率。

（2）验收与存货环节的控制。验收是茶馆采购后必需的步骤。应根据订货单和入库单对物资进行数量、质量和价格的检查，确保及时入库或发放到相关部门。

（3）储存与发料环节的控制。茶馆需妥善储存茶叶和食品原料。茶叶具有特殊的储存要求，容易吸附异味，因此应根据不同茶类进行管理。发料环节应严格按照审批程序执行，确保数量和时间的合理性，促进物资使用计划的制定。

（4）生产环节的控制。茶馆的生产与服务环节紧密相连。要控制原料的使用方法及操作熟练度，避免原料浪费，提高服务质量。

（5）销售服务环节的控制。销售服务的目标是向消费者提供所需的产品和服务。应采取精细化管理，合理安排生产服务，利用现代化管理设备提高效率，严格控制成本。

（6）人工成本的管理控制。人工成本包括员工的工资、津贴、奖金和福利。应通过合理设置员工数量和薪酬体系，激励员工的积极性和创造性，避免因员工数量过多而导致整体绩效下降。

（7）能源及其他费用的管理控制。包括水电、燃料等能源费用，以及行政管理费用等。通过精细化管理，减少不必要的支出，降低运营成本。

5．茶馆成本管理控制应注意的误区

茶馆在追求经济效益最大化时，需兼顾社会文化环境和消费者需求。过度关注成本控制可能会损害产品服务质量，特别是饮茶行为的精神需求特征。

（1）避免侵犯消费者合法权益。消费者的选择往往基于对服务和产品的认同，因此在成本控制中应确保优质服务，避免通过虚假手段吸引顾客。

（2）避免降低原材料质量。采购低价原料虽然可以节约成本，但影响产品质量的同时也会损害茶馆的经营效益。

（3）避免盲目压缩正常营业费用。一些必要的支出是保障服务质量的基础，不能随意削减。

时蕴茶驿

（4）避免仅以部门为单位控制成本。需从整体出发，避免部门间利益冲突，影响整体成本控制效果。

（5）避免削减员工福利待遇。员工的满意度直接影响服务质量，克扣福利只会导致服务质量下降，影响茶馆的经营。

【情景分析】

情景一：小王大学毕业后，想要自己创业，初次自己开办茶馆，对筹集资金心中无数，遂去请教同行朋友。朋友大致给她罗列了一些大项开支，并解释了一些细节开支。小王回来按朋友开的预算，自筹30%资金，借入70%的贷款，筹资开了工。但是，随着装修工期的延长，原定装修费用超了标；到开业了才发现少算了流动备用金。结果，开业之初，就弄得资金调度捉襟见肘，相当被动。后来朋友过来点拨，朋友说装修一定要订好合同，核定好开支，没有特殊情况，不增加资金投入，万一出现备用周转金短缺，可以在供货商那里商量一个更宽裕的赊销期限，以渡过开张期的资金周转关。

从以上材料可以看出，对一些中小茶馆来说，一是茶馆投资人需要有明确的定位，对投资能力、市场情况要有准确定位，预算先行。注意做到有多大锅就备多少米，心中才能比例均衡。二是需要科学制定投资预算，进行预算控制。如果不筹划和分配好，产生资金闲置或紧缺，均不能取得好的投资效果。三是在国家财务制度允许的范围内，提升资金运作技巧。

同时在创业初期，要注意资金的合理结构。所谓资金的合理结构是指筹集资金中经营者的自身资金，即自己所拥有的资金和外部所筹资金之间保持一定的比例关系。这就要求投资决策者在向外部筹资前，要进行借入资金利用率和利用效果分析，结合茶馆经营效益进行预测，在期望投资收益率高于贷入资金利息率的条件下，可以适当提高借入资金对于自身资金的比例，以增大自有资金的利用率。从该案例来看，投入资金中，贷款比例过高，容易带来贷款利息成本过高，如果不能及时回笼资金，容易导致资金链断裂。

情景二：李梅是某市一名茶厂女工，离职后自己开了一家小茶馆，请了两名员工。由于李梅熟悉茶叶产品，进货渠道好，开业后生意一直不错，加之她人缘好，价格合理，茶叶、茶水销售均不错，一年下来，茶馆在当地小有名气，来洽谈合作的人也有不少。此时李梅认为是发展的好时机，于是茶馆迅速扩张到五六个连锁店，规模迅速扩大，员工一下子增加到50～60人。李梅成立了董事会自任董事长，并设立了财务部、统计部、生产部、办公室、采购部、仓储部等部门，仅仅办公室就有四名员工。扩张后茶馆经营状况并不理想，每月营业额不算少，但仍然面临亏损的局面，眼看茶馆因多处经营欠下房屋租金而面临被迫关门的窘况。此时李梅找到会计师事务所好友芳芳，来为茶馆做账务核账。芳芳发现该企业出现问题的重要原因是缺乏财务投资风险分析，盲目扩张，导致成本失控。同时，还发现该茶馆的财务票据非常规范详细但纷繁复杂，找不出几个有用的数据，如在销售品类众多的产品中，不能看出哪些是优势产品和服务。更重要的是收支计算缺少财务概念，成本划分不清，利润核算不准确。例如，没有将员工的加班费计入成本，没有将场地租金计入成本等，造成虚盈实亏，做得越大亏得越厉害。李梅在芳芳的帮助下，经认真分析测算后，撤并超出市场容量的经营网点，合并不必要的机构，裁撤多余的员工，缩减不必要的投资，适度调整经营规模，完善财务经营管理，有效降低了经营成本，提高了资金使用效率，重新扭转茶馆经营亏损状况。

看了以上材料，你从中得到什么启发？

【思考与练习】

一、选择题

1．中国茶馆的雏形产生于（　　）。

A．唐代　　B．宋代

C．魏晋南北朝时期　　D．明代

2．以下（　　）属于新中式茶馆的特点。

A．传统中式风格　　B．以园林艺术为基调

C．与地域民俗融合　　D．简约、雅致的文艺风

3．茶馆人力资源管理的特点是（　　）。

A．局外性　　B．动态性　　C．可靠性　　D．超前性

二、简答题

1．什么是茶馆营销？茶馆营销具有什么特点？

2．如何进行茶馆产品定价？

3．如何进行茶馆促销？

4．茶馆的有形展示包括哪些方面？

三、课后实践

1．请以您所熟悉的茶馆为例分析其文化风格及经营管理的优势。

2．请您合理设计茶馆服务全过程。

项目二

茶馆的商业模式与业务类型

思维导图

茶馆的商业模式与业务类型

- 茶馆商业模式认知
  - 茶馆商业模式的分类与特点
  - 茶馆商业模式的选择与优化
- 传统茶馆商业模式
  - 单一服务型茶馆
  - 茶艺表演型茶馆
  - 茶文化体验型茶馆
- 现代茶馆商业模式
  - 新式茶饮与茶馆
  - 轻食休闲茶馆
  - 连锁经营型茶馆
- 茶水服务拓展
  - 茶馆服务拓展
  - 茶叶零售拓展
  - 培训活动拓展
  - 茶馆+其他业务拓展

学习目标

知识目标：

- 掌握茶馆商业模式的分类与特点；
- 理解传统与现代茶馆商业模式的相关特点；
- 掌握茶馆业务各种拓展类型。

技能目标：

- 能理解茶馆的不同商业模式及其特点；
- 能理解茶馆拓展类型业务在实际经营中的作用。

素养目标：

- 通过此项目提升学生的理解力及分析能力；
- 能提升学生的审美品位及创新意识。

任务一　茶馆商业模式认知

茶馆是中国传统文化的重要载体，既是品茶之地，也是社交与文化的交汇点。茶馆业深深融入城市生活，成为地方商业与文化的重要组成部分。茶作为“开门七件事”之一，与日常生活密不可分，茶馆承载着人们对美好生活的向往。

历史上，饮茶曾是贵族的雅趣，但茶馆逐渐成为连接各阶层的桥梁，将茶文化带入寻常百姓家。茶馆不仅是饮茶场所，更是文化普及的温床，见证了茶从贵族雅趣向民间习俗的转变，记录了无数人生的悲欢离合。每一座茶馆都像一本历史书，每一壶茶都蕴含着深厚的文化底蕴。

2016 年 5 月 15 日，中国星级茶馆首期授牌大会暨服务标准化——茶馆业发展高峰论坛在北京举行，标志着茶馆业的新里程碑。会议由全国茶馆等级评审委员会主办，旨在通过创新商业模式、推行标准化管理和整合茶产业链，推动行业发展。与会者探讨了如何通过创新赋予茶馆新生命力，提升服务品质，并构建资源共享的生态系统。这场盛会总结了茶馆业的成就，为未来发展指明了方向，成为行业历程中的重要里程碑。

一、茶馆商业模式的分类与特点

（一）茶馆商业模式的分类

商业模式（Business Model）是指一个组织在市场中创造价值、传递价值和捕获价值的核心逻辑和体系。它描述了企业如何运营、如何盈利以及如何在竞争环境中保持可持续的竞争优势。商业模式不仅关注企业的产品或服务本身，更关注企业如何将这些产品或服务转化为经济收益，并满足客户需求。

一个完整的商业模式通常包含以下九个关键要素。

表 2-1 茶馆商业模式的九大模式

关键要素	内容
价值主张（Value Proposition）	企业为客户提供的核心价值是什么？它解决了客户的哪些痛点或需求？
客户群体（Customer Segments）	企业的目标客户是谁？他们的需求和偏好如何？
渠道通路（Channels）	企业如何接触和传递价值给目标客户？包括直接渠道、间接渠道、自有渠道和合作伙伴渠道等
客户关系（Customer Relationships）	企业与目标客户之间建立什么样的关系？是一次性交易、个人自助服务、自动化服务，还是个性化服务？
收入来源（Revenue Streams）	企业如何盈利？主要的收入来源是什么？包括产品销售、服务收费、订阅费、广告收入、交易佣金等
核心资源（Key Resources）	企业执行其商业模式所需的关键资源是什么？包括技术、人才、品牌、合作伙伴关系、有形资产等
关键活动（Key Activities）	企业为了运营其商业模式必须执行的关键任务是什么？包括生产、研发、市场营销、客户服务等
重要合作（Key Partnerships）	哪些合作伙伴对于企业的商业模式至关重要？这些合作如何支持企业的运营和价值创造？
成本结构（Cost Structure）	企业运营其商业模式所需的成本有哪些？包括固定成本和变动成本，以及它们如何影响企业的盈利能力

商业模式的设计和创新是企业成功的关键之一。随着市场环境的变化和技术的进步，企业需要不断调整和优化其商业模式，以适应新的市场需求和竞争态势。同时，商业模式也是企业与其他利益相关者（如投资者、供应商、合作伙伴等）沟通和交流的重要工具，有助于他们理解和评估企业的价值和潜力。

茶馆商业模式可以概述为茶馆在市场中创造价值、传递价值和捕获价值的方式和体系。它涵盖了茶馆如何运营、如何盈利以及如何在竞争环境中保持可持续发展的核心逻辑。

茶馆作为一种具有深厚文化底蕴的商业模式，其运营不再局限于提供茶水服务，更是一种融合了文化、社交、休闲乃至商务交流的综合体验空间。对茶馆商业模式的认知，可以从以下几个方面进行。

（1）文化传承与体验。茶馆首先是一个传播和体验中国传统茶文化的地方。通过精致的茶具、优质的茶叶、专业的茶艺表演以及优雅的环境布置，茶馆为顾客营造出一种独特的文化氛围，让人们在品茗的过程中感受茶文化的魅力，增强文化认同感和归属感。

（2）社交与休闲。茶馆是现代社会中人们进行社交活动的重要场所之一。无论是朋友聚会、家庭小聚，还是商务洽谈，茶馆都能提供一个相对私密且舒适的环境。在这里，人们可以放松心情，享受与他人的交流时光，满足社交需求。

（3）多元化服务。随着市场需求的不断变化，现代茶馆逐渐走向多元化发展。除了基本的茶水服务外，许多茶馆还提供了茶点、小吃、简餐甚至特色菜肴，以满足顾客的餐饮需求。同时，一些茶馆还融入了茶艺培训、文化讲座、艺术展览等文化活动，进一步丰富顾客的体验内容。

（4）定制化与个性化。为了满足不同顾客群体的需求，茶馆开始注重提供定制化和个性化的服务。例如，根据顾客的口味偏好推荐适合的茶叶品种，或者根据特定场合定制茶艺表演等。这种服务方式不仅提升了顾客的满意度，也增强了茶馆的市场竞争力。

（5）线上线下融合。随着互联网技术的发展，茶馆也开始探索线上线下融合的发展模式。通过建立官方网站、社交媒体账号等线上平台，茶馆可以扩大品牌影响力，吸引更多潜在顾客。同时，线上平台还可以提供预约服务、在线支付、会员管理等功能，提升顾客体验和服务效率。

（6）可持续发展。在追求经济效益的同时，茶馆也注重可持续发展。这包括选用环保材料装修店面、推广绿色消费理念、参与公益活动等。通过这些措施，茶馆不仅能够树立良好的企业形象，还能够为社会的可持续发展做出贡献。

总的来说，茶馆商业模式是一个集文化传承、社交休闲、多元化服务、定制化与个性化、线上线下融合以及可持续发展于一体的综合体系。在未来，随着消费者需求的不断变化和市场竞争的加剧，茶馆商业模式还将继续创新和发展。

（二）茶馆商业模式的特点

茶馆商业模式多种多样，每种模式都有其独特的特点和适用场景。

1．社区休闲类茶馆

社区茶馆是主要围绕着社区进行建设的，内设人们日常生活的娱乐项目，比如棋牌等休闲活动，最初的茶室逐渐演变成特色化的社区茶馆，其馆内的装饰也是与社区的氛围及风格步调一致，给人一种亲和力的同时使得社区文化也逐渐融入其中。

（1）特点。此类茶馆经营范围广泛，消费人群大众化，装修投入相对较少，经营管理粗放，投资风险小。茶客群体广泛，不受年龄、职业、学历等限制。经营手段多样，以提供茶水、茶点及休闲场所为主。

（2）优点。一可以降低成本，降低收费，扩大客源，稳定客源；二可以贴近群众，提供群众需要的产品和服务，为群众就近提供娱乐休闲场所；三可以和社区养老结合起来，方便老年人饮茶、休闲。总体来说，装修投入少，管理灵活，客流量大，能够满足不同层次的消费者需求。

（3）缺点。由于茶客群体复杂，茶馆面积要求大，经营环境可能较为嘈杂，需要良好的协调能力来管理。

【业界案例】

隐溪茶馆

部分分店的地址信息：

隐溪茶馆（徐家汇店）：位于上海市徐汇区肇嘉浜路 969 号。

隐溪茶馆（吴中路店）：位于上海市闵行区吴中路 51 号 2 楼（吴中路与古井路交叉口西行 50 米路南）。

隐溪茶馆（上海中心店）：位于上海市浦东新区花园石桥路上海中心 53 楼。

隐溪茶馆（中山公园店）：位于上海市长宁区华阳路街道武夷路 84 号（延安西路与武夷路交叉口西行 60 米）。

隐溪茶馆（外滩店）：位于上海市黄浦区滇池路 81-85 号。

一、环境氛围

隐溪茶馆的环境设计充满了东方禅意，营造出一种都市中的“水月洞天”般的静谧氛围。茶馆内部装饰简约而不失格调，绿植点缀其间，让人仿佛置身于自然之中。每个包厢都设计得私密而舒适，无论是独自品茶还是与朋友小聚，都能找到合适的空间。

二、服务体验

隐溪茶馆的服务非常贴心，从顾客踏入茶馆的那一刻起，就能感受到宾至如归的温暖。茶馆提供“一对一”的专属茶艺师服务，茶艺师们不仅精通茶道，还能根据顾客的口味和需求推荐合适的茶品。此外，茶馆还提供免费的小吃和水果等，让顾客在品茶的同时也能享受到美食的陪伴。

三、茶品选择

隐溪茶馆的茶品种类繁多，涵盖了各种传统名茶和特色茶品。无论是绿茶、红茶、乌龙茶还是白茶、黄茶、黑茶，都能在这里找到。茶馆还定期推出新品茶，以满足不同顾客的口味需求。此外，茶馆还提供茶叶定制服务，顾客可以根据自己的喜好和需求定制专属的茶品。

四、社交与休闲

隐溪茶馆不仅是一个品茶的地方，更是一个社交和休闲的好去处。茶馆经常举办各种茶文化活动，如茶艺表演、茶文化讲座等，让顾客在品茶的同时也能了解更多的茶文化知识。此外，茶馆还提供包厢服务，适合商务洽谈、家庭聚会等场合。

2. 文化体验类茶艺馆

文化体验类茶艺馆是一种融合传统茶文化与现代休闲体验的场所，旨在为顾客提供沉浸式的茶文化体验。馆内通常以古典中式风格为主，结合茶道、香道、花艺等传统文化元素，营造出宁静雅致的氛围。茶艺师会现场展示泡茶技艺，讲解茶叶种类、冲泡方法及茶文化历史，顾客不仅能品鉴各类名茶，还能参与茶艺课程，亲手体验泡茶乐趣。此外，茶艺馆常举办茶文化讲座、古琴演奏、书法展示等活动，进一步丰富文化内涵。这种茶艺馆不仅是品茶的好去处，更是传播传统文化、放松身心的理想空间。

（1）特点。注重营造浓厚的茶文化氛围，以喝茶习俗为主导，消费对象定位较高。对茶馆的硬件设施以及员工素质有一定要求，通常提供高品质的茶品和专业的茶艺服务。

（2）优点。投资相对较小，利润率较高，能够吸引对茶文化有浓厚兴趣或寻求高品质休闲体验的消费者。

（3）缺点。受城市消费群体的文化水平和消费观念影响较大，客户群相对单一，经营者需要有较强的社会公关能力。

长春有余堂整体环境

3. 园林景区类茶馆

园林景区类茶馆是茶文化与现代休闲生活的完美融合，将自然之美与人文情怀结合，为茶客提供远离尘嚣的雅致品茗空间。茶馆多选址于风景秀丽、环境清幽之地，如名山古刹、溪流之畔或深宅大院，让茶客在品茶时尽享自然的宁静。

室内装潢融合传统与现代，保留雕花木窗、青花瓷瓶等古典元素，同时融入简约时尚的家具，营造出古典与时尚并存的氛围。室外则充分利用自然景观，借景入室或引水入园，使茶客仿佛置身于山水画卷中。四季更迭为茶馆带来变幻的自然景观，春日新绿、夏日清风、秋日层林、冬日雪景，为茶客提供丰富的视觉享受与心灵洗礼。

（1）特点。① 选址独特。园林景区类茶馆通常位于风景名胜区内、河流沿岸或具有历史底蕴的院落之中，这些地点本身就具备极高的观赏价值和文化底蕴。② 环境优雅。茶馆内外环境设计注重与自然景观的融合，通过精心布置的植物、水体、建筑等元素，营造出一种清新脱俗、宁静雅致的氛围。③ 文化浓厚。除了提供优质的茶饮服务外，园林景区类茶馆还常常举办茶艺表演、书法展览、诗词朗诵等文化活动，传承和弘扬中华茶文化。④ 设施完善。为了满足不同茶客的需求，这类茶馆通常配备有完善的休闲设施，如雅座、包厢、观景台等，提供舒适的品茗环境。

（2）优点。① 体验丰富。在园林景区类茶馆品茗，不仅可以品尝到各种优质茶叶，还能欣赏到美丽的自然景观，享受身心的双重愉悦。② 社交场所。茶馆作为社交的重要场所，园林景区类茶馆更是为茶客提供了一个交流思想、结识朋友的平台，有助于拓展社交圈。③ 文化传承。通过举办各种文化活动，园林景区类茶馆在传承和弘扬中华茶文化方面发挥着重要作用，有助于提升公众的文化素养。④ 心灵放松。在快节奏的现代生活中，园林景区类茶馆提供了一个远离喧嚣、放松心情的避风港，有助于缓解压力、调节情绪。

广州涉趣园

（3）缺点。① 价格较高。由于选址独特、环境优雅以及提供的优质服务，园林景区类茶馆的消费通常较高，可能不适合所有消费者。② 季节性限制。部分园林景区类茶馆受到季节和天气的影响较大，如雨季可能导致户外环境不佳，影响品茗体验。③ 人流限制。为了保护自然景观和确保服务质量，园林景区类茶馆通常会限制游客数量，这可能导致在旺季时难以预约到合适的座位。④ 交通不便。部分茶馆位于偏远或交通不便的景区内，对于没有自驾条件的茶客来说，前往茶馆可能需要花费较多的时间和精力。

4．综合型茶馆

综合型茶馆是指将喝茶与餐饮、娱乐结合在一起的茶馆。这类茶馆比较贴近大众，喝茶并不一定是主体，餐饮和娱乐占的比例和带来的收入更高。娱乐主要是打麻将和打扑克。这类茶馆也主要设在居民区比较集中的地方，或者餐饮业、娱乐业集中的地区。收入一般由餐饮费、场地使用费和茶水费组成。

（1）特点。综合型茶馆是现代茶馆功能多元化的产物之一，这种类型的茶馆的稳定发展需要经营者找到自身在市场中的准确定位，并且随行就市、牢抓盈利点，否则在经营过程中很有可能丧失自主权，成为市场动荡时的牺牲者。

（2）优点。它的主要优势在于扩大了茶馆所提供的服务的范围，可以同时满足多类人群多种消费需求，无形中对扩大客户群体的范围提供了很大益处。

（3）缺点。茶艺服务人员的专业素养及技能不一定可以随时满足众多需求，即人们常说的众口难调，另外，单纯从品茶的角度来说，茶品及周边出品也可能存在品质参差不齐、品类繁多而难以实现标准化与规范化把控的情况。

5．品牌茶企的连锁茶馆

【业界案例】

八马茶业

（1）简介：八马茶业是中国知名的茶叶连锁品牌，拥有广泛的门店网络。

（2）产品特色：涵盖红茶、绿茶、乌龙茶、普洱茶等多个系列，其中八马铁观音、八马普洱茶尤为知名。

（3）经营范围：除了茶叶，还涉及茶食品和茶具等多元化产品。

（4）特殊之处：在武汉的门店由于浙水湾商贸发展有限公司是八马茶业湖北总代理，因此还经营国内外高档烟酒。

华祥苑

（1）简介：华祥苑茗茶是全国连锁茶叶加盟品牌，门店数量众多。

（2）产品特色：注重茶庄园标准引领，集结权威专家集体智慧，确保产品品质。

（3）经营范围：茶叶、茶食品、茶具等。

（4）特殊之处：拥有八大茶庄园，从源头上把控产品品质。

天福集团

（1）简介：天福集团是内地第一家在港上市的茶叶企业，拥有广泛的门店网络。

（2）产品特色：加工绿茶、茉莉花茶、乌龙茶、铁观音、龙井等各地名茶和茶食品。

（3）经营范围：茶叶、茶食品、茶具等。

（4）特殊之处：在福建、四川等地建有大规模的茶叶或茶食品加工工厂，并在多个高速公路服务区设有天福茶园，提供观光、品茶等服务。

大益茶

（1）简介：大益茶是中国知名的普洱茶品牌，拥有大量的专营店。

（2）产品特色：专注于普洱茶的生产和推广，拥有多种普洱茶产品。

（3）经营范围：主要经营普洱茶。

（4）特殊之处：在全国22所大学内建成“大益爱心茶室”，将茶文化融入校园生活。

以上这些茶馆品牌均属于中国茶叶市场上的佼佼者，各自拥有独特的经营理念和产品特色。它们通过连锁经营、注重产品品质和服务体验等方式，不断提升品牌影响力，满足消费者的多样化需求。

（1）特点。① 装修风格统一。品牌茶企连锁茶馆的装修风格通常与品牌文化保持一致，从色彩、布局到装饰细节都体现出品牌的独特风格，增强品牌识别度。② 服务标准化。服务人员着装统一，服务流程和服务质量也遵循品牌制定的标准，确保客户在不同门店都能享受到一致的服务体验。③ 产品多样化。除了茶叶，品牌茶企连锁茶馆还提供茶食品、茶具等多元化产品，满足不同客户的消费需求。④ 经营模式灵活。采用存茶、办卡等一次性高投入多次回报的经营模式，以及提供包间服务等，增加客户黏性，提升盈利能力。

（2）优点。① 品牌知名度高。品牌茶企连锁茶馆凭借广泛的知名度和良好的口碑，能够吸引更多消费者，提升客流量。② 产品品质稳定。品牌茶企注重茶叶品质，确保消费者能够品尝到优质的茶叶，提升客户满意度。③ 服务细致周到。品牌茶企连锁茶馆提供细致周到的服务，包括茶艺表演、茶文化讲解等，增强客户体验，提升客户忠诚度。④ 采购成本等降低。通过连锁经营，品牌茶企能够优化成本结构，提高盈利能力。

（3）缺点。① 市场竞争激烈。随着品牌茶企连锁茶馆数量的增加，市场竞争日益激烈，需要不断创新和升级以保持竞争优势。② 店员流动性大。茶艺师等核心员工的流动性大，不利于品牌茶企连锁茶馆的稳定发展。③ 经营成本上升。随着房价、人工成本等不断上涨，品牌茶企连锁茶馆的经营成本也在不断增加，对盈利能力造成一定压力。④ 消费者需求变化。随着消费者需求的变化，品牌茶企连锁茶馆需要不断调整产品和服务以满足市场需求，否则可能面临客户流失的风险。

广州天池茶馆

6．主题类茶馆

现代主题类茶馆主要是借助不同的主题文化来打造，通过茶艺文化的多元化呈现对饮茶人士进行茶文化的熏陶。此类茶馆风格更具多样性，室内装修将房屋的结构与经营者自身的爱好相结合，突出个性化、时代感。其形式上由西方的咖啡馆以及酒吧等场所演变而来，自由及灵活性相对较高，室内装饰各有侧重，与整体风格自然契合，形成主题鲜明的茶艺氛围；其功能服务的范畴不再仅仅局限于休闲娱乐层面，而是向着休闲生活及自由舞台等方向不断发展，成为政治经济文化多样化呈现的集中表现场所；其经营理念上注重现代茶艺的开发研究，强调规范化管理和优质服务，紧跟时代潮流，通过营造温馨舒适、热情周到的多样化服务来吸引顾客。

（1）特点。跳出传统茶馆的范畴，以茶为媒介经营其他物品或形成特定主题的俱乐部。这类茶馆通过特定的主题或活动吸引消费者，提供独特的体验。

（2）优点。能够吸引对特定主题有兴趣的消费者，增强茶馆的吸引力和竞争力。① 独特的主题与氛围。现代主题类茶馆通过独特的主题设计，如文化、艺术、科技等，营造出个性化的氛围，与传统茶馆形成鲜明对比，满足消费者追求新鲜感和个性化的需求。② 沉浸式体验。茶馆内的装修、装饰、音乐、灯光等元素都与主题紧密相关，为消费者提供全方位的沉浸式体验，增强消费者的参与感和归属感。③ 多元化的功能与服务。现代主题类茶馆不仅提供品茶服务，还融合了餐饮、娱乐、休闲、文化等多种功能，满足消费者多样化的需求；茶馆注重提供优质的服务，如茶艺表演、茶艺教学、文化讲座等，提升消费者的文化体验和品茶享受。④ 创新与灵活性。现代主题类茶馆紧跟时代潮流，不断创新产品和服务，如推出特色茶饮、举办主题活动等，吸引消费者的关注和参与；茶馆的经营者可以根据市场需求和消费者反馈，灵活调整经营策略和产品组合，以适应市场的变化。⑤ 社交与文化交流的平台。现代主题类茶馆成为消费者社交的重要场所，人们可以在这里结交新朋友、分享心得、交流思想；茶馆通过举办文化活动、展览、讲座等，促进不同文化之间的交流和融合，提升消费者的文化素养和审美水平。⑥ 品牌与形象的提升。现代主题类茶馆通过独特的主题和优质的服务，塑造出独特的品牌形象和口碑，提升茶馆的知名度和美誉度；茶馆成为展示当地文化和特色的窗口，吸引游客和外地消费者的关注和参与，推动当地旅游业的发展。

（3）缺点。① 目标客户群体有限。现代主题类茶馆往往针对特定的客户群体，如年轻人、文化爱好者或特定主题的粉丝。这可能导致茶馆的客户基础相对狭窄，难以吸引更广泛的消费者群体。由于目标客户群体的特定性，茶馆可能需要在市场营销和客户服务方面投入更多资源，以吸引和维持这些客户的兴趣和忠诚度。② 运营成本高。现代主题类茶馆通常注重室内装修和氛围营造，这可能导致较高的装修和运营成本。为了保持茶馆的独特性和吸引力，经营者可能需要不断更新和升级装修、设备和活动，从而增加额外的成本。③ 竞争压力大。随着茶文化的发展，越来越多的茶馆开始注重主题和氛围的营造，市场竞争日益激烈。现代主题类茶馆需要在服务、品质、创新等方面不断提升，以在竞争中脱颖而出。④ 服务和管理挑战。现代主题类茶馆提供的服务往往更加多样化和个性化，这对茶馆的服务和管理提出了更高的要求。经营者需要确保服务质量的一致性和稳定性，同时还需要应对各种突发情况和客户需求的变化。⑤ 文化冲突与误解。由于现代主题类茶馆往往融合了多种文化元素和主题，可能会导致一些文化冲突或误解。经营者需要谨慎处理这些文化元素之间的关系，以确保茶馆的和谐与稳定。⑥ 难以形成稳定客户群。由于现代主题类茶馆的风格和主题多变，可能难以形成稳定的客户群。消费者可能会因为对某个主题或活动的兴趣而前来消费，但一旦这个主题或活动结束或失去吸引力，他们可能会选择其他茶馆。

7. 线上售卖模式

线上售卖模式是一种通过互联网平台销售茶叶及茶器的商业模式，线上线下相结合，拓宽销售渠道。

（1）特点。利用互联网平台进行茶叶及茶器的销售，线上线下相结合。这种模式通过线上平台拓宽销售渠道，增加曝光率和销售量。

（2）优点。能够突破地域限制，吸引更广泛的消费群体；同时降低运营成本，提高销售效率。

（3）缺点。① 缺乏实体体验。茶叶的品质和口感难以通过线上展示完全传达，消费者无法亲自品鉴，可能导致购买决策的不确定性。② 物流问题。茶叶易受环境因素影响，运输过程中可能出现品质损耗或包装损坏，影响消费体验。③ 竞争激烈。线上平台商家众多，价格战频繁，利润空间被压缩，同时需要投入大量资源进行推广以吸引流量。④ 客户信任度低。部分消费者对线上茶叶品质存疑，尤其是高端茶品，信任建立需要时间和口碑积累。

8．私人茶室

私人茶室是一种不对外开放的高端茶空间，主要服务于固定客户，提供私密的社交和商务洽谈环境。

（1）特点。这类茶室通常不对外开放，只用来接待固定客户。它们提供私密的空间供客户谈生意、聚会等。

（2）优点。私密性强，能够为客户提供专属的社交空间；同时维护稳定的客户关系。

（3）缺点。① 客户群体有限：由于不对外开放，仅依赖固定客户，难以拓展新客源，收入增长受限。② 运营成本高：需要提供高品质的服务和环境，维护成本较高，但客户数量有限，可能导致利润率较低。③ 依赖人际关系：客户关系维护需要投入大量精力，若核心客户流失，可能对经营造成较大影响。④ 灵活性不足：私人茶室的功能较为单一，难以适应多样化市场需求，缺乏创新可能降低长期吸引力。

茶馆商业模式的多样性为不同消费群体提供了丰富的选择。每种模式都有其独特的特点和适用场景。在选择经营模式时，茶馆应根据目标消费者、市场需求、自身资源和能力等因素进行综合考虑。同时，茶馆还需要注重提升服务质量和顾客体验，以建立良好的品牌形象和口碑，从而在激烈的市场竞争中脱颖而出。

二、茶馆商业模式的选择与优化

茶馆商业模式的选择与优化是一个综合性的决策过程，涉及市场需求、目标消费者、自身资源与能力等多个方面。

（一）茶馆商业模式的选择

1．市场调研与定位

在选择商业模式之前，首先需要进行充分的市场调研，了解当地消费者的需求、消费习惯、竞争对手情况等。

根据市场调研结果，明确茶馆的市场定位，如高端、中端还是低端市场，以及目标客户群体。

2．商业模式类型选择

表 2-2　茶馆商业模式类型

商业模式类型	具体内容
传统茶馆模式	适合对茶文化有深厚感情和理解的创业者，通过提供高质量的茶饮和优雅的环境吸引消费者
创新融合模式	如与书店、手工艺品店、电影院等结合，打造多功能的消费场所，吸引更广泛的消费者群体
科技赋能模式	利用智能设备和服务提升经营效率和服务质量，如智能点单系统、大数据分析等
社交聚会模式	通过组织各种聚会和活动吸引顾客，如茶艺讲座、文化沙龙、主题派对等
线上售卖模式	利用互联网平台进行茶叶及茶器的销售，线上线下相结合，拓宽销售渠道

3．盈利模式考虑

综合考虑茶叶销售、茶点销售、茶艺表演、茶具销售、社交活动、培训等多种盈利模式，根据茶馆定位和市场需求选择适合的盈利模式组合。

（二）茶馆商业模式的优化

1．提升服务质量

（1）加强员工培训，提高茶艺和服务水平，确保顾客获得良好的消费体验。

（2）定期进行顾客满意度调查，及时收集顾客反馈，不断改进服务质量。

2．产品创新

（1）根据市场需求和消费者口味变化，不断研发新口味的茶饮和茶点，满足消费者的多样化需求。

（2）引入特色产品，如养生茶、花果茶等，提升茶馆的竞争力。

3．营销策略优化

（1）利用社交媒体、短视频等平台进行线上宣传，提高茶馆知名度和曝光率。

（2）开展会员制度，提供积分兑换、优惠折扣等福利，增加客户黏性。

（3）策划各类推广活动，如新店开业、节日促销等，吸引潜在客户并促进销售。

4．环境氛围营造

（1）注重茶馆的装修和布局，营造舒适、优雅的环境氛围，提升顾客的体验感。

（2）引入茶文化元素，如茶艺表演、茶文化讲座等，增加茶馆的文化底蕴和吸引力。

5．线上线下融合发展

（1）加强线上渠道的拓展和运营，如电商平台、社交媒体等，实现线上线下的无缝连接。

（2）利用线上平台收集消费者数据，进行精准营销，提高销售效率和客户满意度。

6．成本控制与盈利提升

（1）制定合理的预算和资金计划，控制成本和支出，确保茶馆的盈利能力。

（2）优化采购渠道和库存管理，降低原材料成本和库存成本。

（3）提高经营效率和服务质量，增加顾客回头率和消费频次，从而提升茶馆的整体盈利水平。

茶馆商业模式的选择与优化是一个持续的过程，需要根据市场需求、消费者需求以及自身资源和能力等因素进行综合考虑和调整。通过不断提升服务质量、产品创新、营销策略优化、环境氛围营造以及线上线下融合发展等措施，茶馆可以在激烈的市场竞争中脱颖而出并实现可持续发展。

任务二　传统茶馆商业模式

传统茶馆商业模式以提供茶饮服务为核心，通常结合文化体验与社交功能。茶馆通过售卖茶叶、茶点及茶具等产品获取收入，同时提供茶艺表演、茶道教学等增值服务吸引顾客。其经营场所多采用古典中式风格，营造宁静雅致的氛围，注重茶文化的传播与体验。

传统茶馆商业模式

一、单一服务型茶馆

单一服务型茶馆是都市中的静谧绿洲，也是传承茶文化的重要场所。步入古色古香的空间，仿佛穿越时空，回到以茶会友的年代。茶馆从茶具到茶席布置，处处体现对茶文化的尊重。茶艺师不仅精通冲泡技艺，更深刻理解茶的历史与文化，通过泡茶、奉茶传递茶文化的和谐、宁静与智慧。

茶馆也是文化交流的平台，人们围炉而坐，品茶论道，分享生活感悟。茶作为媒介，拉近人与人之间的距离，让不同思想在茶香中碰撞，激发灵感。这里不仅是品茶的场所，更是充满文化内涵的精神空间，让人们在忙碌生活中找到归属，感受茶文化的独特魅力与深远影响。

单一服务型茶馆的独特价值主要体现在以下四个方面。

第一，文化传承与体验。

茶馆通过古色古香的环境设计、精致的茶具和茶席布置，以及对茶艺师的专业要求，将茶文化的历史、哲学与技艺融入每一处细节，为顾客提供沉浸式的文化体验。

第二，心灵疗愈与精神追求。

在快节奏的都市生活中，茶馆为人们提供了一片宁静的空间。品茶不仅是味觉享受，更是一种心灵的洗礼，帮助人们放松身心，感受茶文化所蕴含的和谐与智慧。

第三，社交与思想交流。

茶馆作为文化交流平台，为人们提供了围炉而坐、品茶论道的机会。茶作为媒介，拉近了人与人之间的距离，促进了不同思想的碰撞与融合，激发了新的灵感与创意。

第四，个性化服务与专属体验。

单一服务型茶馆注重细节与品质，提供专属的高端服务，满足顾客对私密性、文化内涵和精神追求的需求，打造独特的精神家园。

这些方面共同体现了单一服务型茶馆在文化传承、心灵疗愈、社交互动以及个性化服务上的独特价值，使其成为都市生活中不可或缺的文化空间。

二、茶艺表演型茶馆

茶艺表演型茶馆以其独特的艺术氛围与精湛的茶艺展示，成为茶文化爱好者的朝圣之地。这类茶馆将茶艺表演视为核心亮点，通过精心编排的演出，将泡茶的每一个步骤都化作视觉与听觉的双重盛宴。步入茶馆，首先映入眼帘的是舞台上优雅的茶艺师，她们身着传统服饰，手持各式茶具，随着轻柔的古筝或琵琶声，缓缓展开一场关于茶与美的对话。

茶艺表演不仅展示了泡茶技艺的精湛与细腻，更蕴含了深厚的文化内涵与哲理思考。每一泡茶的冲泡过程，都仿佛是在讲述一个关于自然、人文与时间的故事，让观众在品味茶香的同时，也能领略到茶文化的博大精深。此外，茶馆还常常邀请知名茶艺大师进行现场教学，让顾客亲身体验泡茶的乐趣，感受茶艺之美。

除了茶艺表演，这类茶馆也提供高品质的茶饮服务，确保每位顾客都能享受到最佳的品茶体验。茶馆内的环境设计同样注重营造一种雅致而宁静的氛围，让顾客在欣赏茶艺表演的同时，也能放松身心，享受片刻的宁静与自我沉淀。因此，茶艺表演型茶馆不仅是一个展示茶艺魅力的舞台，更是一个传播茶文化、促进文化交流与心灵成长的重要场所。

茶艺表演型茶馆在茶馆行业内的地位显著，主要体现在以下四个方面。

第一，文化传承的使者。

茶艺表演型茶馆通过精彩的茶艺表演，不仅展示了中国茶文化的独特魅力，还承担着传承和弘扬茶文化的重要使命。它们将传统的茶道精神与现代审美相结合，以艺术的形式展现给广大消费者，使得茶文化得以更加生动、直观地传播。这种文化传承的功能，使得茶艺表演型茶馆在茶馆行业中占据了独特的文化高地。

第二，行业创新的引领者。

茶艺表演型茶馆在经营模式和服务内容上不断创新，推动了整个茶馆行业的进步与发展。它们通过引入茶艺表演、茶艺教学等新型服务方式，不仅提升了茶馆的附加值，还吸引了更多年轻消费者的关注和喜爱。这种创新精神，使茶艺表演型茶馆在茶馆行业中成为引领潮流的先锋。

第三，消费者需求的满足者。

茶艺表演型茶馆深谙消费者需求的变化趋势，通过提供高品质的茶饮服务和独特的茶艺表演体验，满足了消费者对于精神文化生活的追求。它们注重营造优雅、宁静的消费环境，让消费者在繁忙的都市生活中找到一片属于自己的宁静天地。这种以消费者需求为导向的经营理念，使得茶艺表演型茶馆在茶馆行业中赢得了广泛的认可和好评。

第四，市场竞争的优胜者。

在激烈的市场竞争中，茶艺表演型茶馆凭借其独特的文化内涵、创新的经营模式和优质的服务质量，逐渐脱颖而出成为市场中的优胜者。它们不仅吸引了大量忠实消费者群体，还赢得了良好的口碑和品牌形象。这种市场竞争优势，使得茶艺表演型茶馆在茶馆行业中占据了重要的市场地位。

由此看来，茶艺表演型茶馆在茶馆行业内的地位是不可替代的。它们不仅是文化传承的使者、行业创新的引领者、消费者需求的满足者，更是市场竞争的优胜者。随着茶文化的不断普及和消费者需求的不断提升，茶艺表演型茶馆的市场前景将更加广阔。

三、茶文化体验型茶馆

茶文化体验型茶馆是传播与体验茶文化的重要平台。其特色在于营造浓厚的文化氛围：精致的装修、古典的家具与茶文化艺术品相得益彰，设有专门的茶文化展示区，呈现茶叶、茶具及茶史变迁。功能上，不仅提供优质茶饮，更通过茶艺表演、茶道讲座、文化交流等活动，让顾客沉浸式体验茶文化魅力。专业茶艺师的精湛技艺与文化讲解，配合专家学者的专题讲座，为茶文化爱好者打造了全方位的学习交流平台。这类茶馆已成为传播茶文化、促进文化体验的重要窗口，让更多人深入了解并爱上茶文化。茶文化体验型茶馆的消费群体呈现出多元化的特点，以下是对其特点的具体描述。

第一，年龄跨度大，但以中青年为主。

茶文化体验型茶馆的消费群体跨越了多个年龄段，包括老年、中年、青壮年以及部分年轻人群。然而，随着茶文化的年轻化和时尚化趋势，中青年消费者逐渐成为这类茶馆的主要消费群体。他们往往对茶文化有着较高的兴趣和认知，愿意投入时间和金钱去体验和学习茶文化。

第二，文化程度高，注重精神享受。

茶文化体验型茶馆的消费群体普遍具有较高的文化程度。他们往往对传统文化有着深厚的情感认同，对茶文化的历史、哲学和艺术价值有着深入的了解和欣赏。在消费过程中，他们更注重精神层面的享受，追求茶文化的内涵和韵味，而不仅仅是物质层面的满足。

第三，消费能力强，追求品质生活。

茶文化体验型茶馆的消费群体通常具有较强的消费能力。他们愿意为高品质的茶产品和茶文化体验支付相应的费用。在消费过程中，他们不仅关注茶叶的品质和口感，还注重茶馆的环境氛围、服务质量以及文化活动的丰富性。他们追求的是一种高品质、有品位的生活方式。

第四，社交需求强，注重人际交往。

茶文化体验型茶馆往往成为消费者社交的重要场所。这类消费群体注重人际交往和社交网络的拓展。他们喜欢邀请朋友、同事或家人一起前往茶馆品茶聊天，享受茶文化的氛围和乐趣。在茶馆中，他们不仅可以品尝到美味的茶饮，还可以结交志同道合的朋友，拓展自己的社交圈子。

第五，追求个性化和差异化。

随着消费者需求的日益多样化和个性化，茶文化体验型茶馆的消费群体也越来越注重个性化和差异化的消费体验。他们不再满足于传统的品茶方式和服务模式，而是希望茶馆能够提供更加独特、有趣且符合自己个性化需求的茶文化体验。因此，茶文化体验型茶馆需要不断创新和改进自己的产品和服务模式以满足消费者的需求。

茶文化体验型茶馆的消费群体具有年龄跨度大但中青年为主、文化程度高注重精神享受、消费能力强追求品质生活、社交需求强注重人际交往以及追求个性化和差异化等特点。这些特点为茶文化体验型茶馆的发展提供了广阔的市场空间和机遇。

任务三　现代茶馆商业模式

一、新式茶饮与茶馆

新式茶饮和传统茶馆虽都以“茶”为核心，但在文化传承和消费体验上差异显著。新式茶饮店融合咖啡店氛围，提供奶茶、果茶等多样化饮品，强调“即买即走”的便捷模式，采用线上点餐和现代化营销，吸引年轻群体，成为聚会和休闲的理想场所。传统茶馆则注重茶文化和茶道体验，环境优雅，茶品讲究品质和泡法，泡茶过程被视为仪式，顾客可品尝优质茶叶，感受茶道魅力，享受细致服务和茶艺演示。新式茶饮侧重多样性和现代化体验，传统茶馆强调文化传承与深度体验，两者共同丰富了茶饮市场，促进了茶文化发展，消费者可根据喜好选择不同体验。

茶凵内部景观

（一）新式茶饮概述

新式茶饮指在传统现制茶饮的基础上进行产品改良及创新的新式现制茶饮，通常使用原茶、鲜奶、鲜果等新鲜且优质的原辅食材，并将其进行多样化搭配及融合，且定期推出差异化新品。品牌营销模式注重“线上 + 线下”“体验 + 社交”。

（二）新式茶饮的分类

1．奶茶类

此类包括珍珠奶茶、鲜奶茶等，以茶和奶类为主要原料，口感丰富，适合广大消费者。

2．花果茶类

此类为以花果为主料，如水果茶、花草茶等，清新怡人，具有养生功效。

3．鲜榨茶饮

此类为以新鲜水果或蔬菜为原料，现场榨取，保留原料的天然风味和营养成分。

4．气泡茶类

此类为以茶叶为原料，通过浸泡、过滤、加入二氧化碳等工艺制成的带有碳酸的茶饮。

5．冷泡茶类

此类为以茶叶为原料，通过冷水浸泡、过滤、冷藏等工艺制成的茶饮。

（三）新式茶饮的市场趋势与消费群体

近年来，新式茶饮行业迅速发展，已成为现代饮品消费的重要组成部分。相较于传统瓶装茶所强调的标准化和便捷性，新式茶饮更加注重创新、个性化和社交性，符合当代消费者的品牌和社交需求。而随着健康意识的提升和生活品质的改善，消费者更加注重饮品的口感、营养和健康价值，对茶馆的选择也更加挑剔。

（四）新式茶饮的主要商业模式特点

1．多样化的茶饮产品

提供多种茶饮选择，包括传统茶品如龙井、铁观音等，以及创新茶饮如奶茶、果茶、花草茶等，以满足不同消费者口味和偏好。

2．高品质的茶叶和原料

注重茶叶的品质和来源，选择优质的茶叶供应商，并可能进行自有品牌的茶叶开发，强调原料的新鲜和健康。

3．现代化的店面设计与氛围

设计时尚、现代化的店铺风格，营造舒适、温馨的消费环境，吸引年轻人和都市白领等新型消费群体。

4．创新的服务体验

引入自助点单系统、在线订购、会员制度等创新服务方式，提升顾客的便利性和体验感。

5．文化艺术活动的整合

文化内涵是茶馆经营中最重要的特质，要为茶馆文化内涵赋予多种载体。不仅仅提供茶饮，还结合文化艺术活动如茶艺表演、茶文化讲座、艺术展览等，增加顾客停留时间和消费体验的深度。

6．多渠道销售和市场拓展

不仅依靠实体店销售，还通过线上平台如App、电商平台进行茶饮产品的销售，拓展市场覆盖面和销售渠道。

7．加盟与直营模式并存

在扩张过程中采用加盟模式和直营模式相结合的方式。直营模式有助于保持品牌的统一性和高服务标准，而加盟模式则可以快速扩大品牌的市场覆盖面。

8．营销创新

利用社交媒体、KOL合作、限时活动等多种手段来吸引顾客，尤其擅长通过网络营销和口碑传播来提升品牌知名度。

（五）关键要素

1．产品创新与品质保证

不断推出新品种、新口味，保证产品的新鲜和高品质。强调产品的健康属性，如减少糖分、使用新鲜水果等，贴合现代消费者对于健康饮食的需求。

2．消费者体验和服务

提供个性化定制、快捷高效的服务，提升顾客满意度和忠诚度。注重门店的设计和布局，为顾客提供温馨舒适的休息区，营造良好的消费氛围。

3．品牌形象和市场营销

通过精准的市场定位和品牌传播策略，塑造与目标消费群体契合的品牌形象。定期举办新品上新优惠活动或联名活动，持续吸引媒体关注和公众兴趣。

4．成本管理和效率提升

有效控制原料成本、运营成本，并优化供应链管理，提升经营效率和盈利能力。投资智能设备和技术，如智能点单系统，提高工作效率，减少人力成本。

5．社会责任和环境保护

关注环保和可持续发展，选择符合环保标准的包装和原料，提升企业的社会责任感。

6．数据分析与消费者洞察

收集并分析销售数据，了解热销产品和顾客偏好变化，指导产品研发和库存调整。

监控市场趋势，预判潜在机遇和挑战，及时调整经营策略。

二、轻食休闲茶馆

（一）轻食休闲茶馆的概述

轻食休闲茶馆以提供健康、美味的小吃和轻食为主打，结合舒适的环境和良好的服务，吸引了追求休闲放松氛围的消费者。

（二）轻食休闲茶馆的定义与特点

轻食休闲茶馆是一种结合了茶文化与轻食文化的场所，其主要特点包括以下几个方面。

（1）提供健康、美味的小吃和轻食，如沙拉、三明治、小甜点等。

（2）舒适的用餐环境，通常融入了现代艺术或文化元素。

（3）提供多种茶饮选择，以及与轻食相搭配的推荐组合，丰富顾客的用餐体验。

（三）市场定位与目标消费群体

轻食休闲茶馆的目标消费群体主要包括：①热爱健康生活方式的都市白领和年轻人。②追求放松休闲体验的文艺青年和家庭主妇。③喜欢社交和聚会的团体及朋友。

（四）轻食休闲茶馆的经营与服务策略

1. 轻食休闲茶馆的产品设计与创新

轻食休闲茶馆在产品设计上常常注重健康与营养的结合，选择新鲜、有机的食材，制作低卡路里、高营养价值的轻食；多样化的选择，结合国际化的饮食趋势，推出符合多种口味偏好的菜单；季节性推广，根据季节变化调整菜单，推出季节限定的特色菜品，吸引顾客。

2. 服务理念与客户体验提升

提升客户体验是轻食休闲茶馆成功的关键，主要包括以下几项。

（1）良好的服务态度。培训员工具备专业的服务技能和亲和力，确保顾客在用餐过程中感受到宾至如归的待遇。

（2）舒适的环境氛围。设计温馨舒适的用餐环境，融入艺术、音乐或文化元素，营造轻松惬意的氛围。

（3）个性化的服务。提供定制服务，比如针对素食主义者、过敏体质者的特殊菜单，或是按需调整菜品辣度、盐分，体现对每一位顾客的独特关怀。

（4）创意的活动策划。定期举办各类主题活动，如文艺演出、手工课程等，增加顾客的黏性和回头率。

【业界案例】

蓝调小馆

蓝调小馆是一家位于都市中心的轻食休闲茶馆，以其独特的爵士音乐主题和现代简约的装修风格，吸引了许多年轻白领和文艺青年。他们成功的经营模式包括：

（1）精心挑选的新鲜食材，打造出符合现代人健康需求的轻食菜单。

（2）定期举办爵士乐演出和艺术展览，吸引艺术爱好者和社交圈子的聚集。

（3）提供高品质的咖啡和特色茶饮，与轻食组合，提升整体消费体验。

绿意轩茶社

绿意轩茶社是一家注重健康与生态的轻食休闲茶馆，位于郊区绿地公园附近，以其与自然环境的融合和原生态的餐饮理念而闻名。他们的成功经验包括：

（1）利用周围自然环境资源，采用有机食材，提供原汁原味的健康轻食。

（2）定期举办户外健身和茶艺体验活动，吸引健康生活追求者和户外运动爱好者。

（3）发挥地方特色，推广当地文化和手工艺品，提升地方经济发展同时吸引顾客。

三、连锁经营型茶馆

（一）连锁经营型茶馆概述

连锁经营型茶馆通过标准化的经营模式和品牌效应，在市场中快速扩展并获取市场份额。

（二）连锁经营型茶馆的定义与特点

连锁经营是以连锁门店的存在方式为载体，企业通过构建相同的识别系统、商品服务、经营管理、经营理念，向消费者提供特定的商品或服务。而连锁经营型茶馆则是指利用标准化的经营模式、统一的品牌形象和管理体系，在多个地点开设分店，以扩展市场影响力和提升运营效率为目标的茶馆形式。这种模式能够有效整合资源，降低成本，提高效率，并快速扩大市场份额。其主要特点包括以下几项。

（1）标准化的操作流程和管理体系。确保产品质量和服务标准的一致性。

（2）统一的品牌形象。通过品牌标识、装修风格和宣传推广策略，增强市场竞争力。

（3）经济规模的优势。通过集中采购和成本控制，降低经营成本，提高利润率。

（4）创新与多样化。通过不断进行产品和服务创新，提供多元化的茶饮和配套服务，以适应市场变化和满足消费者需求。

（三）连锁经营型茶馆的原则

1. 专业化

专业化指在茶馆连锁经营中，将一切工作都尽可能地细分专业，以提高工作效率和服务质量。

2. 标准化

标准化指在茶馆连锁经营中，将作业流程、服务标准、企业整体形象等进行统一规定和量化，形成规范的文字和标准文件，并在实践中严格执行。

3. 简单化

简单化指将操作流程尽可能地化繁为简，减少经验因素对经营的影响，以便于员工快速学习和掌握，使“人人会做、人人能做”。

（四）连锁经营茶馆的运营模式

从狭义的角度来看，连锁经营型茶馆只有直营连锁这一类型，由总部全资或控股经营；而从广义的角度来理解，连锁经营型茶馆除直营连锁外，还包括特许连锁和自愿连锁，特许连锁允许加盟商使用品牌和经营模式进行独立经营。

连锁经营茶馆的运营模式有以下几种。

1. 直营连锁

（1）特征。直营连锁模式下，一家公司全资或控股经营多家茶馆，确保了品牌、经营理念和服务标准的高度一致性。此外，公司总部对所有门店实施直接管理与控制，并拥有全面的财务核算权，从而实现了经营权和管理权的高度统一。

（2）优点。直营连锁管理高度规范化，有助于实现标准化管理，从而提升整体竞争力；配置资源优化，能够实现资源的统筹调配，进而提高企业运行效率并降低成本；决策和执行机制统一，确保了决策和行动的迅速性，使企业能够快速响应市场变化；品牌一体化营销策略有助于构建强大的品牌形象，增强品牌的综合实力和市场竞争力。

（3）缺点。资金投入大，直营连锁扩张往往需要大量的资金投入，增加了经营风险；管理难度大，随着门店数量的增加，管理跨度拓宽，管理难度随之增大；门店缺乏灵活性，直营模式下，门店的自主性较低，可能限制了地方市场的灵活应变能力。

2．特许连锁

（1）特征。特许经营所有权分散，经营权集中；核心是知识产权转移，特许人（品牌所有者）将其商标、商号、经营模式等经营资源授权给被特许人（加盟商）使用；经济关系纽带是特许合同，被特许人按照合同约定在统一经营体系下从事经营活动，并向特许人支付特许经营费；享有独立经营权，虽然被特许人需要遵循特许人的标准和指导原则，但在日常经营中享有一定的自主权。

（2）优点。加盟商可以利用已知品牌的声誉和经验，减少创业失败的风险；即获即用的经营系统，加盟商获得完整的业务操作系统，可以快速启动和运营业务；特许经营不仅在开始时提供支持，还持续提供培训和咨询；加盟商通常会受益于品牌的集中营销策略，有助于吸引客户并提高品牌认知度。

（3）缺点。加盟商必须支付初始加盟费和持续的特许经营费，这些费用可能包括广告费和销售提成，初始和持续费用高；加盟商必须遵守特许授权方的严格指南和标准，这限制了他们自主创新和调整本地市场策略的能力；特许经营还依赖特许授权方的表现和声誉，如果总部的业务决策失败或品牌声誉受损，加盟商的业务也会受到影响；特许经营合同通常包含多种限制，如合同期限和续签条件，合同终止或不续约可能导致加盟商失去大量投资。

3．自愿连锁

（1）特征。加盟商独立拥有所有权、经营权和财务权。他们自愿加入连锁茶馆，共同使用同一品牌，从而共享品牌声誉和市场认知度。此外，自愿连锁茶馆能够共同利用采购、物流和营销等资源，以降低运营成本。在重大决策方面，通常需要各成员茶馆协商一致，确保集体智慧得到体现，并实现利益的平衡。

（2）优点。自愿连锁通过资源共享和集体采购，能够实现规模经济，从而降低成本；同时，它还能优化资源配置，通过统筹调配资源，提升企业运行效率，进一步降低成本；此外，共同的品牌能够吸引更多顾客，增强市场竞争力；自愿连锁茶馆保持独立经营，能够灵活应对本地市场的变化；成员茶馆之间可以互相支持，共同应对市场挑战；并且，通过联合体的力量，单个茶馆在市场中的风险相对较低。

（3）缺点。自愿连锁茶馆在协调上面临挑战，需要频繁举行会议以整合各方意见，这可能导致沟通和决策过程中的难题；品牌管理亦非易事，共享品牌要求严格的质量控制和统一的服务标准，否则可能对整个联盟的声誉造成损害；成员茶馆间的利益分配可能成为争议焦点，解决这一问题需要一个公平合理的机制；尽管茶馆保持独立运营，但在某些方面仍须遵守联盟的规定，这可能会限制个别茶馆的创新空间。

（五）连锁经营型茶馆的市场定位与目标消费群体

连锁经营型茶馆的目标消费群体主要包括以下几类：①注重品牌信誉和产品稳定性的消费者。②喜欢便捷消费和标准化服务体验的快节奏都市人群。③崇尚时尚潮流和追求新鲜体验的年轻消费者。

（六）连锁经营型茶馆的经营策略与运营模式

连锁经营型茶馆的经营策略、产品开发与供应链管理，以及如何通过有效的营销策略和人力资源管理实现运营效益最大化。

1．统一的品牌形象和标准化的产品

（1）品牌标识和形象。开设连锁茶馆需要一个统一的品牌标识和形象，包括标志、店面设计和装修风格，确保在各个分店之间的视觉统一性。

（2）标准化的产品和服务。开发标准化的产品菜单和服务流程，确保每家分店的产品质量和口味保持一致。这包括茶饮的配方、食品的制作工艺、服务流程等。

2．选址策略

（1）市场分析。在选址时进行详细的市场分析，选择适合目标消费群体的地理位置，例如商业区、写字楼周边、大学校园附近等。

（2）竞争对手分析。考察周边区域内的竞争对手数量和经营状况，避免选择竞争过于激烈的地段。同时，分析竞争对手的优势和劣势，找到自身的差异化定位。

（3）店铺定位。根据选址和周边竞争情况确定店铺的规模和类型，例如旗舰店、社区型分店等。

（4）交通便利性。茶馆应位于交通便利的地方，如靠近公交站、地铁站或主要道路，以便顾客轻松到达。

（5）租金与预算。根据茶馆的预算合理选择店铺，避免因高昂的租金而影响整体的财务健康。同时，考虑租金与预期营业额的比例，确保投资回报率。

3．供应链管理

建立稳定的供应链关系，确保茶叶和食材的质量和供应的稳定性。可以考虑与供应商建立长期合作关系，以获得更有竞争力的价格和优先供应权。

4．人员招聘与培训

（1）招聘标准。制定招聘标准，选择具有良好服务态度和专业技能的员工。

（2）培训体系。设计培训计划，确保员工了解产品知识、服务流程和客户沟通技巧，以提升服务质量和顾客满意度。

（3）持续学习。定期组织在职培训，涵盖新产品推介、服务质量提升、危机应对等内容，确保员工技能与时俱进。

（4）职业路径规划。为员工提供清晰的职业晋升机制和发展空间，激发工作积极性。

5．会员与忠诚计划

（1）积分奖励。设计积分累积和兑换制度，鼓励复购。

（2）专享优惠。提供会员专属折扣、新品试用机会等特权，增强顾客黏性。

6．营销与推广

（1）品牌推广。制定统一的品牌推广策略，包括线上和线下渠道，如社交媒体营销、线下活动和促销活动等。

（2）客户关怀。建立客户关系管理系统，维护忠诚顾客并吸引新顾客，可以通过会员制度或优惠活动来增强顾客黏性和复购率。

（3）主题活动。如茶艺表演、文化讲座、读书会等，吸引客流。

（4）合作联盟。与其他品牌或机构联合促销，拓宽客户基础。

7．质量控制与反馈机制

（1）质量控制。实施定期的质量检查和店面巡查，确保各项标准和流程的执行。

（2）顾客反馈。设立反馈渠道，及时收集顾客意见和建议，根据反馈改进产品和服务，提升顾客满意度和口碑。

8．技术支持和信息化

（1）POS 系统。安装和使用 POS 系统，方便管理销售数据、库存和财务情况。

（2）信息化管理。可考虑使用电子菜单、在线预订系统等技术工具，提升顾客体验和运营效率。

9．扩展与发展

制定清晰的扩展计划和发展战略，考虑市场需求和竞争态势，选择合适的时间和地点开设新分店或扩大现有店铺规模。

（七）产品开发与创新

在连锁茶馆的产品开发与创新方面，关键在于保持产品的新鲜感和吸引力，同时保持与品牌形象和顾客期望的一致性。产品开发与创新策略如下。

1．季节性菜单和特别活动

（1）季节性茶饮和轻食。根据季节变化推出不同的茶饮和轻食，如夏季冰凉清爽的茶饮、冬季温暖舒适的茶品等，吸引顾客的季节性消费需求。

（2）节庆活动推广。结合节假日或特别节庆推出限时特别菜单或折扣活动，通过社交媒体和店内装饰营造节日氛围，增加顾客到店消费的动力。

2．创新茶饮配方

（1）特色茶饮。开发独特的茶饮配方，如招牌茶饮、特色茶拼等，注重口味的独特性和新颖性，以吸引顾客尝试和推广口碑。

（2）健康饮品。针对健康意识增强的市场趋势，开发低糖、低卡路里或者添加有益健康的成分（如维生素、抗氧化剂等）的茶饮产品。

3．食品创新

（1）特色轻食。设计创新的轻食菜品，结合本地特色或者国际流行趋势，如精致沙拉、新颖三明治、独特小吃等，以满足顾客对食品品质和口味的高要求。

（2）健康饮食选择。开发符合健康饮食趋势的菜单选项，如素食、无麸质、有机食材等，以吸引更广泛的消费者群体。

4．顾客参与和体验

（1）DIY 茶饮体验。设立顾客可以自己调配茶饮的区域，提供多种茶叶、香料和配料，让顾客参与制作过程，增强趣味性和个性化体验。

（2）茶艺工作坊。定期举办茶艺课程和品茶会，增强茶文化的传播，提升顾客对茶品的鉴赏能力。

5．跨界合作和联合推广

（1）与本地品牌合作。与本地知名食品品牌或艺术文化品牌进行跨界合作，推出联名产品或者共同活动，增加品牌影响力和吸引力。

（2）线上线下整合。利用线上平台进行推广和销售，如通过社交媒体发布限时促销、预订优惠等，扩大品牌的曝光和市场覆盖面。

6．顾客参与和反馈

（1）顾客投票活动。开展顾客投票活动，让顾客参与新产品的投票和选择，增强顾客参与感和忠诚度。

（2）顾客反馈。定期收集和分析顾客反馈，根据顾客的意见和建议调整和改进产品，保持产品的市场竞争力和顾客满意度。

通过以上策略，连锁茶馆可以不断创新和优化产品，满足不同消费者的需求和喜好，提升品牌的市场竞争力和长期发展潜力。

（八）供应链管理与成本控制

成功的连锁经营型茶馆通过优化供应链管理，实现成本控制和效率提升，主要包括以下几个方面。

（1）制定供应商评估标准表，定期评估，深入考察供应商的资质、信誉、产品品质及稳定性；与优质供应商建立长期稳定的合作关系，签订长期合作协议，明确双方权利与义务，保证原材料的质量和供应稳定性。

（2）采用风险分散策略，避免单一供应商依赖，可以建立备选供应商名单，确保在突发情况下供应链的韧性。

（3）采用先进的库存管理方法，引入库存管理软件；定期盘点库存，及时更新库存数据，精准预测需求，避免过度库存或缺货；定期清理滞销品，优化产品结构，减少资金占用，降低库存成本。

（4）采用智能物流系统，优化配送路径，减少运输成本，提高配送效率和资金周转效率。

【业界案例】

善融茶事

善融茶事是一家注重传统文化与现代融合的连锁经营型茶馆。他们的成功经验如下。

（1）文化深度与品牌差异化

通过与地方文化的结合，推广特色茶文化，吸引了注重文化体验的消费者。

（2）地方化经营策略

根据不同地区的消费习惯和口味偏好，调整产品和服务策略，提升市场适应性和竞争力。

三溪香茗

三溪香茗是绵竹三溪香茗茶叶有限公司旗下的高端品牌连锁茶叶店，成立于1999年，以生产优质茶品而闻名。他们的成功经验如下。

（1）品牌与产品质量

注重产品的质量，其产品线包括多种优质茶品，其中“赵坡茶”尤为著名，多次获得国内外茶叶奖项，赢得了消费者的信任和好评。

（2）数智化连锁店模式

与茗天更好合作，实现了会员连锁互通、多店数据连通和基础信息同步，提高了财务效率和管理效率，同时增强了顾客体验和品牌忠诚度。

（3）基础设置的标准化

利用数智化管理系统实现基础设置的标准化和多店通用，简化了开店流程，提高了管理效率。使其在快速扩张的同时能保持品牌的一致性。

(4)注重顾客体验

通过提供高品质的茶叶和服务，以及利用数智化工具提升服务质量，满足顾客的个性化需求。

(5)市场适应性

通过数智化管理系统，能够对不同门店的经营数据进行对比分析，及时调整管理重点，确保每家门店都能根据市场变化做出快速响应。

任务四　茶水服务拓展

一、茶馆服务拓展

(一)茶馆业务类型的拓展

茶馆作为传统的茶文化代表，随着消费需求和市场变化，业务类型也在不断拓展。将探讨茶馆业务类型的多样化发展路径及其特点。

(二)传统茶文化的延续与创新

传统茶馆依然以传统的茶艺和茶道为核心，但在服务内容和形式上进行了现代化和创新。例如，结合文化艺术表演、茶文化讲座等活动，吸引更多年轻消费者和文艺爱好者。

(三)新式茶饮茶馆的崛起

新式茶饮茶馆结合了传统茶文化与现代饮品趋势，创造出多样化的茶饮产品，如奶茶、水果茶、花果茶等，深受年轻消费者喜爱。它们通过创新的口味和包装设计，扩大了消费群体。

(四)轻食休闲茶馆的兴起

轻食休闲茶馆以健康、美味的轻食为主打，如沙拉、三明治等，与茶饮搭配，为消费者提供一个放松、社交的空间。它们注重环境舒适度和服务质量，适应了现代都市生活节奏。

(五)茶水服务的市场拓展策略

将介绍茶水服务在市场拓展中的关键策略和方法，包括产品创新、品牌建设、市场定位及客户服务等方面。

（六）产品创新与多样化

为了满足不同消费者的需求，茶水服务需要不断进行产品创新，包括口味的多样化、健康食材的选择以及季节性产品的推广。如推出低糖、无糖系列，或根据季节推出特色茶饮。

（七）品牌建设与市场定位

茶水服务的成功与否与品牌形象和市场定位密切相关。通过精心设计的品牌形象、标识和店面装修，以及清晰的目标客户群体定位，可以有效提升品牌认知度和市场竞争力。

（八）客户服务与体验优化

无论是为了推进茶馆品牌打造工作的进程，还是为了提升消费者满意度，茶馆经营主体都需要将服务质量保障工作放在营销工作中的重要位置，优质的客户服务是茶水服务长期发展的基础。培训员工的专业技能和服务态度，提升顾客的整体消费体验，包括快捷的点餐服务、舒适的用餐环境和个性化的推荐服务等。

【业界案例】

通过实际案例，深入分析茶水服务拓展的成功经验和行业发展趋势，为读者提供实用的经营指导和启示。

喜茶的成功经验

作为一家以现代化、高效率的连锁经营模式著称的茶饮品牌，近年来喜茶通过投资果汁、植物奶、咖啡等品牌，利用品牌影响力扩大“泛茶饮”概念，帮助创新产品种类，保持品牌活力，成功吸引了广大消费者，快速扩展至全国各大城市。

蓝调小馆的文化融合

蓝调小馆通过独特的爵士音乐主题和现代简约的装修风格，成功融合了文化艺术与茶文化，成为都市年轻人和文艺青年喜爱的聚集地，展示了茶水服务在文化深度与品牌差异化方面的成功经验。

二、茶叶零售拓展

茶叶零售是指通过零售渠道销售各类茶叶产品，包括普洱茶、绿茶、红茶等，以及茶具和相关茶文化产品。其特点包括：提供多样化的茶叶选择，满足消费者不同口味和需求；强调茶叶的品质和产地特色，通过专业知识和服务提升顾客体验；可以结合茶艺表演、茶文化讲座等活动，增强品牌影响力和客户黏性。

（一）市场定位与目标客户群体

茶叶零售的目标客户群体主要包括：①喜爱茶文化和健康生活方式的消费者。②寻求高品质茶叶和特色茶品的茶艺爱好者。③对茶叶产地和制作工艺有较高要求的消费者群体。

（二）茶叶零售的经营策略与运营模式

1. 经营策略

（1）产品定位与多样化。确定主打产品类型（如绿茶、红茶、乌龙茶等），并考虑提供相关的配套产品（如茶具、茶叶礼盒等）；提供配套产品，销售如茶具、茶叶礼盒等周边商品，满足顾客一站式购买需求。

随着经济的发展，人们生活水平的不断提高，茶逐渐被赋予新的角色，从简单的生活需要到应酬的媒介，喝茶的人群、年龄结构、需求也有了一些新的调整和变化。要根据目标市场需求，提供不同品质、价格层次的茶叶选择，以满足各种消费者的偏好。

（2）品牌建设与市场定位。建立品牌形象，例如强调原产地优势、传统制作工艺或独特的口味；强化品牌故事，通过品牌故事、历史背景、文化传承等方式，增强品牌的文化内涵和情感价值；品牌差异化，通过寻找自身品牌与竞争对手的差异点，如独特的茶叶来源、创新的茶叶口味或独特的服务体验；确定目标客户群体，如偏向于高端消费者、健康意识较强的消费者等，并进行针对性的市场定位和营销。

（3）顾客体验提升。通过培训销售团队，传授专业的产品知识以及品茶和泡茶的技巧；实施体验式营销策略，设置品茶区或进行茶艺表演，让消费者在购买前能够亲身体验产品，从而增强购买意向并提升顾客满意度。

（4）线下零售与线上渠道的融合。在战略性的地理位置设立实体店，为消费者提供亲身体验试饮和购买的机会；同时构建完善的电子商务平台，以满足线上顾客的需求，包括便捷的购物体验和迅速的配送服务等。

2. 运营模式

（1）供应链管理。确保稳定的供应链，与可靠的茶叶供应商建立长期合作关系，以保证产品质量和稳定的库存供应；采用精细化管理库存的措施，实施先进先出的库存管理原则，避免库存积压，保持库存的健康状态；确保供应链透明化，对茶叶的来源、加工、运输等环节进行严格把控和记录，提高供应链的透明度和可追溯性。

（2）客户服务与体验。提供个性化的客户服务，提供专业的茶叶咨询，根据顾客喜好推荐合适的产品，如茶叶类型、冲泡方法等，增强消费者的购买体验和忠诚度；定期举办茶艺表演、品茶会等，让顾客在体验中感受茶文化，提升品牌亲和力；通过定期的客户反馈和调研，改进产品和服务，以提高客户满意度。

（3）市场推广与促销活动。制定有效的市场推广策略，包括社交媒体营销、品牌合作、参与行业展会等，提升品牌知名度和曝光率；定期进行促销活动，如打折销售、限时优惠或节庆促销，吸引消费者并促进销售增长。

（4）数字化转型。建立线上零售渠道，利用大数据分析顾客偏好，提供精准营销；支持多种支付方式，提供便捷的配送服务，提升购买便利性。

（5）质量控制与认证。确保茶叶的质量和安全性符合相关标准，可能需要获取相关的认证和资质，以提升消费者的信任感和产品的竞争力。

（三）产品选择与采购策略

茶叶零售需要根据市场需求和消费者喜好，选择合适的茶叶品种和系列产品。如何与优质供应商建立稳定的合作关系，并确保产品的品质和供应稳定性是关键。

根据不同地区的消费习惯和口味偏好，调整产品和服务策略，提升市场适应性和竞争力。

三、培训活动拓展

茶馆可以通过各种类型的活动来吸引顾客、增强品牌知名度，以及提升顾客的体验和忠诚度。以下是一些茶馆可以考虑的活动类型。

（一）茶艺表演和品茶活动

定期举办茶艺表演，展示传统的茶道技艺，吸引顾客的注意和兴趣。不定期组织品茶体验活动，教导顾客正确的泡茶技巧，让他们亲身参与到茶文化中来。

（二）主题茶会和茶文化讲座

主题茶会：根据不同的节庆或季节主题，举办特别的茶会活动，如春茶赏花会、秋茶诗酒会等。

茶文化讲座：邀请茶艺师或专家，举办茶文化讲座，深入讲解茶的历史、种类和文化背景，增强顾客对茶的认识和兴趣。

（三）茶与美食搭配活动

茶与美食品鉴：组织茶与美食的搭配活动，如茶点下午茶、茶与甜点搭配品鉴等，提升顾客的味觉享受。

特色菜品推广：推广新开发的茶饮和轻食菜品，通过特别的品尝活动让顾客尝试和反馈，增加销售和宣传效果。

茶点工作坊：教授顾客亲手制作茶点，如抹茶酥、桂花糕、龙井酥等，结合茶的香气，增添饮食乐趣，同时也是一次动手实践茶文化的机会。

（四）社交活动和互动体验

茶艺体验课程：提供茶艺体验课程，让顾客学习并亲自体验泡茶的乐趣。

创意工作坊：举办茶叶艺术、茶具装饰等创意工作坊，吸引不同年龄和兴趣的顾客参与。

（五）季节性和节庆活动

节日庆祝活动：根据重要节日举办庆祝活动，如春节、中秋节等，提供特别的茶饮和节日礼盒等。

季节性促销：推出季节性的特别优惠和促销活动，吸引顾客到店消费。

（六）美容养生活动

茶与健康讲座：邀请营养师或健康专家，举办茶与健康、美容养生等讲座，探讨茶的功效和健康生活方式。

美容养生品鉴：推广具有美容养生功效的茶饮和健康食品，如美容茶、减肥茶等，让顾客体验和购买。

（七）社交媒体和线上活动

线上直播活动：利用社交媒体平台进行茶艺表演直播或茶品推广活动，扩大品牌影响力和吸引力。

在线茶叶销售促销：在线上推出茶叶销售促销活动，增加线上销售渠道，拓展客户群体。

通过这些多样化的活动策划，茶馆可以增加顾客的互动和参与度，提升品牌形象和市场竞争力，同时增加销售和客户忠诚度。

四、茶馆 + 其他业务拓展

（一）茶馆业务类型的拓展与整合

茶馆作为传统的茶文化传播场所，随着市场需求和消费者多样化的喜好，逐渐向多元化业务模式拓展。本块内容将探讨如何在茶馆基础上整合其他业务，以增加经营多样性和吸引力。

（二）茶馆与其他业务的整合概述

茶馆可以通过整合其他业务形式，如轻食、文化艺术活动、零售等，为顾客提供更丰富的体验和服务。这种整合不仅能够增加收入来源，还能够扩大顾客群体和品牌影响力。

（三）常见的茶馆与其他业务整合模式

茶馆与其他业务可以通过多种方式整合，包括但不限于以下几项。

1. 轻食与茶馆的结合

提供健康、美味的轻食，如沙拉、三明治等，与茶饮搭配，为顾客创造一个放松、社交的空间。

2. 文化艺术活动

举办茶文化讲座、艺术展览、音乐会等文化活动，增加茶馆的文化深度和吸引力。

3. 茶叶零售

销售各类优质茶叶及相关茶具产品，满足顾客对高品质茶叶和茶文化的需求。

4. 健康养生服务

如瑜伽课程、健身活动等，结合茶馆提供的茶饮和轻食，促进顾客的健康生活方式。

5. 商务会议

配备现代化会议设备，为商务洽谈、小型论坛提供理想场所，结合茶歇服务，彰显专业与格调。

6. 教育培训

组织茶艺、茶道、评茶课程，或组织企业团建活动，既传授知识技能，又促进团队凝聚力。

7. 旅游观光与体验

在旅游景区、古迹附近设立分店，为游客提供休憩之地，结合地景特色，讲述背后的故事；还可以联合旅行机构，推出包含茶园参观、制茶体验等内容的主题游程，拓宽收入渠道。

（四）品牌建设与市场定位

茶馆的品牌建设和市场定位是非常重要的，它们直接影响到茶馆在竞争激烈的市场中的表现和长期发展，是茶馆吸引顾客、建立忠诚度、提升市场竞争力的重要资产。品牌建设和市场定位策略如下。

1．品牌建设

（1）核心理念与价值观。确定茶馆的核心理念和价值观，例如强调传统茶文化、健康生活方式或社区互动等。

（2）独特的品牌故事。开发并讲述与茶馆历史、创始人或特色茶品相关的独特品牌故事，增加品牌认知和情感共鸣。

（3）视觉识别系统。设计专业的品牌标识、店面装修和品牌色彩，确保在视觉上的一致性和吸引力。

（4）客户体验。确保每位顾客都能在茶馆内享受到高品质的茶品和优质的服务体验，这是品牌形象的重要组成部分。

2．市场定位

（1）目标市场。定义清晰的目标市场，包括年龄段、职业、消费习惯等特征，确保营销活动和服务设计能够精准地满足目标顾客的需求。

（2）竞争优势。分析竞争对手，找出自身的独特卖点和竞争优势，如特色茶品、优质服务、舒适的环境等。

（3）定位策略。根据市场需求和竞争情况，选择适当的定位策略，如高端茶文化体验、轻松休闲社交场所或者健康生活方式的代表等。

（4）营销推广。利用社交媒体、线上平台等渠道，针对目标市场进行精准推广，如举办线上茶艺课程，吸引年轻用户。

3．市场推广与营销

（1）多渠道推广。利用线下和线上渠道进行广告和宣传，如社交媒体、本地广告、合作推广等，提高品牌曝光度和知名度。

（2）口碑传播。鼓励顾客分享个人体验，通过好评和推荐奖励，促进口碑营销。

（3）品牌合作。与本地艺术家、健身俱乐部、社区活动组织等建立合作关系，扩大品牌影响力和覆盖面。

（4）促销活动。定期举办促销活动和特别活动，如新品推广、节庆特惠等，吸引顾客增加销售量和顾客流量。

4．持续改进与顾客关系管理

（1）顾客反馈。建立有效的顾客反馈机制，及时收集和分析顾客意见，根据反馈改进产品和服务，提升顾客满意度和忠诚度。

（2）数据分析。利用销售数据、顾客行为数据调整产品和服务，优化库存管理，减少浪费。

（3）关系维护。建立顾客数据库，定期发送节日问候、新品通知等，保持与顾客的持续沟通。

（4）员工培训。持续对员工进行培训和发展，确保他们能够提供一流的服务和与品牌价值相符的体验。

（5）社区参与。积极参与社区活动和慈善事业，建立与当地社区的良好关系，增强品牌的社会责任感和形象。

通过有效的品牌建设和市场定位策略，茶馆能够在竞争激烈的市场中脱颖而出，吸引并保持忠诚的顾客群体，实现长期稳定的经营和发展。

（五）市场推广与客户群体拓展

茶馆在市场推广和客户群体拓展方面可以采取多种策略，以增加品牌曝光、吸引新顾客并保持现有顾客的忠诚度。有效的推广和拓展策略如下。

1．社交媒体营销

（1）建立品牌存在感。利用社交媒体平台如Instagram、Facebook、微信公众号等，发布高质量的照片、视频和帖子，展示茶馆的氛围、特色茶品和活动。

（2）互动和分享。鼓励顾客在社交媒体上分享他们的茶馆体验，可以通过用户生成内容（UGC）的方式增加品牌的信誉和影响力。

（3）广告投放。针对目标客户群体进行有针对性的社交媒体广告投放，如根据地理位置、兴趣爱好等精准定位，提升广告效果。

2．本地化营销策略

（1）本地SEO优化。确保在搜索引擎上能够被本地客户找到，例如优化谷歌地图上的商家信息和位置标记。

（2）本地合作与活动。与周边商家、社区组织或当地活动策划合作，如举办茶艺表演、茶品展示活动，提升品牌在当地的知名度和影响力。

（3）参与社区事务。支持或参与社区公益项目，如环保倡议、文化交流日，增强品牌社会责任感。

3．品牌合作和联合推广

（1）与相关品牌合作。寻找与茶文化或健康生活相关的品牌合作，如茶叶供应商、健康食品品牌等，共同推广产品或举办联合活动。

（2）跨界合作。参与跨界活动，如与艺术家、音乐家或健身教练合作举办特别活动，扩展不同群体的覆盖面。

（3）联名商品。推出与设计师或其他品牌合作的限量版茶具套装，或与健康食品品牌联手制作茶味小吃等，扩展产品线。

4．提供特色活动和优惠

（1）特色茶会和品鉴活动。定期举办特色茶会、茶艺表演或茶品品鉴活动，吸引茶文化爱好者和新顾客。

（2）新客户优惠。推出新客户优惠或首次免费品尝活动，吸引新客户到店体验。

5．用户体验和客户关系管理

（1）卓越的服务质量。确保每一位顾客都能享受到优质的服务体验，口碑传播是吸引新客户的关键。

（2）建立客户关系。通过会员制度或客户关系管理系统，持续与现有顾客保持联系，提升顾客忠诚度和复购率。

（3）顾客关怀。定期向忠实会员发送电子贺卡、节日祝福，附带小礼品或优惠券，加强情感联系。

6．反馈和改进

（1）收集顾客反馈。定期收集顾客意见和建议，了解顾客需求和对服务的满意度，及时作出改进和调整。

（2）持续优化。根据市场反馈和数据分析，持续优化产品、服务和营销策略，保持竞争力和市场敏锐度。

通过综合利用以上推广策略，茶馆可以有效地扩展客户群体，增加品牌影响力，并保持稳健的业务增长。

（六）运营管理与协调

1．运营管理

（1）人力资源管理。确保拥有足够数量和合格的员工，进行有效的招聘、培训和绩效管理，以提供优质的客户服务。

（2）供应链管理。确保茶叶和食品的质量和供应稳定，与供应商建立良好的合作关系，保证原材料的及时交付和库存控制。

（3）财务管理。管理财务流程，包括成本控制、预算编制、收支管理和报表分析，确保茶馆的财务健康和稳定性。

（4）设施和设备维护。定期维护茶馆的设施和设备，确保顾客和员工的安全，并保持环境的整洁和舒适。

2．客户服务与体验

（1）服务标准。确立并执行高标准的服务流程和行为准则，培养员工积极的服务态度，提供个性化的顾客服务。

（2）顾客反馈。建立有效的反馈机制，积极收集顾客意见和建议，及时作出改进和回应，以提升顾客满意度。

（3）顾客关系管理。实施客户关系管理系统（CRM），跟踪顾客的消费习惯和偏好，通过个性化营销和定期沟通来维护顾客关系。

3．营销和推广

（1）市场分析。进行市场调研和竞争分析，了解目标市场和竞争对手的动态，制定有效的营销策略和促销活动。

（2）品牌建设。建立和维护茶馆的品牌形象，包括视觉识别、品牌故事和社会责任，提升品牌的认知度和影响力。

（3）线上线下整合。整合线上和线下渠道，通过社交媒体、电子邮件营销和实体店面活动相结合，扩展顾客群体和增加销售。

4．协调与团队合作

（1）团队建设。开展团队建设活动，提升员工的团队合作精神和沟通能力，促进团队协作和工作效率。

（2）跨部门协调。不同部门之间的有效协作和信息共享，确保业务流程的顺畅和问题的及时解决。

（3）决策透明度。重要决策前广泛征求各部门意见，确保全员知晓方向。

（4）领导与管理。有效的领导和管理，指导团队达成共同的目标和任务，建立积极的工作氛围和文化。

5．持续改进与创新

（1）持续学习。跟踪行业趋势和技术进步，持续学习和培训员工，推动茶馆的创新和发展。

（2）改进流程。定期评估和优化运营流程，寻找提高效率和服务质量的机会，以及减少浪费和成本。

（3）产品和服务创新。不断创新和优化茶馆的产品和服务，以满足顾客需求和市场变化。

【业界案例】

老舍茶馆

北京老舍茶馆始建于1988年，是中国改革开放以后北京第一家民俗文化茶馆。其前身为1979年前门箭楼西侧两分钱一碗的大碗茶摊。老舍茶馆位于天安门广场西南面，与北京古商业街大栅栏为邻，地理位置独特，文化底蕴深厚。老舍茶馆以“振兴古国茶文化，扶植民族艺术花”为经营宗旨，现营业面积5000多平方米，是集京味茶文化、戏曲文化、餐饮文化等于一身，融书茶馆、餐茶馆、清茶馆、大茶馆、野茶馆、清音桌等六大老北京传统茶馆形式于一体的京味茶馆文化集萃地，包含茶事服务、文化演出、特色餐饮和茶礼品四大经营业态。店内开设有京味茶文化产品服务体验售卖区、艺苑、非遗体验厅、四合茶院、品珍楼、演出大厅六大经营场所，另有老二分大碗茶摊、戏迷乐京剧票房和老北京传统商业博物馆三大公益项目。

通过成功案例，深入分析茶馆与其他业务整合的实际操作和经验教训，为读者提供实用的经营指导和启示。

茶馆 + 轻食文化结合

茶馆 + 轻食文化结合是一家位于市中心的茶馆，通过引入健康、精致的轻食菜单，如有机沙拉和手工烘焙面包，与精选的茶饮搭配，吸引了健康生活追求者和文化艺术爱好者的客户群体。他们的成功经验包括以下几个方面。

（1）设计出独特的菜单组合，以满足多样化的消费者口味和健康需求。

（2）结合定期举办的艺术展览和文化讲座活动，增加顾客的文化体验和满意度。

（3）通过精心设计的室内装饰和舒适的用餐环境，提升顾客的整体用餐体验和留存率。

茶馆 + 健康养生服务

茶馆 + 健康养生服务是一家注重健康生活方式的茶馆，结合瑜伽和健身活动，为客户提供全面的健康养生体验。他们的成功经验包括以下几个方面。

（1）引入专业的瑜伽教练和健身导师，定期组织瑜伽课程和健身活动，吸引了健身爱好者和关注健康生活的消费者。

（2）提供优质的有机茶饮和健康食品，与养生活动相结合，增加了顾客的健康意识和消费体验。

（3）通过会员制度和定期活动优惠，建立忠实客户群体，促进茶馆与健康养生服务的长期发展和合作。

【思考与练习】

一、选择题

1.（　　）经营范围广泛，消费人群大众化，装修投入相对较少，经营管理粗放，投资风险小。

A．私人茶室　　B．现代茶餐厅　　C．社会综合茶馆　　D．自助式茶馆

2．以下（　　）不属于连锁经营型茶馆的特点。

A．标准化的操作流程　　B．经济规模的优势

C．标准化的管理体系　　D．自由的品牌形象

二、简答题

1．简述新式茶饮的分类及其商业模式的特点。

2．举例茶馆商业模式可从哪些方面去进行优化。

三、课后实践

1．利用课余节假日时间，关注留意身边5家茶馆，可尝试分析其地理位置、人流情况、消费水平等。

2．利用课余节假日时间，结合当前市场趋势（如健康养生、营销模式、文化IP等），构想一种茶馆与另一种业态的融合。

3．同学们在课后自由组成小组，每组人数在4～6人，依据当前茶饮市场的需求，融合现代健康理念，在下一堂课上共同调配出一款具有特色的健康养生茶饮配方。

4．各小组结合课堂知识、茶馆特色和调配的茶饮配方，设计一个具有独特文化内涵的IP形象，比如编写故事背景、绘制吉祥物等，每组选派一人作为代表进行阐述分享。

项目三

茶馆的规划与设计

思维导图

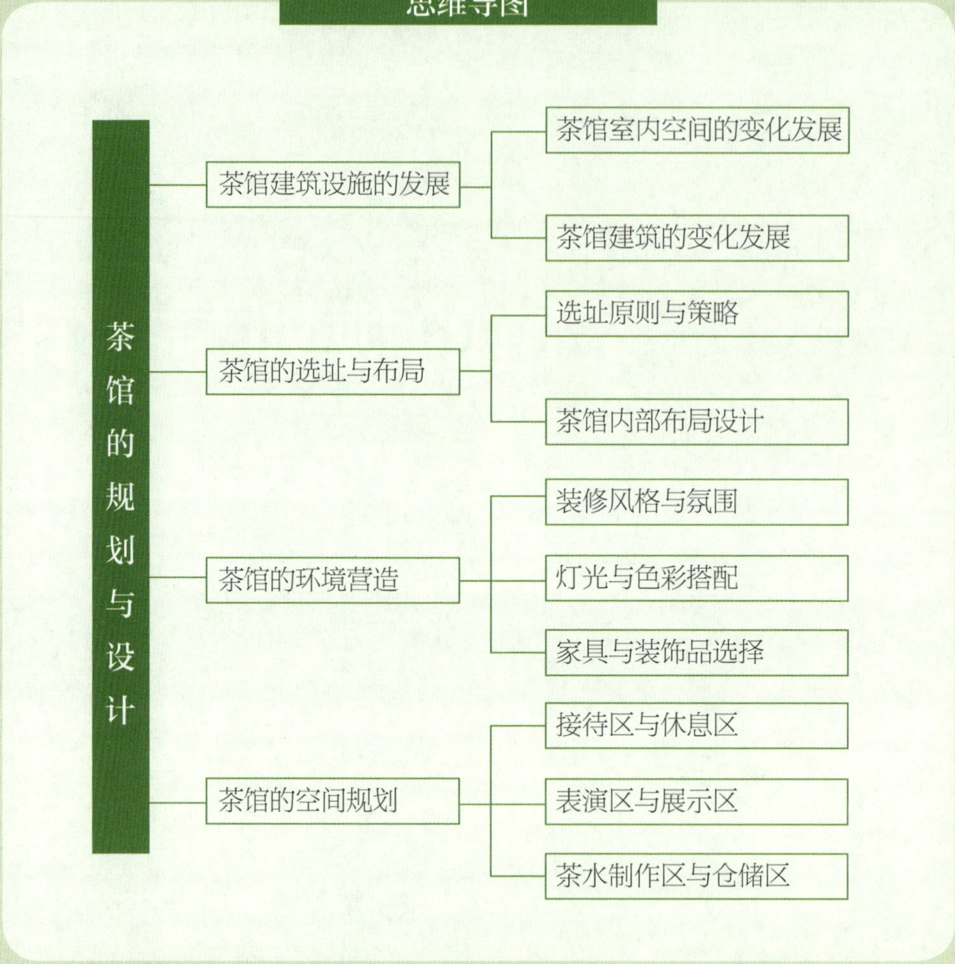
茶馆的规划与设计
茶馆建筑设施的发展
茶馆室内空间的变化发展
茶馆建筑的变化发展
茶馆的选址与布局
选址原则与策略
茶馆内部布局设计
茶馆的环境营造
装修风格与氛围
灯光与色彩搭配
家具与装饰品选择
茶馆的空间规划
接待区与休息区
表演区与展示区
茶水制作区与仓储区

学习目标

知识目标：

- 掌握茶馆选址的理论与方法；
- 理解茶馆内部布局的基本原则与设计方法；
- 认识茶馆环境营造的要素。

技能目标：

- 掌握茶馆选址分析与评估技能；
- 掌握茶馆内部布局设计与空间规划技能；
- 掌握茶馆环境氛围营造的实际操作技能。

素养目标：

- 培养审美意识与文化敏感性；
- 增强市场意识与顾客导向；
- 培养团队协作与项目管理能力。

任务一　茶馆建筑设施的发展

一、茶馆室内空间的变化发展

（一）茶馆室内空间的变化发展

从早期茶馆的雏形出现到明清时代茶馆的鼎盛期，再到近代茶馆空间的不断发展演变，每个阶段的茶馆空间都有各自的不同点，茶馆的功能也在不断增加和改善，室内空间的变化越来越明显，这些差异主要与各个时期的经济发展条件和人们所需要的茶馆功能需求不同。最初的茶馆只单纯地供顾客喝茶、歇脚，功能比较简单。茶馆空间也只有两个，一个区域供店家设置茶饮售卖，另一个区域供顾客饮茶享用。甚至有肩挑茶水，走街串巷售卖的。后来，生产力水平提高，经济发展，人们在茶馆里喝茶的时间和机会逐渐增多，茶馆的空间也就随着顾客的增加和停留而发生相应的改变。之前单一的饮茶空间进行更多功能的划分，经营者根据顾客的消费水平和功能需求设计出有针对性的饮茶空间。比较大型的茶馆都会设有包间，给有商务需要的顾客营造一个比较安静、私密的空间环境。如用隔断将空间分隔开来，满足了在空间上需要有一定私密性的顾客聊天谈事。茶馆除了在空间规划上满足茶客所需的功能服务外，开始强调精神方面的需求，注重饮茶环境氛围带给人的精神享受。茶馆经营者开始在用水、茶叶以及茶器的选用下功夫，极力满足人们对茶饮空间的仪式感、文化感、休闲感的需求。随后各种评书、戏曲等文艺表演与茶馆结合，茶馆为这类艺术表演者开辟了专门的表演活动空间，让茶馆成为人们听曲、聊天、休憩的场所，使越来越多的老百姓走进茶馆，茶馆空间更具有亲民性、休闲感特征，种类越来越多，功能也越来越全面。茶馆行业的快速发展使得茶馆经营者开始在空间设计上下功夫，每个茶馆的空间设计都应该根据自身类型、量体裁衣合理做出功能布局来满足茶客需求。

私密性的茶馆室内空间

茶馆精美的茶具

（二）茶馆室内装饰的变化发展

茶馆作为中国传统文化传承的载体，其设计特色除了体现在室内空间方面，也体现在室内装饰方面。如带有各种纹样的茶器茶具和刻有雕花的家具，让简单的茶馆呈现出了别具一格的风格。窗帘、茶幔、茶具、绿植，甚至养殖、种植的一些观赏花鸟鱼虫等装饰，这些室内装饰物的添加都使茶馆营造出不同的饮茶环境氛围，起到陶冶情操的作用，令人印象深刻。如成都太古里博舍酒店旁的东方饮茶空间——谧寻茶室。其茶馆内部墙壁别出心裁地运用了中药铺的设计，让茶客刚进门就能看到，实在是意趣无穷、过目不忘。这些室内装饰物虽看似不经意，但却能增加茶馆的室内文化底蕴。精心挑选的一些室内装饰能与茶馆的空间色彩相辅相成，提升空间质感，为前来喝茶的顾客提供好的环境。杭派茶馆还把室外的环境引入室内空间中来，如将园林景观、小桥流水巧妙地融入茶馆室内之中，使顾客在饮茶的同时又增添了一份自然趣味。

二、茶馆建筑的变化发展

茶文化是我国传统文化的重要组成部分，反映着中华民族传统的礼节和文明，也是我国文化财产中的重要组成部分。茶文化和建筑的融合发展，形成的茶馆建筑使传统文化得到了传承。据记载，在东晋元帝时，茶馆建筑是以茶摊的方式出现在闹市区，主要以一根扁担、一壶茶的形式进行售卖。在这之后又开始出现了茶座、茶铺等。我国早期传统茶文化建筑从严格意义上来讲与四面墙壁、上有顶棚、门窗桌椅配置齐全的建筑不能相提并论。但是这样的发展在茶文化建筑史上也是必不可少的一部分，为之后茶馆到现代各种茶馆建筑奠定了基础。

到了唐代，随着社会经济的繁荣强大，人们的生活方式有了很大的改变，对精神生活上的追求也不断提高，茶馆建筑也慢慢地从茶座、茶铺向茶馆、茶楼等形式转变。其主要功能也随之发生了变化，已不仅仅是喝茶。人们从最开始的匆忙路过的一盏茶，到茶座停下脚步小酌一杯，发展到了最初的茶馆。但是在这个时代，其还是以卖茶为主，馆内设备比较简陋。这个时候茶馆建筑已经有了一定的雏形，慢慢地开始发展起来。这时期茶馆建筑的发展已经为之后的茶馆奠定了基础。宋代的茶馆建筑一般建立在城市的中心或者是交通要道上，人流量很大，再加上茶馆规模的扩大，其内部功能已经慢慢地完善起来。已经开始出现专门弹唱、说书的舞台，还附带一些下棋的区域，这些空间功能的形成也反映出当时年代不同阶级的人进行着不同的文化交流。在那个时期，有大量的文人墨客出现在茶馆中，为茶馆增添了一抹文化气息，同时创作了一些关于茶文化的诗词、歌曲、名画等，为现代茶馆建筑设计进行了铺垫。明清时代的茶馆，其数量不断增加，建设者也慢慢地开始对选址有了一定的要求，建筑内部的装饰也慢慢地开始倾向于雅致、幽静等风格，茶馆建筑开始兴盛起来。到了晚清，随着西方列强的入侵，在西方文化传入的同时，茶馆建筑开始由兴盛走向衰败。在现代，随着社会的快速发展和建设，茶馆建筑已经成为精神文明建设的一部分，再加上茶礼、茶艺、茶技等茶文化的发展，茶馆建筑慢慢地与茶文化相互融合起来，逐渐地成为一个既是陶冶情操、提高修养的场所，也是文化交流、商业洽谈的好去处。现在，茶文化建筑正在用它无限的魅力和深厚的文化底蕴吸引着五湖四海的人们。

任务二　茶馆的选址与布局

茶馆作为茶文化的载体和历史变迁的直接见证者，要继承发扬，更重要的是创新，反对一成不变和墨守成规。茶馆的功能从一开始的休闲，变成如今的多功能，给人们在忙碌的工作之余提供一个忙里偷闲的场所，但是始终不变的是在茶馆中能体会到品茗的意境和茶文化的浓郁。茶馆的选址与布局是茶馆经营成败的关键。

茶馆的空间布局是茶馆设计中的重要部分，包含茶馆室内外的空间布局、功能分区、交通流线划分等。茶馆一般以传统茶馆、现代茶馆、各类地域风貌茶馆三种经营模式居多，而且茶馆内部空间由于消费者的交流对象和目的的不同，需要的空间需求也不同，空间设计应考虑和满足消费者的需求。在茶馆空间设计中要规划好员工的服务流线和顾客路线，可以适当地在茶馆中开辟出一块表演空间，便于茶文化与各种说唱艺术的展现。研究茶馆空间设计的主要目的在于展示其深刻的精神内涵和地域文化象征。

选址决定了目标客户群体和客流量，应选择人流密集且交通便利的地方，如商业中心、文化街区或旅游景点等。这些地方不仅能带来稳定的客源，还能吸引有消费能力的顾客。此外，选址还应考虑周边竞争情况，与周围环境和谐共存，避免与相似业态产生冲突。布局方面，茶馆的空间设计应突出舒适性和文化氛围。合理的分区能够满足不同顾客的需求，如茶饮区、休闲区、包厢等，为顾客提供多样化的体验。茶馆的装修风格应与茶文化相呼应，营造出宁静、雅致的氛围，提升顾客的整体体验。同时，动线设计要简洁流畅，以便于顾客在茶馆内自由活动，也能提高服务效率。灯光、装饰和家具的选择也需精心搭配，以增强空间的吸引力。

选址原则与策略

一、选址原则与策略

（一）选址的重要性

茶馆的选址对其成功运营至关重要。一个合适的地点不仅能确保茶馆的可见度和易达性，还能吸引到目标顾客群体。选址时，需要考虑周围环境的氛围是否符合茶馆的定位和风格。同时，选址还应考虑交通便利性和人流量，这直接影响到顾客的到访频率和茶馆的营业额。一个优质的地理位置不仅能带来稳定的客源，还能提升茶馆的品牌形象。选址的重要性体现在以下几个方面。

1. 决定客流量和销售额

选址是茶馆能否吸引到足够客流量的关键因素。位于人流密集的区域，如商业中心、旅游景点、繁华街区等，能保证茶馆有稳定的客户来源，直接提升销售额。反之，选址在偏远或人流稀少的地方，可能导致客源不足，影响茶馆的盈利能力。因此，选址与客流量之间的直接关系决定了茶馆的成败。

2. 影响目标市场的精准匹配

茶馆的选址应与其目标市场的消费水平和需求紧密匹配。例如，高端茶馆需要选在高消费人群集中的区域，而大众化的茶馆则适合选址在普通居民区或大学城附近。精准的选址不仅能够吸引到与品牌定位相符的顾客群体，还能提升茶馆的市场竞争力和客户忠诚度。

3. 影响长期发展和品牌形象

茶馆选址不仅关系到短期的经营效果，还决定了其长期发展潜力和品牌形象。位于发展潜力大的区域，如新兴商业区或文化底蕴浓厚的街区，茶馆能够伴随区域发展获得长期增长机会。同时，合适的选址可以帮助茶馆建立独特的品牌形象和文化氛围，吸引特定的消费群体，形成口碑效应，有助于品牌的长远发展。

（二）选址的原则

1. 人流量原则

（1）高人流量区域。选择人流量大的区域，如商业街区、购物中心、旅游景点等。这些地方能带来更高的曝光度和顾客流量。

（2）消费人群密集。在消费群体较为集中的地方选址，如学校附近、办公区、居民区等，有助于吸引稳定的客源。

2. 交通便利性原则

（1）便捷的交通。选址应靠近交通枢纽，如地铁站、公交站等，方便顾客前来。交通便利能有效提高顾客的到访率。

（2）停车设施。如果茶馆面向的是自驾顾客群体，选择有充足停车位的区域非常重要，尤其是在非步行区。

3. 市场竞争分析原则

（1）竞争环境。了解周边的竞争对手情况，避免在竞争过于激烈的区域开店。

需要分析是否能在已有市场中找到差异化定位，或者选择尚未饱和的市场进入。

（2）互补业态。与互补的商业业态相邻，如书店、文创空间、健身房等，可以相互引流，形成良好的商业氛围。

4. 成本与租金原则

（1）合理的租金。选择租金在茶馆预算范围内的地点，确保运营成本可控。需要平衡租金和平衡高流量区域的成本与潜在收益。

（2）综合成本考量。除了租金，还需考虑装修、设备、运营等长期成本，确保整体投资回报率合适。

5. 文化与环境契合原则

（1）文化氛围。茶馆通常讲究氛围的营造，因此选址应符合茶馆的文化定位。如果茶馆主打传统茶文化，可选择历史文化街区；如果主打现代时尚风格，则适合选择现代商业区。

（2）周边环境。选址的周边环境应相对宁静、优美，有利于顾客在茶馆内放松身心，同时避免噪声污染和空气污染等不利因素。

6. 区域发展潜力原则

（1）新兴区域。关注新兴的商业区或正在开发的区域，这些地方未来的发展潜力大，可能带来更低的租金和长期的增长机会。

（2）政策支持。了解当地政府的政策倾斜，选择在有政府扶持或发展潜力较大的区域，有助于茶馆的长期稳定发展。

7. 目标市场契合原则

（1）客户匹配度。选址要与目标市场的消费水平和消费习惯相匹配。例如，如果茶馆定位高端，则需选择高消费人群集中的高档社区或商业区。

（2）市场定位清晰。在选址时，需要结合茶馆的市场定位，确定是面向年轻消费者、商务人士还是大众市场，从而选择合适的地点。

8. 法律与合规性原则

（1）符合法规。选址前要了解当地的法律法规，确保茶馆的经营活动符合当地的政策要求。例如，了解餐饮业的许可要求、消防安全标准等。

（2）环保与社区关系。确保茶馆的运营不会对周边环境造成不良影响，并且能够融入当地社区，获得社区居民的支持。

（三）地理位置选择

地理位置的选择直接影响茶馆的经营成效。不同地理位置的茶馆，其目标客户群体、市场潜力和经营环境都有很大差异。

1．城市vs郊区

城市茶馆通常位于商业繁华的区域，具有人流量大、消费能力强的特点，适合定位中高端市场。然而，城市地价高昂，运营成本较高，竞争也相对激烈。郊区茶馆则以环境优美、租金低廉为优势，适合营造舒适宁静的休闲氛围，吸引追求慢生活的顾客。其不足之处在于客流量有限，需依赖固定客户群体。

2．商业区、文化区与住宅区的选址考量

商业区茶馆的优势在于人流量大，尤其是在购物中心或大型商场附近，能吸引大量购物和休闲的顾客。文化区茶馆则可以利用区域内的文化资源，吸引热爱文化艺术的群体，如靠近博物馆、书店、艺术馆等。住宅区茶馆主要服务于附近的居民，特别是社区型茶馆，需提供舒适便捷的环境，适合家庭聚会或朋友小聚。

（四）目标市场与人流量分析

选址时必须考虑目标市场和人流量的分析，这决定了茶馆的定位和潜在客户群体的大小。

1．目标顾客群体定位

根据茶馆的定位，确定目标顾客群体，例如商务人士、文化爱好者、年轻人群或社区居民。茶馆的选址应与目标群体的日常活动轨迹相吻合，确保能够方便地吸引到目标客户。

2．人流量和客流量评估

在选址过程中，需要对区域内的人流量进行详细评估。人流量大的地方未必能够转化为高客流量，关键在于是否与目标客户群体匹配。此外，还应考虑不同时间段的客流量，如工作日和周末、白天和晚上，这些都会影响茶馆的营业额。

（五）竞争环境与配套设施

竞争环境和周边配套设施对茶馆的运营也有重要影响，需进行细致分析。

1．周边茶馆与竞争分析

分析周边茶馆的数量、定位、特色及经营状况，判断市场竞争的激烈程度。如果竞争对手较多，应考虑如何在产品、服务或环境上形成差异化，以吸引特定顾客群体。

2．交通、停车及其他配套设施的影响

交通便利性直接影响顾客的到店率，选址时应尽量靠近公共交通站点或拥有充足停车位的地方。此外，周边配套设施如餐饮、娱乐、购物等也能增加顾客的滞留时间和消费欲望。

（六）成本与收益评估

选址时必须综合考虑成本和预期收益，确保茶馆在财务上能够持续运转。

1．租金、装修及运营成本

租金是选址时首要考虑的成本因素。高租金虽然可能带来高客流量，但同时也会增加财务压力。装修成本也需纳入考虑，特别是一些特殊风格的茶馆，其装修费用可能较高。此外，还需评估日常运营成本，如人工、物料、维护等。

2．投资回报率与长期收益分析

在选址前进行详细的投资回报率计算，分析选址的财务可行性。考虑长期收益，包括客户忠诚度、品牌影响力的提升等，确保选址的长期可持续性。

二、茶馆内部布局设计

茶馆内部布局设计

（一）功能区划分

合理的功能区划分是茶馆内部布局设计的关键，它直接影响顾客的体验和茶馆的运营效率。

1．前台接待区

前台接待区是顾客进入茶馆后的第一接触点，其设计应兼具功能性和美观性。前台应设有收银台、点单区以及信息展示区，方便顾客了解茶馆的产品和服务。同时，前台的布局应考虑到顾客的流动性，确保人流不拥挤。

2．客座区布局：雅座、包厢与公共区

客座区是茶馆的核心区域，其布局应根据顾客需求进行划分。雅座通常适合两人或小型聚会，注重私密性；包厢则提供更高的隐私保护，适合商务会谈或家庭聚会。公共区应设计得开放而不失舒适感，适合更多人流的自助茶饮或休闲小憩。

3．茶艺展示与表演区

茶艺展示与表演区是茶馆的特色区域，用于展示茶文化和茶艺表演。该区域应设计得既突出又不影响整体布局，最好设置在视野开阔的地方，方便顾客观看茶艺师的表演。

4．茶叶销售与展示区

茶叶销售与展示区应布置得既能展示茶叶产品，又能引导顾客购买。展示区的设计应注重灯光效果和产品陈列，突出茶叶的品质和特色。同时，应在此区域设有品茶台，让顾客可以亲身体验茶叶的口感和风味。

（二）动线与流线设计

合理的动线与流线设计可以提高茶馆的运营效率，并提升顾客的体验感。

1．客人动线：从入口到座位的顺畅路径

顾客的动线设计应确保从入口到座位的路径简洁明了，不绕路、不拥挤。动线设计还应考虑到顾客的舒适性，避免出现阻碍或干扰顾客活动的情况。通过合理的动线设计，可以提高顾客的满意度和回头率。

2．服务动线：服务人员工作路径的优化

服务人员的动线设计应以效率为核心，确保从后厨到前台、从座位区到清洁区的路径最短。优化服务动线可以减少服务人员的工作负担，提升服务速度。同时，还需考虑到服务动线与顾客动线的分离，避免相互干扰。

3．空间利用与舒适性

空间利用与舒适性是茶馆布局设计的核心要素，直接影响顾客的停留时间和消费意愿。

（1）空间布局的通透感与私密性。空间布局的通透感可以通过合理的分区和视觉延伸来实现，使茶馆看起来更为宽敞。同时，也需确保顾客的私密性，特别是在雅座和包厢区，可以通过隔断、植物或屏风等方式提高隐私保护。

（2）座位安排与顾客舒适度。座位安排应以顾客的舒适度为核心，考虑座椅的高度、桌椅之间的距离以及环境的舒适度。座位的布局还需根据不同顾客群体的需求进行调整，如独自前来的顾客、情侣、家庭或团体顾客等。

任务三　茶馆的环境营造

茶馆环境氛围的营造设计是茶馆设计的灵魂所在，茶馆环境氛围营造的好坏是茶馆吸引消费者的重要因素之一。茶馆的整体设计在室内装潢、空间布局和自然景观的营造中都要符合美学精神，只有这样的茶馆室内环境设计才能在细节上打动人，给人以美的体验。

茶馆的环境营造

茶馆的环境营造对于提升顾客的茶文化体验至关重要。一个精心设计的茶馆环境不仅提供视觉上的享受，更关注顾客的身心体验。它通过营造宁静而优雅的氛围，让顾客在品茶的过程中感受到放松与舒适。这样的环境不仅提升了茶的味觉体验，还能让顾客更深刻地领略茶文化的独特魅力。舒适的座椅、合理的布局和适宜的光线等细节设计，进一步提升了顾客的整体满意度。将传统文化融入茶馆环境设计中，能够将茶文化元素与多种形式的文化要素集合起来，产生奇妙的反应，从而让茶馆环境设计中所呈现出来的空间结构更为和谐，平面布局更为合理，也让进入茶馆的消费者能够在观赏、休憩的过程中，感受其中的茶文化氛围。传统文化中所蕴含的审美观念，从浅层次来说，有外物所展现出来的色彩、纹样、形状等易于察觉的外在之美；从深层次来说，又涵盖了艺术、哲学、精神思想等更为深奥的文化之美。在茶馆环境设计中，巧妙地引用传统文化，能够呈现出中华民族传统文化的独特美学意趣。例如，色彩深浅搭配能够展现美的层次，水墨画风可以展现美的简约。而融入一些意象元素，又可以让人通过简单的一个物件、一个景观，自觉地发散思维，进行美的想象。

从风格来说，茶馆可以分为两个大类：中式和非中式。中式茶馆可以分为古典中式和现代中式，所以只要在中国人面前提起茶馆，脑海自然而然地就浮现出古香古色的中式茶馆，或是具有历史的厚重感，或是具有潮流创新的时代感。它渗透在我们的血液里，成为我们不容忽视的传统，并在各种各样的建筑类型中占有一席之地。非中式风格茶馆就有许多类型，可以说建筑风格有多少种，非中式的茶馆设计风格就有多少种，如工业风格、混搭风格，还有跨越国界，以另一种形式并存设计艺术研究的东南亚风格、北欧风格以及现代风格、简约风格、田园风格等。每一种风格的茶馆，无论是从表面的形式，还是从精神的内涵来看，都各不相同。传统文化的融入，能够更好地展现自然之感。具体来说主要体现在以下几个方面：一是材质的选择，一般采用的是自然形成的木材、石材等，搭配复古色彩，使茶馆内部整体呈现出自然之色。二是在采光方面，以自然光为主，辅以少量灯光，展现茶馆内部的空间层次。三是室内装饰多采用绿植、山石等自然景观，以自然之景的生命力，带给消费者积极、愉悦的心情。

一、装修风格与氛围

（一）茶馆装修风格的选择

1. 中式传统风格

茶馆作为中国茶文化的重要载体，通常采用中式传统风格，以传递茶文化的深厚底蕴。在中式茶馆的设计中，融合了传统的基因和现代的元素，最大限度地还原、再现和更新茶馆文化。无规矩不成方圆，没有融合也就没有突破。中式风格强调庄重与雅致，营造出古色古香的氛围。通过融入传统文化元素和工艺，设计出具有历史感和浓厚文化氛围的空间。中式传统风格的主要元素包括木质结构、雕刻工艺和书法字画。字画既是传统文化的重要组成部分，也是最具代表性的艺术形式。在唐宋茶文化鼎盛时期，就已经有许多茶馆将字画作为室内装饰。书法中的字，不仅表现出了作者强劲的书写功底，也通过字体、力度、内容等，传达出作者的情感。而画作将物体、场景、活物等元素，定格在刹那间，以视觉感受的形式，向他人传达创作者的内心所想。书画的应用，让茶馆环境设计中充满艺术气息，带给人更为直观的文化感受。字画的选用，需要与茶馆自身的氛围相符合，可以是寓意吉祥的文字、画卷，也可以是有着丰富历史底蕴的名作，让人在欣赏字画的同时，感受浓厚的文化氛围。常用的材料如红木、竹子、青砖等，增强了空间的文化氛围。中式传统装修风格的茶馆设计旨在让顾客在品茶的过程中，感受到中国茶文化的独特魅力，既注重视觉美感，又重视环境的舒适性和文化体验。

表 3-1　中式传统风格设计元素

设计元素	描述	应用场景
木质结构	使用红木、竹等天然材料，营造温馨感	家具、墙面装饰、门窗
雕刻工艺	传统的木雕、石雕装饰，提升文化氛围	屏风、家具、墙面
书法字画	展示经典的书法作品和国画，增添文化气息	墙面装饰、书房区
青砖瓦片	体现古朴风格，增添历史感	地板、墙面

中式传统风格茶馆布局效果图

2. 现代简约风格

现代简约风格注重空间的开放性和功能性，以简洁的线条、干净的表面和极简的装饰为特点。通过减少装饰，凸显空间的宽敞感。现代茶馆可以采用大面积的玻璃、金属材料和简洁的家具设计，结合明亮的色调，打造出一个时尚、舒适的环境。

表 3-2　现代简约风格设计元素

设计元素	描述	应用场景
大面积玻璃	增加空间感，增加自然光	墙面、隔断、窗户
金属材料	凸显现代感，增强视觉效果	桌椅、灯具、装饰品
简洁线条	减少复杂装饰，突出功能性	家具、灯具设计

3. 工业风格

以原始工业材料如裸露的砖墙、金属管道和粗犷的木材为主要元素。灯光多为裸露的电灯泡，家具则以复古的金属和实木材料为主，创造出一种粗犷但富有现代感的环境。

表 3-3 工业风格设计元素

设计元素	描述	应用场景
裸露的结构	主要包括裸露的砖墙、混凝土墙面和金属管道，展现建筑的原始工业质感	常用于室内墙面装饰、柱子和梁的展示
金属材料	采用钢铁、铝合金等金属材料，通常有着原始的纹理和未加工的表面	家具、灯具以及装饰品
复古家具	以老旧或仿古设计的木质家具为主，常见的是有着历史感的木桌、木椅和橱柜	餐区、休息区以及展示区
裸露灯具	采用裸露的电灯泡、工业风格的吊灯，注重光源的原始和功能性	照明、装饰灯具以及墙面装饰
原材料装饰	采用原木、钢板、混凝土等未加工或半加工的材料，强调自然与粗犷的美感	墙面、地面、家具及装饰品
开放空间	强调空间的开放性和通透感，减少隔断，利用大窗户和开放的布局来增强空间感	休息区、茶艺展示区
大型装置	包括大型工业装置、艺术装置等，能够成为空间中的视觉焦点	大空间的中央或墙面装饰
色彩搭配	常用深色调如黑色、灰色、褐色，以及一些金属色，如银色、铜色，搭配自然色调	墙面、家具及装饰品的配色

4. 混搭风格与跨文化设计

混搭风格融合了多种文化和设计元素，既体现了茶馆的文化内涵，又带来多样化的视觉体验。跨文化设计通过结合不同国家的茶文化特点，如日本的简约茶道或西方的休闲风格，能够吸引更多的顾客。在茶馆中可以选择传统中式家具搭配现代装饰，或者将中式元素与日式简约风格相结合，形成独特的空间设计。

表 3-4 混搭风格设计元素

设计元素	描述	应用场景
中西结合	中式家具与西式装饰品的结合，营造多元氛围	客座区、茶艺展示区
跨文化元素	融入日式、韩式或西式元素，形成新鲜感	包厢、休息区

（二）氛围营造与顾客体验

1．不同装修风格对顾客心理的影响

中式风格茶馆通常给顾客带来宁静、庄重的心理感受，适合静心品茶和小型聚会。而现代简约风格茶馆则倾向于创造轻松、自在的环境，更适合年轻人和商务聚会。

表 3-5　装修风格与顾客心理感受

风格类型	心理感受	适合人群
中式传统风格	宁静、文化氛围浓厚	中年群体、文化爱好者
现代简约风格	时尚、轻松	年轻群体、商务人士

2．音乐、香氛等氛围细节的设置

（1）音乐选择。不同风格的茶馆在音乐选择上也会有所不同。中式茶馆可以播放古筝、二胡等传统乐器音乐，现代茶馆可以选择轻音乐或爵士乐。

（2）香氛使用。香氛能够提升顾客的整体感官体验。中式茶馆中可以使用檀香或沉香，现代茶馆则适合清新自然的香氛。

表 3-6　音乐与香氛设置建议

环境类型	音乐类型	香氛类型
中式茶馆	古筝、二胡、琴箫音乐	檀香、沉香
现代茶馆	轻音乐、爵士乐	花香、草本香氛

3．茶馆景观生态设计的材料挑选

从茶馆景观生态设计的艺术层面来看，建议茶馆在设计时以木为主，以砖为辅，突出茶馆的原生态美。在选择木材时，要保证选择的木料既耐用，又可再生，这样不但体现了古朴的艺术气质，而且倡导了对环境的保护。对于一些具有现代气息而又不得不用的器具，要用木质材料进行包装，如垃圾桶、钟表等。茶馆内的饰品美工，要选用带有自然气息的材料，如山竹、花草、山石等，让人有身处大自然中的感觉。外表墙体、门框、墙壁等品茶者能够直观看到的地方，应使用原生态材料，对茶馆进行科学设计，突出茶馆的区域文化。

表 3-7　景观生态设计的材料挑选建议

环境类型	材料类型	茶文化特点
北方茶馆	木质材料为主	浑朴、豪放
南方茶馆	绿竹为主	轻盈优美、质朴

4．茶馆景观生态设计的色调运用

色彩的运用对于茶馆景观生态设计看似很简单但实际却很有讲究。从外表来看，

在茶馆设计中，色彩需要以表现自然为主，显示出淳朴、随和、简单、自然的原生态美，外围墙壁以偏暗的色调为主，使其与茶文化相协调，古朴质感和当代美感并重。屋内墙壁应以灰色、灰白色为主，搭配优良的光线设计，能够给人既寂静又从容的感觉。在饰品色调运用上，尽量搭配天空色和墨绿色，给品茶者一种放松的感觉。在不同地区，茶馆的色彩也有很大的区别。

表 3-8 景观生态设计的色调运用建议

环境类型	色调类型	茶文化特点
北方茶馆	灰色、灰白色，以暗色调为主	古朴、大气、粗犷
南方茶馆	浅色为主	凸显历史文化和人文气息

二、灯光与色彩搭配

灯光与色彩搭配是茶馆环境营造中至关重要的部分，它们不仅影响空间的视觉效果，还直接关系到顾客的心理感受和整体体验。合理的灯光设计与色彩搭配能够营造出适合茶馆氛围的空间，灯光设计不仅要满足茶馆的光线需求，而且还要体现设计之美、艺术之美，能够提升茶馆整体设计效果，烘托茶馆氛围，使顾客在其中感到放松和愉悦。

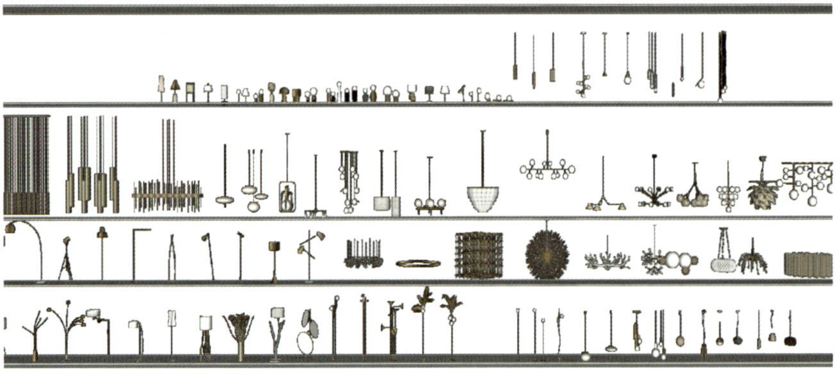

各种灯光照明

（一）灯光设计

茶馆室内的氛围主要是通过茶馆空间内的灯光烘托出来的，灯光设计是营造茶馆意境的主要方式，而打造光影效果的主要来源是合理地布置灯具。在茶馆室内合理地对灯具进行布置可增添环境中的意境。但是，灯光虽然可以使环境更加优美，却也可能使环境受到光污染。这就需要设计师进行合理的灯光设计与灯具摆放。根据茶馆内的已有陈设布局，并结合灯光的展现，在分析空间的基础上，巧妙地设计灯光安排。在文化大融合快速发展的时代，来自外国的时尚元素不断冲击着我国的传统民族文化，使具有民族意蕴的茶馆被西方酒吧冲击，甚至被咖啡厅、快餐厅等西方文化冲击。可见，对于茶馆灯光的设计不再仅仅是单纯的空间设计，更是代表文化的设计使命。设计师肩负着重要的责任，需要利用茶馆灯光的设计平台对现代茶文化进行弘扬，使得独具东方魅力的茶馆文化始终生机勃勃。

在茶馆空间设计中，环境氛围是非常重要的一项内容。要想通过灯光的应用对茶馆氛围进行营造，就需要对灯光进行合理的设计与布置。

第一，自然光。自然光根据天气的不同会呈现出不同的亮度，作为茶馆，亮度不宜过高。对此，可以在窗户位置挂上竹帘，在对东方禅意、品茶境界进行塑造的同时起到对外界自然光进行控制的作用。同时，竹帘并非全封闭状态，自然光透过竹帘洒入室内，能够起到一种别样的视觉效果，且能够赋予茶馆内部良好的私密性以及隐蔽性，使人们的心灵得到较好的放松。

第二，人工照明。在整体照明得到良好保证的前提下，装饰照明以及室内局部照明则成为需要重点应用的区域。在茶馆内部，往往根据功能的不同划分较多区域，对于不同类型的灯具，需要对不同的照明手法进行应用，使人们感受到每一处的精致。

第三，显色性。在对室内灯具进行选择时，需要对灯具的显色性引起充分的重视。一般情况下，白炽灯暗色非常适合应用在餐厅区域，在白炽灯应用的基础上，在茶馆的过道区域，通过少部分节能灯的应用，则能够在产生特殊显色性的同时起到能源节约以及刺激人们食欲的作用。

第四，私密性。在茶馆中，会设置一定数量的包间。由于包间人员数量较少、空间较小，则可以使用照度低的灯具来营造出一种亲切而优雅的气氛。对于向下透射的吊灯，要保证照射角度在餐桌范围以内，避免对顾客的眼睛直射。同时，也可以根据区域情况在墙壁位置设置一定的壁灯，营造空间氛围。

（二）自然光与人工光的结合

自然光是最优质的光源，它不仅能够节约能源，还能创造出一种与自然相融的氛围。茶馆在设计时，应尽量通过大窗户、天窗、庭院等设计引入自然光，尤其是上午或下午时段，自然光可以照亮整个空间，增加空间的通透感和舒适度。

表 3-9　自然光引入设计方案

设计元素	描述	应用场景
大窗户	使用大面积玻璃窗户增加采光	客座区、茶艺展示区
天窗	在屋顶设计天窗，增加自然光照射面积	包厢、公共区
内庭院	设置内庭院或小型花园，带入自然光线	休息区、入口区域

引入自然光

在光线不足或夜晚时段，人工光源成为主要的照明方式。茶馆的人工照明设计需要考虑整体空间的氛围，重点在于如何通过灯光来强化茶馆的主题和风格。

表 3-10 人工光源补充方案

设计元素	描述	应用场景
吊灯	作为主光源，提供整体照明	主客座区、茶艺展示区
壁灯	用于增强局部照明，营造氛围	包厢、墙面装饰区
台灯 / 地灯	提供辅助照明，增加空间的层次感	休息区、雅座区

引入人工光

（三）主灯、辅助灯与氛围灯的布置

1. 主灯的选择与安装

主灯通常是茶馆的主要光源，决定了整个空间的基础亮度。根据茶馆的装修风格，可以选择传统的吊灯、吸顶灯，或者更具现代感的简约吊灯。主灯的亮度应当足够覆盖到大部分空间，但不能过于刺眼，以免破坏茶馆的舒适氛围。

表 3-11　主灯设计建议

风格类型	主灯类型	亮度（流明）
中式传统风格	古典吊灯、宫灯	1500 ～ 2000
现代简约风格	简约吊灯、吸顶灯	1800 ～ 2500

2. 辅助灯的布置

辅助灯如壁灯、台灯、地灯等，主要用于补充主灯不足的光源，或在特定区域营造光影效果。它们可以用于照亮展示区、书架、装饰品等，同时也能通过光影的变化增加空间的层次感和视觉效果。

辅助灯布局

3. 氛围灯的布置

氛围灯主要用于提升空间的情感氛围，如在包厢、休息区等私密空间中使用暖色调的柔和灯光，可以带来温馨、舒适的感觉。氛围灯的设计应与茶馆的整体风格和主题相协调，避免突兀的视觉效果。

表 3-12　氛围灯设计建议

空间类型	灯光颜色	功能与效果
包厢	暖白色、琥珀色	营造私密、温馨的氛围
休息区	暖黄色、橙色	增强舒适感和放松效果

氛围灯布局效果

（四）不同时间段的灯光调整

1. 白天与夜晚的灯光变化

白天应尽量利用自然光，并通过少量的人工光源进行补充。夜晚则需要加强人工照明，通过合理的灯光层次设计，确保空间既有足够的亮度，又能保持柔和的光线，避免光线过于刺眼或昏暗。

表 3-13 不同时间段灯光调整建议

时间段	主要光源	灯光强度调整
白天	自然光 + 辅助灯	自然光为主，减少人工光源
夜晚	主灯 + 氛围灯	增加主灯亮度，强化氛围灯

晚间茶馆灯光效果

2. 季节性灯光调整

根据季节的变化，可以调整灯光的色温和强度。例如在冬季，使用暖色调的灯光营造温暖的感觉；而在夏季，冷色调的灯光则能带来清凉感。

表 3-14　季节性灯光调整建议

季节	灯光色温	设计效果
春 / 夏季	冷白光（5000 ~ 6500K）	清爽、活力
秋 / 冬季	暖白光（2700 ~ 3500K）	温暖、舒适

（五）色彩搭配

1．色彩心理学在茶馆中的应用

不同的色彩会对顾客的情绪产生不同的影响。温暖的色调（如红色、黄色）可以带来舒适、放松的感觉，而冷色调（如蓝色、绿色）则有助于提升空间的宁静感，适合用于茶艺展示区或雅座区。

表 3-15　色彩与情绪的关系

色彩类型	情绪效果	适用空间
温暖色调	舒适、温馨	客座区、包厢
冷色调	宁静、放松	茶艺展示区、雅座区

色彩不仅影响情绪，还可以反映文化内涵。中式茶馆常采用红色、金色等颜色，象征吉祥和繁荣，能够增强文化氛围。而现代风格茶馆则多采用灰色、白色等中性色调，凸显简约和时尚感。

色彩心理学在茶馆中的应用

2．不同色调的搭配策略

主色调是决定茶馆整体氛围的关键因素。中式茶馆通常选择温暖的木色、红色或深棕色作为主色调，以体现传统文化的沉稳；现代茶馆则可能选择白色、灰色或浅色木纹作为主色调，突出简约和清新感。

表 3-16 茶馆主色调搭配建议

风格类型	主色调	搭配颜色	适用场景
中式传统风格	深木色、红色、棕色	米色、青色、黑色	客座区、包厢、茶艺展示区
现代简约风格	白色、灰色、浅木色	深灰色、黑色、蓝色	公共区、茶艺表演区
日式简约风格	浅木色、米白色、灰色	绿植色、自然棕色	主客座区、茶道区
新中式风格	米白色、浅灰色、青绿色	深棕色、朱红色	雅座区、休息区、包厢
工业风格	黑色、深灰色、深棕色	金属色、裸砖红色	公共区、主客座区、展示区

三、家具与装饰品选择

家具与装饰品是茶馆整体设计中不可或缺的一部分，它们不仅直接影响顾客的舒适度，还对茶馆的氛围和风格起到决定性的作用。以下部分详细探讨如何选择和布置家具与装饰品，以营造理想的茶馆环境。

（一）茶桌与座椅的类型与布置

1. 茶桌类型

茶桌是茶馆的核心家具之一，不同类型的茶桌适用于不同风格和用途的茶馆。传统中式茶桌多为深色、雕刻精美的木质茶桌，并且采用对称式布局，让家具与室内环境相契合，展现空间层次感的同时，让消费者更容易放松身心。其设计通常配有典雅的纹饰或象征吉祥的图案，凸显传统文化的韵味。举例来说，茶馆内的桌子一般使用八仙桌，既能够满足亲友一起品茶交流的需求，又有着美好的寓意。椅子一般使用的是圈椅或者官帽椅等。同时，制作这些家具的材料，多是花梨木、檀木等，这些都是我国自古以来常用的家具材料，不仅坚实耐用，还自带防腐防虫功效，甚至一些名贵木材自带特殊香气，能够帮助消费者放松身心，获得更好的品茶感受。简约日式茶桌以低矮为特点，常由原木打造，配以榻榻米垫座，简洁而自然。适合日式风格茶馆，营造宁静的氛围。现代风格的茶桌常采用简洁的直线设计，多使用玻璃、不锈钢或简约的木材，颜色上偏向白色、灰色等冷色调，适合时尚、现代化的茶馆环境。

2. 座椅选择

座椅的选择应与茶桌相得益彰，同时要兼顾舒适度和美观性。中式传统座椅多为木制，有时配有绸布或棉垫。它们通常设计为靠背高、座位深，坐感较硬但稳重，符合传统茶文化的气质。现代茶馆的座椅选择更为多样，可以是软包布艺沙发、皮质靠椅或是简单的塑料椅，强调舒适度和轻便性。为增加空间的灵活性，许多茶馆选择可移动的座椅，如折叠椅或轻便的凳子，以便根据客流调整座位布局。

3．布置要点

布置茶桌和座椅时，应注意整体的对称性，以增加视觉上的平衡感，尤其在中式茶馆中，这种对称性会更为重要。合理安排茶桌与座椅的距离，保证顾客有足够的活动空间，同时也能方便服务员的流线操作。在一些大型茶馆中，可以考虑设置不同类型的座位区，如包厢、散座、榻榻米区等，以满足不同顾客的需求。

中式传统茶馆布局效果

（二）材质与质感的选择

1．材质类型

木材是茶馆家具的首选材料，尤其是在中式和日式茶馆中。优质的实木（如胡桃木、柚木、红木等）具有自然的纹理和温润的质感，能很好地营造茶文化所需的自然和质朴氛围。竹材轻便且富有弹性，通常用于日式茶馆的家具制造，也可作为中式茶馆的装饰材料，增加空间的自然感。现代茶馆常使用不锈钢、铝合金与玻璃等材料，以突出简约、现代的设计风格。金属的冷感与玻璃的通透感结合，可以提升茶馆的时尚气息。

2．质感营造

在家具表面处理上，光滑的漆面和粗糙的原木质感可以结合使用。例如，茶桌表面光滑利于清洁，而椅子靠背的原木质感则增加了自然感和亲切感。座椅的坐垫和靠背可以选择较为柔软的材质，如布艺或皮革，而扶手和椅腿则保持木材或金属的坚硬质感，这样既保证了舒适性，也不失茶馆应有的稳重感。

（三）家具的舒适度与美观性

1. 舒适度评估

座椅的高度、椅背的弧度以及坐垫的柔软度都应符合人体工学原理，确保顾客在茶馆长时间停留时仍然感到舒适。考虑到不同顾客的需求，可以提供不同高度和硬度的座椅，甚至可以设置可调节的座椅。

2. 美观性与风格统一

家具的风格应与茶馆的整体装修风格保持一致，例如，中式风格的茶馆应配以古朴的木质家具，而现代风格的茶馆则适合简洁线条的现代家具。在家具上添加一些装饰元素，如雕花、镶嵌、金属边饰等，可以增强茶馆的视觉吸引力。

（四）装饰品选择

1. 茶具与陈设艺术

（1）茶具选择。中式茶馆多选择紫砂壶、青花瓷茶具，这些茶具不仅使用方便，而且具有很强的艺术观赏价值。现代茶馆则偏爱简约设计的玻璃或不锈钢茶具，它们造型时尚，能与现代装修风格相匹配。

（2）茶具的摆放。在茶馆内设置专门的展示区，将精美茶具进行展示，不仅可以装饰空间，还能吸引顾客购买。在顾客座位上放置简单实用的茶具，确保顾客在享受茶饮的过程中也能感受到茶文化的氛围。

茶具摆放示意

2. 挂画、字画与文化元素的搭配

（1）挂画选择。中式茶馆常选用山水画、花鸟画等传统国画作为装饰，增加文化氛围。现代风格的茶馆可以选择抽象画、简约风景画等作为装饰，突出时尚感。

（2）书法字画。可以选择名家书法作品进行装饰，展现茶馆的文化深度。也可以选择现代字体的书法作品，以更加契合现代茶馆的审美。

装饰品挂画和字画摆放示意

3．绿植与花艺的使用

（1）绿植选择。小型盆栽如文竹、兰花、富贵竹等，适合放置在茶桌或角落，增添自然气息。大型绿植如龟背竹、发财树等，可以放置在茶馆的入口或窗边，增加空间的层次感。

（2）花艺布置。季节性花艺根据季节更换不同的花卉，如春天的樱花、夏天的荷花等，保持茶馆内的生气。简约花艺设计则追求简约美，如单枝花瓶陈设，既简洁又不失优雅。

绿植和花卉摆放示意

4．季节性与主题性装饰

（1）季节性装饰。随着季节变化，使用相应的装饰品，如春天的花卉、夏天的扇子和灯笼、秋天的枫叶和南瓜、冬天的松树和红梅，营造应季氛围。

（2）节日装饰。在重要节日期间，如春节、中秋节、圣诞节等，根据节日主题更换茶馆内的装饰，增强节日氛围，吸引顾客。

（3）特殊活动与主题装饰。在举办茶艺表演、文化讲座等活动时，可以专门布置与活动主题相关的装饰，如茶艺展示时的古代茶具、文化讲座时的书法字画等。个性化主题布置则是根据特定时间段或顾客需求设计个性化主题装饰，如婚礼茶会、生日派对等，提供定制化的空间设计。通过精心选择和搭配家具与装饰品，茶馆可以在保持功能性的同时，进一步提升整体氛围和顾客体验。在具体操作中，结合茶馆的品牌定位和文化主题进行设计，可以创造出既舒适又独特的茶饮环境。

任务四　茶馆的空间规划

茶馆的空间设计对体验、运营和美观至关重要，需以人为本，合理布局，让顾客在美学氛围中感受艺术与茶道乐趣。设计应遵循以下原则。

（1）人性化原则。以消费者为中心，通过市场调研了解消费习惯，确保设计符合需求。

（2）主题性原则。确立独特主题，增强辨识度，吸引特定消费群体，体现市场定位。

（3）功能性原则。根据消费群体和定位，设计多元化功能，如茶叶加工体验区，提升顾客体验。

（4）个性化原则。针对不同消费群体细化设计，如设置擂茶制作区，增加互动与知识学习。

（5）互动性原则。设计互动活动，如茶会，增强顾客体验感和依赖性。

现代茶馆设计需结合经营内容和定位，如茶餐厅注重餐食空间，演出型茶馆注重舞台效果，艺术型茶馆注重艺术元素植入。茶馆空间规划属于休闲餐饮类，需注重休息、娱乐和体验功能，通常包括营业区（接待区、休息区、表演区等）、加工区（茶水、茶点制作区）和仓储区（茶叶、食品存放区）。这些区域功能各异但紧密相关，共同构成茶馆的整体空间布局。

一、接待区与休息区

接待区和休息区是客人进入茶馆后的前端区域，是迎客的前阶段步骤，两者可为同一个茶空间，也可为两个茶空间。因此，接待区和休息区往往设置在茶馆入口的附近，具体设置位置可根据茶馆的空间大小和空间规划而定。

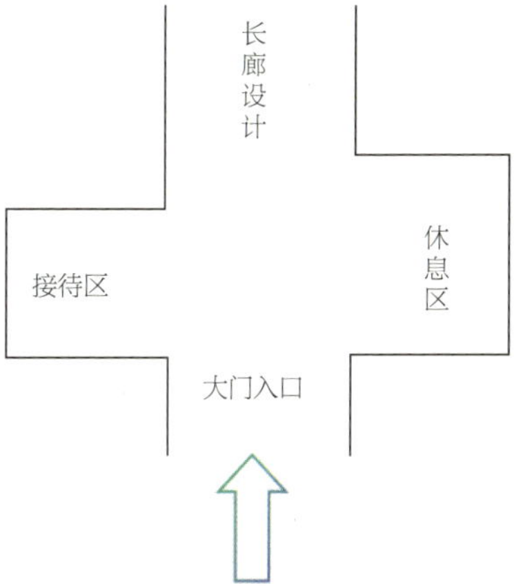

茶馆常见的接待区和休息区的平面设计图

（一）只如初见，一见倾心——接待区

接待区是茶馆的交通枢纽，顾客从室外进入茶馆的第一个茶空间，也是顾客第一印象产生的场所，它起着迎接客人、供顾客休息、让客人短暂等候的过渡性功能。因此，从硬件上面来说，接待区的设计和装饰要用心，让茶馆的主题风格、档次定位在此有个基本体现。常见的接待区大件器物有桌椅板凳、展示架、宣传柜等；小件器物有茶具、茶叶、宣传册、插花、熏香等。接待区域较大的场所，也可根据需求设置茶馆特色简介区、茶品展示区、艺术展示区、迎宾茶席、迎宾茶品等，以此传递出茶馆定位、特色、风格及档次等信息，为茶馆的宣传起到推介作用。从软件上来看，接待区应安排经过专业接待服务人员，该人员要掌握深厚的茶文化专业知识、礼仪接待文化，且经验丰富、为人真诚为最佳。

接待区的主要功能是接待顾客，因此需要站在顾客的视角进行设计，不同类型的茶馆在接待区设计时着重点不一致：如果是单一服务型茶馆，其接待区应配备形象、气质、谈吐等综合素质较高且茶文化知识渊博、茶饮冲泡技术高超的专业茶艺师进行接待；如果是茶艺表演型茶馆，在接待区应配备具备茶艺表演、解说能力较强，且茶品推介、宣传水平高的茶艺表演人员；如果是茶文化体验型茶馆，应在接待区设计专门的特色茶文化体验项目和专业的文化传播人员，指引顾客进行文化体验和技术指导，以提高消费者的体验满意度；若是轻食休闲茶馆，应在接待区设计与轻食、休闲相关的茶饮、茶点和茶样，让顾客在第一时间内了解茶馆风格，从而留下深刻的第一印象；如果是连锁经营型茶馆，接待区的设计应呈现公司总体定位的风格，或是统一迎宾语和宣传语，或是统一的接待服务礼仪等，让消费者在进入茶馆时便能感受到连锁茶馆的独特之处。

高端茶馆或会所的接待区常常是单独设置的一个空间，比如装饰古朴、展示精致、灯光独特、摆放雅致、文蕴十足的独立茶室内。如常德清荷·四季会茶馆的接待区便设置在主理人精心设计的独立茶空间内，该空间临近茶馆大门入口处，可在第一时间内接待客人，让茶人朋友们有种宾至如归的感受；且茶馆由几位形象气质佳、专业水平高、服务经验丰富的高级茶艺师专门负责接待客人，并给客人冲泡、奉上一杯醇香浓郁的“迎客茶”，让人一进入茶馆便能立即放松心情、沉浸在雅致的茶空间内，并在最短时间内达到精神自由、心情愉悦，这便是接待区的独具魅力和重要作用的显现。

常德清荷·四季会茶馆接待区茶席

常德清荷·四季会茶馆接待区一角

接待区的意义重大，可以说是茶馆的“门面”和“招牌”。因此，无论是从装修设计、器物摆放、茶席设计、绿植等硬件方面，还是从人员配备、语言设计等软件方面，都应精巧设计，以达到让消费者“一见钟情”的目的。

（二）耐人寻味，宾至如归——休息区

休息区与接待区一般相距不远，都离茶馆大门入口较近。有的茶馆休息区和接待区是同一个大空间，可以用屏风、玻璃隔断、绿化池等进行分离；但定位较高的茶馆和会所的休息区和接待区是单独设立的两个茶空间。顾客进入茶馆空间后，可在接待区稍作休息，也可引领顾客到休息区的独立空间内等候、小憩。

休息区的装饰装修一般较雅致，墙面背景的装修设计会应用到绘画、挂画、彩绘、书法等艺术设计，茶空间内的装点会借助插花、熏香、书架、博古架等，休息区的桌椅一般采用有靠背、舒适度较高的软包椅或休闲椅，让顾客在进入休息区后，整个身心都松弛下来，当然，休息区器物的风格选择还得根据茶馆的整体装修来定，在满足舒适的前提下，还要选择与其他茶空间内的色彩相和谐的器物。另外，休息

区还应配备短时休息所需要的器具用品，如茶巾、果盘、点心盘、水盂、垃圾桶等，以便客人在此小憩时，在视觉、嗅觉、味觉等需求上都能得到短暂的满足。

常德清荷·四季会茶馆休息区

顾客在休息区等候的常见原因有如下几种：一是等候其他朋友的到达，然后一起进入卡座或包厢；二是顾客在包厢或卡座内停留的时间过长，想在茶室的公共空间内透透气，顺便欣赏茶馆的设计美学，享受茶室内类似于书籍、插花、挂画等其他公共配套资源；三是包厢或卡座暂时已满位，需要在休息区短暂休息等候，等空位出来，再移步至茶室内；四是包厢或卡座内突然有新友到来洽谈相关事宜，而部分茶客不便在侧旁听，便会移步至休息区做短暂“借坐”，等合适时机再“回位”至专属茶空间等等。

因此，茶馆茶艺师和工作人员在培训及选配时，应告知和普及以上情况，并教授休息区茶艺师和茶馆服务人员应掌握的规范的语言、得体的礼仪、必备的工作技能与工作内容，适时“巡岗”、及时服务、亲切问候，做到让休息区的客人能感受到包厢或卡座内“专属服务”的体验感，切不可出现休息区客人“无人问津”，对客人不理不睬的情况，这是极不礼貌，也是极不符合茶馆服务礼仪的行为。在适当情况下，可以给休息区的客人奉上一杯他喜爱的“迎客茶”，以表现出茶馆的人文关怀和贴心服务。

常德清荷·四季会茶馆休息区

总体来说，接待区和休息区联系紧密、相辅相成，为顾客留下良好的第一印象起到至关重要的作用，设计时应深思熟虑、统一规划。

二、表演区与展示区

表演区和展示区为茶馆设计中的中端空间，两者皆是介绍和宣传茶馆文化和茶馆产品的重要窗口，也是较为核心的茶空间，因此，在设计和规划这两个空间时不能将其隔开，或相离太远，相邻的设计规划能较好地让顾客感受到茶馆的核心文化和内容，从大局上形成一个整体认知感，如若不然，便会使顾客形成信息碎片化、设计凌乱化的不良印象。

（一）精心准备，精彩绝伦——表演区

表演区是茶馆对外展示的重要窗口之一，是茶馆为顾客良苦用心、服务真诚的重要体现，也是宣传弘扬茶文化乃至中国传统文化的重要载体。一般来说，具备特定表演区的茶馆，皆为人文底蕴较深、规模较大、空间广阔、客流较多、历史较悠久的茶馆。北京老舍茶馆内就有专门的表演区，表演区内设置有大型的表演舞台，专门为顾客表演各种综艺节目，如主题茶艺表演、京剧、杂技、曲艺、口技、川剧变脸、舞蹈、双簧、相声、中国功夫、魔术、皮影戏等。多年来，北京老舍茶馆的表演区因其精湛的表演艺术、深厚的文化底蕴、丰富的表演节目，一直是众多中外茶文化爱好者津津乐道、赞不绝口、回味无穷的“梦中乐园”，常有顾客故地重游，去寻找那熟悉又难忘的独特茶韵。

茶馆简易表演区

表演区的空间设计中，最核心的部分就是舞台设计。舞台设计常被称为“舞美设计”或“布景设计”，是指以“舞台”为标的物的设计。细化来说，就是以舞台布幕、灯光、设备、音响、演出道具、悬吊以及更换支架系统、戏妆、戏服为标的物的设计。舞台设计依据几项基本原则：一是不限形式、因地制宜；二是美观大方、经久适用；三是巧妙用材、经济适用。细化来说，舞台设计要简洁、庄重，有新意，

既要符合茶馆整体主题和风格，又要注重层次设计与实用性设计。比如，可在天幕和侧幕上加装适当的图案以突出主题，也可适当地装饰花草、书画等装饰物，增添气氛。

当代，随着现代科技的发展、进步，人们的思想观念和审美要求也在不断变化和提升，舞美设计者需要不断探索、创新，总结经验，以提高舞美效果。在舞台设计时，可采取如下相关措施，提高茶馆舞台设计效果：一是根据茶馆主题和风格定调，准确分析和把握茶馆表演的格调。二是重视材料的选择，以丰富茶馆艺术的演出形式，因为材料是艺术的重要载体，不同材质的材料会给观众以截然不同的艺术感受和审美趣味。如丝绸显高贵华丽、青铜显古朴典雅、大理石显纯洁无瑕等，不同的材质有着不可替代的特性和艺术表现。且材料质地的粗糙、光滑、厚薄、坚挺、柔软，本身也就能成为艺术的一种表现形式。三是在继承和发扬我国传统艺术手法的基础上，学习、借鉴、融合、运用、创新其他各国的多种艺术手法和不同的艺术表现形式，要在守住民族艺术灵魂的基础上，突出地方和时代色彩，满足当代茶友对多元化审美趣味的要求。

另外，在表演区还可设计候场区、道具室、化妆室等必备小空间，以满足表演时人员候场、化妆及器具摆放和收纳等各项要求。这为促使茶馆节目的顺利演出和提高表演效果，提供了很好的空间和物质保障，同时也保证了茶馆的良好运营。

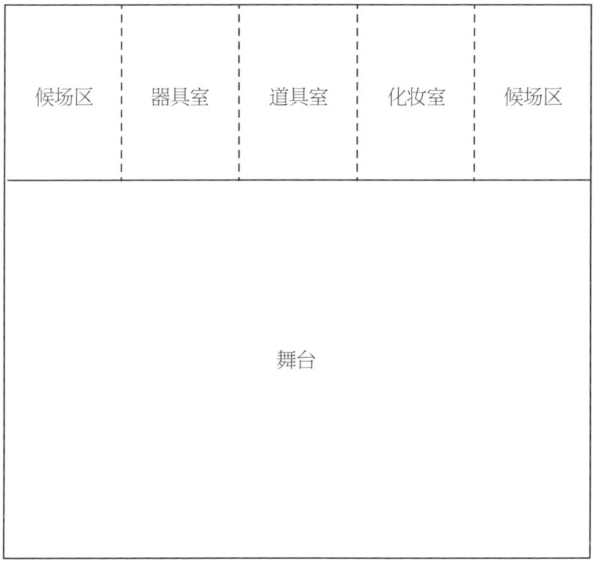

茶馆常见的表演区设计平面图

（二）不可或缺，不宜繁杂——展示区

茶馆展示区主要是茶馆集中展示茶具、茶叶、茶点、特产等可售卖物品的区域，

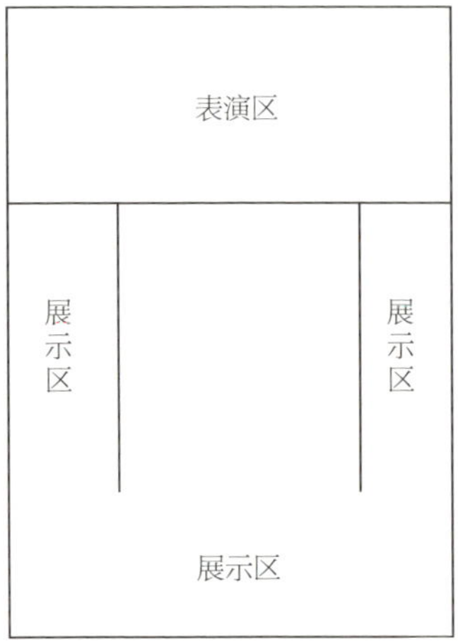

茶馆表演区和展示区相结合的空间平面图

是茶馆增收的一个主要区域，这个区域对于商业性茶馆来说是必不可少的。

在展示区设计时，有的茶馆展示区是一个单独设计出来的空间，这样的展示区较私密，可为顾客营造一个安静的选购环境、充裕的选购时间和自由的选配方式，以便认真观摩、选配自己喜爱的物品。有些茶馆会将展示区和其他区域结合起来，比如在接待区、休息区或者表演区周边放置博古架或展示柜，形成“篱笆式”展示区。这种组合经营的方式，一来可为顾客提供一个品茶聊天的休闲场所；二来也是茶馆商品展示和顾客商品选购的展示区域，很多顾客会在这个大空间内选购自己喜爱的茶叶、糕点、茶具等商品。

茶馆展示柜一角

无论是以何种形式呈现出的展示区，在设计时都要遵循茶馆整体设计风格的原则，在此基础上再依据展示柜的摆放、拿取、选配、买单等方面便利的原则进行设计。

首先，展示柜的选择可根据茶馆风格选配不同形式、不同材质的货架，比如人文茶馆常常选用仿古博古架或多宝阁进行陈列展示；现代简约装修风格的茶馆有的选用玻璃柜做展示柜；原木风的茶馆可用原木材质的展示柜；侘寂风的茶馆宜选用曲线设计独特且富有禅意的展示架等。

其次，展示区在背景设计、灯光设计、装饰品的选择上，也需考虑整体风格和展示效果，特别是要先重点考虑展示架的风格后再选配风格、材质、色彩搭配的灯桶、背景画、木饰面、装饰品等。比如：暗淡的灯光、干枯的老树、粗磨的石块……营造出的就是一幅淳朴、自然、幽静的画卷；以暗色调、暖色调为主的灯光设计，散发出的就是具有独特的温度与特质的感觉；展示区局部墙面如果用一些色彩较深的装饰元素，增添的就是沉稳、深邃的意境。总之，细节既要独具韵味，又要与茶馆主体风格搭配，让展示区的细节设计使茶室其他各区域产生共性、相互呼应，而营造出情调惬意、舒适安然的氛围。

茶馆展示区一角

茶馆展示区

总体来说，展示区的整体风格基调需要雅致、美观，要与茶馆的整体风格相协调，切记不能为了强行突出展示区，而让本已幽静的茶空间内“横插”一排突兀且色彩不和谐的展示柜，以免破坏茶馆整体的设计风格和理念而拉低茶馆的艺术水平和审美趣味。

三、茶水制作区与仓储区

茶水制作区和仓储区属于茶馆空间的后端部分，也是内部空间，这两个区域相对私密，一般情况下，只有茶馆内部人员才能进入这两个区域。这两个区域在设计时，其入口一般是不易发现或不易进入的隐形门或带锁门，有的茶馆在设置这两个区域时或设置在茶馆后门相邻的空间内，以便茶馆物资的采买、运输、清点和废弃物品的清理等。

（一）甘露之源，便捷优先——茶水制作区

茶水制作区是茶馆工作人员拿取茶叶、制作茶饮、选配茶点等物品的区域，该

区域无论是在空间设计，还是在水、电、器具等物品的位置安排方面，都应遵循便利、整洁、安全、卫生等原则。

首先，茶水制作要考虑便利性原则。因为茶馆内茶品、茶具种类多、数量大，不同顾客有不同的需求，不同茶类有不同的搭配，所以在器物摆放、空间设计方面一定要以便利为主，不能让工作人员在此“打转转”浪费时间或无秩序地“打乱仗”。在此区域设计时要根据器物种类的不同、器物大小的不同，设计不同的摆放区域和空间高度，让工作人员能有条不紊、逐一拿取器具，最好是达到“一站式服务”“不走回头路”的效果。比如：待用的器物归类在一侧，用过的器物归类在另一边，且设计高度、大小合适的台面和柜子，就可以“流水线”式移动器具，使其有条不紊地循环使用。

其次，茶水制作区要整齐、干净，符合方便收纳的原则。茶馆茶样、茶具种类繁多，不同的物品需要不同容器盛装，且不是所有的器物都适合摆放在镂空柜子里，有的需要摆放在玻璃杯里，有的需要摆放在消毒柜里，有的需要摆放在高层的透风的镂空格中，有的需要摆放在密封木柜子里，等等。因此在茶水制作区设计时，要思虑周全、设计完善，把今后茶水制作时的场景模拟一遍，然后再根据高矮、大小、材质、氧气等需求度，设计茶水柜、茶台、盥洗台的位置、尺寸、高度、形式等。

另外，茶水制作区的设计要考虑安全、卫生等因素。水电设计是任何行业装饰装修的基础，设计完备的水电线路图，不仅是今后茶馆运营顺利、方便的基础，还是卫生、安全的保障，因为水电必须分开，但又需要方便。因此，在这一块的设计时，需要请专业的施工团队和经验丰富的施工人员。再好的设计，“天马行空”、不落实地，也是不符合设计要求的。

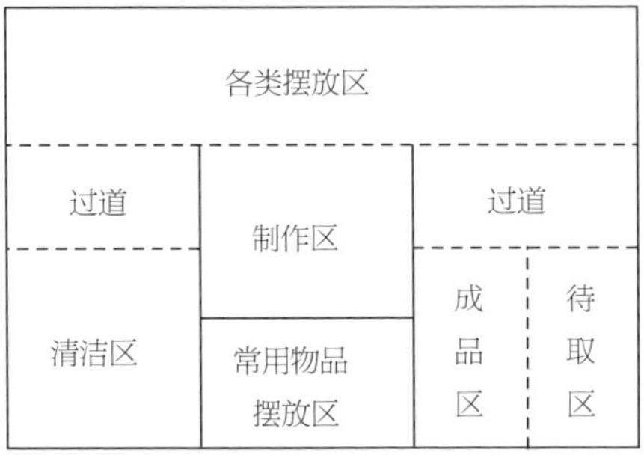

茶馆茶水制作区平面参考图

目前，茶馆的茶水制作区一般包括：清洁区、摆放区、制作区、成品区、待取区等。清洁区包括垃圾处理区、盥洗台、晾干区、消毒区等，以便“一站式”迅速完成如茶渣处理→茶具清洁→摊晾→消毒→归纳等流程；摆放区包括茶具摆放区、茶样摆放区、常用器物摆放区及其他物品摆放区等；制作区是茶品制作的核心区域，一般设计在茶馆的核心位置，该区域包括置物台、制作台、制作活动空间等；成品区主要是摆放已制作出的成品，待茶艺师或服务人员拿取后奉给顾客，因此成品区的台面高度、大小要考虑拿取时的方便、安全等因素，不能因为成品区的位置或台面高度不合适，使茶饮产品出现拥挤或打翻等现象而使对客服务功亏一篑；待取区，主要是在客人较多、茶品需求量较大的情况下，方便茶饮产品的流动或摆放。

（二）兵马未动，粮草先行——仓储区

仓储区与茶水制作区一样，属于茶馆内部的私密空间，是茶馆前端有序运营的后勤保障。正所谓“兵马未动，粮草先行”，仓储区是茶馆储存茶馆各类物资的仓库，一般设置在茶馆后门或小门旁的室内房间等方便进出的区域内。

仓储区在设计时，需考虑到容量大、便利、安全、整洁、通风等因素。

首先，仓储区要空间大、容量大，因此在设计时要周全考虑，充分利用每一寸空间，以便在茶馆人流高峰时期，大量入库产品能有足够的存放之处。其次，仓储区的设计要符合便利的因素，如茶馆仓库有短期存储区、长期存储区，短期存储的物品常常要更新，应存放在离门口较近的，方便进库、出库的位置；而长期存储的物品需要放在相对偏僻的位置，以免拿取其他物资时触碰到一些不常用的物品，以致造成撒落或高空倒塌等现象。再次，仓储区的设计一定要着重安全，因为仓储区物品多，规格大小、轻重、厚薄、面积等各不一致，因此，在设计时要提前构思，所存储茶具、茶叶、办公用品等物资的种类和形状，提前构思设计、考虑细节，以便归纳井然有序、拿取安全便利。特别需要注意的是仓储区的置物架，其在采购时一要考虑结实、牢固、稳当等因素，二要考虑方便快捷等；最后，仓储区设计还要考虑到整洁、干燥、通风、光照、氧气等因素，因为不同物质的仓储方式不同，茶叶的仓储与其他食品的仓储也有所区别，如黑茶需要通风、干燥、无异味，绿茶需要冷藏保存，红茶需要密封、干燥、避光的环境等。因此，不同类的物品应设置相对独立的保存空间。

一般来说，茶馆仓储区包括茶叶仓储区、茶具仓储区、食品仓储区、办公物品仓储区等空间。各个仓储区可根据茶馆的装修风格和人群定位，合理利用地理位置和空间大小，安装适合大小和规格的排风扇、空调、灯光、货物架等。因此，在前期设计时，茶馆主理人可与专职设计师和施工人员多沟通、交流，让其充分了解茶馆设计的整体风格，形成较成熟且经得起检验的设计思路，保证茶馆今后的良好、长期运营。

淞下有间茶

【思考与练习】

一、单选题

1．选择茶馆选址时，以下（　　）因素最不重要。

A．茶馆的交通便利性　　　　B．周围环境的噪声水平

C．茶馆的装修风格　　　　　　　D．茶馆的租金

2．在茶馆的布局设计中，（　　）区域通常应当设置在最靠近入口的位置。

A．茶艺表演区　B．收银台　　C．茶座区域　　D．卫生间

3．茶馆环境营造时，以下（　　）光源最适合营造柔和、舒适的氛围。

A．强烈的白光灯　B．磨砂玻璃灯　C．暖色调的射灯　D．荧光灯

4．茶馆的音响设计应该优先考虑（　　）。

A．音响设备的品牌　　　　　　B．音量的控制

C．音响的外观设计　　　　　　D．音响设备的价格

5．在茶馆布局中，为了提供顾客隐私和舒适性，（　　）布局方式最为合适。

A．开放式大堂　B．隔断式区域　C．连续排布座位　D．露天座位

6．茶馆的墙面装饰应优先考虑（　　）材质，以增强空间的舒适感。

A．镜面材料　　B．瓷砖　　　C．木质材料　　D．金属面板

7．为了保持茶馆的空气流通，（　　）设计元素最为关键。

A．窗户的大小和数量　　　　　B．墙面颜色

C．地板材料　　　　　　　　　D．吊灯的位置

8．在茶馆设计中，考虑到安全性和便捷性，（　　）设置最为重要。

A．显眼的装饰物　　　　　　　B．清晰的指示标志

C．高档的家具　　　　　　　　D．多样的茶具

9．选择茶馆的地板材料时，以下（　　）特点最为重要。

A．地板的颜色　　　　　　　　B．地板的耐磨性

C．地板的光泽度　　　　　　　D．地板的纹理

10．在茶馆的外部环境中，（　　）最能吸引顾客。

A．外立面的装饰风格　　　　　B．外部的广告牌

C．外部绿化和景观　　　　　　D．外部音响设备

二、简答题

1．简述茶馆选址时需要考虑的三个主要因素，并解释每个因素的重要性。

2．设计一个理想的茶馆内部布局，描述各主要区域的功能和布局要求。

3．讨论如何通过环境营造提升茶馆的顾客体验。

4．仓储区的规划设计应遵循什么原则？

5．你喜欢怎样风格的茶馆？如果让你设计心中的茶馆空间，你会怎么设计？请手绘一张简易的茶馆规划平面图。

项目四

茶馆服务与管理

思维导图

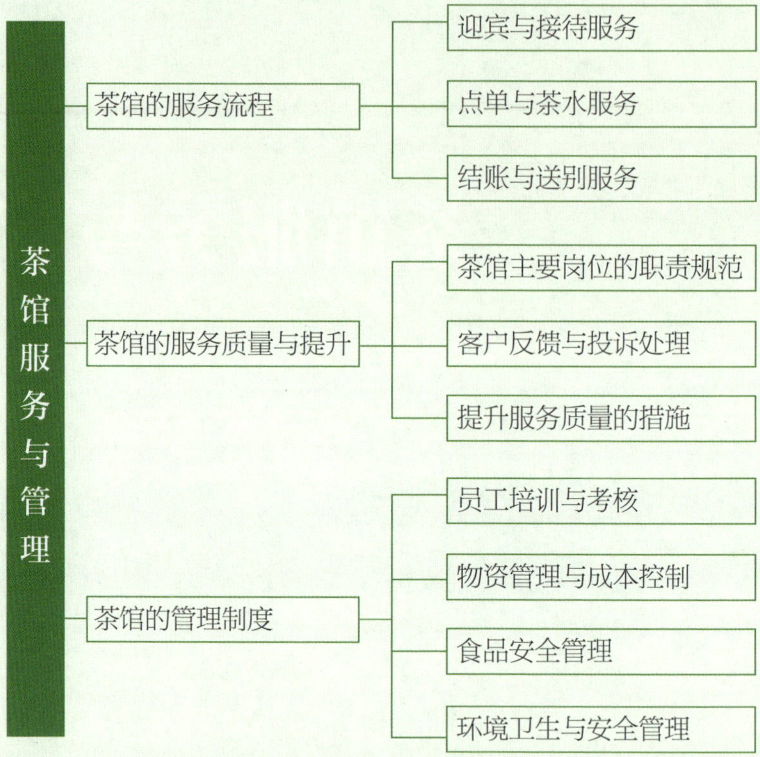
茶馆服务与管理
茶馆的服务流程
迎宾与接待服务
点单与茶水服务
结账与送别服务
茶馆的服务质量与提升
茶馆主要岗位的职责规范
客户反馈与投诉处理
提升服务质量的措施
茶馆的管理制度
员工培训与考核
物资管理与成本控制
食品安全管理
环境卫生与安全管理

学习目标

知识目标：

- 熟悉茶馆的服务流程；
- 掌握茶馆的服务质量与提升方法；
- 熟悉茶馆的日常管理制度在经营中的应用。

技能目标：

- 理解掌握处理客户反馈、建议与投诉、纠纷的方法；
- 理解掌握物资管理与成本控制的方法；
- 理解掌握提升茶馆服务质量的措施。

素养目标：

- 通过茶馆服务与管理提升学生的分析理解力及应变能力；
- 能培养学生严谨的学习能力和工作态度。

任务一　茶馆的服务流程

一、迎宾与接待服务

迎宾服务是茶馆很重要的一个岗位，是每个茶馆的门面，给客户留下第一印象，非常重要。很多茶馆不惜重金聘请气质好、容貌姣好的年轻女性担任门厅的迎宾人员，如北京茶馆的招聘条件，对迎宾服务员要求很高，除了形象好，还要求高学历、会流利外语。很多的茶馆为每个迎宾服务员做礼仪培训，提高茶馆从业人员的综合素质，从而提升本茶馆的档次及规格。

迎宾与接待服务

（一）迎宾工作的重要性

1．岗位职责明确化

（1）每个茶馆根据自身情况制定迎宾岗位的工作标准。

（2）明确迎宾岗位的工作要点和标准，划分职责范围。

2．招聘前准备

（1）明确迎宾服务员的岗位职责和所需素养。

（2）茶馆经理结合茶馆特色编写招聘文案，明确薪资待遇。

（3）科学制定工作要求与薪资待遇，确保吸引高素质人才。

3．招聘过程

（1）利用职业前景（如升职、加薪）吸引人才。

（2）快速了解应聘者情况，详细介绍岗位职责。

（3）完善迎宾岗位职责制度，面试前打印并详细说明。

4．招聘后管理

（1）茶馆经理和老板进行岗前培训并考核。

（2）运用奖励机制激励新员工。

（3）新员工上岗初期由经理或资深员工带领，传帮带周期 5 ～ 10 天。

5．职业习惯培养

（1）严格要求新员工养成良好职业习惯。

（2）利用早会、工作笔记、下班总结等碎片时间快速融入团队。

（3）纠正不良习惯，确保高效团队协作。

6．全员参与

（1）所有茶馆服务人员需清楚迎宾岗位要求。

（2）岗前培训逐一进行，平时工作中督促提醒。

（3）茶馆经理每日例会分工，落实迎宾岗位，准备脱岗应急预案。

（二）迎宾的工作要求

1．“声到”：反应灵活有招呼声

迎宾服务员远远看客户走向茶馆，要做好及时反应，第一时间欢迎。问候茶馆老熟客可以用客户的姓，如张总、王姐；面对不熟悉或者首次到茶馆的客户，可以热情地称呼先生、女士、哥、姐等等。

2．“手到”：应对积极及时出手

及时做出一些应对和一些动作，例如下雨天要打伞提前走出茶馆门迎接，客户提物要及时施以援手帮助分担。茶馆客户停车要帮忙指引到车位，五指合拢掌心收拢行指引礼，一边问询了解客户到茶馆的消费的动向及预约情况，把客户引导到散座或者包厢区域。

3．“周到”：细心、耐心、用心地服务好茶馆客户

简明扼要地给客户指示卫生间、取餐区的位置，关注茶馆老客户习惯的座位，对新客户选择座位的偏好给予支持配合，关注客户对空调及光线的要求，如果茶馆服务人员能够记住老客户的偏好，会受到客户的表扬，客户因受到特别的关心，心头也会觉得暖暖的。

茶馆需要为行动不便的特殊人群和老年人格外周到地安排座位，这也是服务行业的一项重要职责，以下是一些合理建议。

（1）靠近出口和洗手间。选择靠近出口和洗手间的座位，方便他们进出和使用设施。

（2）避免拥挤区域。选择较为宽敞和安静的区域，避免过于拥挤的地方，减少他们的压力和不便。

（3）提供便利设施。如果可能，提供轮椅通道、扶手或者升降电梯等辅助设施。

（4）视线良好。确保座位位置具有良好的视野，特别是对于听力不佳的老年人，他们可能更依赖视觉信息。

（5）避免高脚椅和长条凳。选择有靠背和扶手的椅子，避免高脚椅和长条凳，因为这些可能对他们来说不太方便。

（6）考虑隐私。如果他们提出需要保护隐私，比如需要使用助听器或者有其他特殊需求，可以安排在较为隐蔽的位置。

（7）询问需求。在安排座位前，主动询问他们是否有特别的座位需求或偏好。

（8）提供额外帮助。在他们入座时提供额外的帮助，比如帮助推轮椅或者搀扶。

（9）紧急情况考虑。确保所选座位在紧急情况下易于疏散。

（10）温度适宜。选择温度适宜的地方，避免风口或者直射阳光的位置。

（11）减少噪声。如果可能，选择远离音乐播放区等声源的位置。

（12）提供呼叫按钮。在座位附近设置呼叫按钮，以便他们需要帮助时能够及时联系到茶馆服务人员。

通过这些周到的安排，可以让客户在茶馆拥有舒适和愉快的体验。

二、点单与茶水服务

（一）完善接待程序做好点单服务

一些茶馆没有服务意识。如果客户一到包厢，就递上点单本让客户消费，此时客户可能气喘吁吁，忐忑尴尬都在脸上，可能一大早出门，一路跑了几个地方办事，此时正口渴难忍。优秀的茶馆服务人员要会察言观色，看客户的脸色，察看客户的身体和神态并及时应对。很多老茶馆或者经营好的优秀的茶馆都会落实到细节，茶馆经理或者服务人员会先询问客户需要哪类位置：“客户您几位，坐楼上包厢还是坐大厅散座？”接待招呼茶馆客户入座以后，第一步服务是端上迎客茶和小茶点，缓一步让客户点单，先品一口迎客茶可能正好解决客户路上的口渴，或者是舒缓赶路的匆忙心情，让客户可以坐定下来，心安定下来，享受茶馆的空间和服务。此时此刻需要慢一下，探讨客户的需求和喜好，根据客户的喜好去推荐消费。

点单与茶水服务

（二）根据客户喜好推荐合适茶品

在聊天中询问了解客户的需求和爱好。茶馆服务人员对自家茶馆的产品要了如指掌，契合客户需求推荐合适的产品，例如，客户说喜好喝岩茶，茶馆服务人员要思考店里有三种价位的岩茶，可以逐一介绍价位。客户选好茶品后要询问喜好，需要茶艺师来冲泡还是客户自己冲泡，挑选合适茶具，要紫砂壶冲泡还是盖碗冲泡。为客户冲泡品饮做服务，呈现服务人员的专业性和职业素养。客户有时会提出一些要求，如想要喝陈化二十年以上的老白茶。如果茶馆无法满足的时候，需要沟通替代或者另外选购其他合适的茶品套餐。

为客户推荐产品时，一定要观察客户的言谈举止甚至要注意微表情，判断是否符合客户的消费水平。如果推荐超出消费能力的产品，消费太高加重客户的压力，引起客户的不满；如果单次消费太低，茶馆的营收就太少，不利于经营管理。所以点单服务非常重要，既要注意考虑客户的需求，又要考虑茶馆的经营。

（三）推荐有特色的茶事服务或茶品

如果接待茶馆新到的客户，要热情真诚地介绍本店的特色，推荐本茶馆的招牌产品或者平时受客户追捧多的产品，这样的介绍第一是体现服务人员的专业、细心和热情。推荐自家的招牌或者本地的特色茶品，对新客户来说这样的推荐相对会比较靠谱，大概率容易在陌生客户这里得到好评。外地来的客户很多喜好品尝当地特色，慕名而来的客户也会喜欢探索一下茶馆的招牌产品，这样的推荐是接待新客户时最好的一种点单方案。对于陌生客户的特别指定的点单，一定不要太多地、生硬地推荐，不要急于求成，以免引起反感。

如果客户第一次来茶馆体验，但平时有固定的饮茶喜好，比如喜好岩茶大红袍，茶馆服务人员就在茶馆现有的几款大红袍里，推荐合适价位的。换句话说就是客户指名大红袍，就不要推荐西湖龙井。这样的点单既靠谱又高效，让客户觉得茶馆服务专业到位，热情有分寸又不失礼貌。对于店里的特色，可以建议客户尝试，小包装的品鉴和试饮试吃都非常适合推荐。抓住时机，抓住客户心理，做好推荐及消费升级，会得到更好的营收。

（四）注意日常细节做好茶水服务

茶馆茶水服务第一步是为客户推荐选用所需的茶品及点心，备足包厢内所用矿泉水等，同时还需根据客户点单茶品选择合适的茶具或冲泡服务。

很多客户喜欢在包厢自己泡茶和朋友交谈，因此茶馆营业前要准备足够的矿泉水，泡茶器具要清洗干净，日常消耗品要及时补充。大部分茶馆选择在客户结账离开包厢结束服务时，就把包厢的日常消耗品都清点一下，并且报吧台服务人员做好补充准备。茶馆的茶点都需要及时更新更换，前一批客户吃剩下的要及时清理掉，坚决不能重复使用，注意不能搅混给下一批客户。要及时检查纸巾盒剩余纸巾是否干净，应补充足够的纸巾，以迎接下一批客户的使用。

如果客户有自带茶叶的，茶馆也应及时提供客户喜欢的茶具，满足客户的需求，并根据情况向客户说明收费标准，不能因客户没有使用店内茶品就不提供服务。

在制定收费标准时，可以在茶水单上标注包厢的消费情况，尽可能详细，一目了然，避免客户因理解不清而有任何不满，甚至产生不必要的纠纷。

茶水服务中很重要的是茶水单。茶馆在制定茶水单的时候，要备注清楚套餐所含的单品，每款饮品的价格和相对应的容量，如大杯是 400 毫升 32 元，小杯是 300 毫升 25 元。茶水单清晰明了就能避免经营过程中客户对价格出现误解而造成任何的不愉快。茶水单上，茶叶是几克、一壶茶是几个杯，都要详细备注。

茶水服务第二步是为客户冲泡好适口的茶水，完成客户下单购买的指定的茶事服务。如果客户需要自己冲泡，应做好配套服务工作，为客户提供好的体验。开水要及时补充到位，间隔 15 ～ 25 分钟要关心客户是否需要补开水。

茶水服务第三步是为客户及时清理果壳等垃圾，及时更换干净的水盂。茶空间经常有用水盂给客户投放果壳和水果皮，因此在包厢要准备精美小巧的垃圾箱。同时注意垃圾箱要及时清洗和倾倒。

新调饮最近几年非常热门，是茶馆经营的新增长点，传统茶馆可以尝试把新调饮加到茶水单中。在提供新调饮茶水服务时，饮品原料采用的是新鲜的水果榨汁还是用原料冲泡，要仔细标注在茶水单上。很多茶馆将饮品所用的矿泉水、鲜奶品牌都标注在茶水单上。

吧台的服务人员要熟悉掌握新调饮的制作方法，根据水果上市的季节性向客户推荐时令的新调饮。例如，夏天葡萄上市，不妨制作“茉莉青提”。可以在制作好产品后拍摄照片并制作海报，在茶馆醒目位置做推荐。当新品上市时，如果很多老客户不了解这一情况，针对当季的水果调饮茶，茶馆可以做回馈赠送和赠饮，以达到推广和促销的目的，增加销量，给客户持续的新鲜感。对新品做广告可以扩大销量，使茶馆在一年中陆续有新品有促销活动，始终保持客户的新鲜感，可增加销售业绩。

传统的红茶，当年轻人不喜欢或者没有太多卖点的时候，可以在红茶推广上做文章，如桂花季的“桂花红茶”很有卖点；红茶调制后加牛奶制作成奶茶成本不高，过程不烦琐，口感适合青年人。茶馆做好红茶奶茶，可以吸引青年人品尝，增加销售额。新茶饮还有一些萃取茶，加冰加奶很是风靡，受青年人喜欢，茶馆可以增加一些单品，开发一些新饮品如柠檬红茶、泡沫红茶、桂花红西米奶茶等。茶馆还可以开发一些低糖健康的椰子水饮料茶。总之，茶馆在当下竞争激烈的情况下，需要变革，需要创新，需要与时俱进地适应市场，求新求变。2023 年新茶饮市场规模达到 3333.8 亿元，中式茶馆必须应对这样的一个变革，以获得更多的客户认可和利润增长点。

调饮茶操作规范及技术规程

近年来，秋冬季围炉煮茶已然成为年轻群体一种新的聚会喝茶的方式。茶馆可以顺应消费群体喜好增加围炉煮茶的项目。茶馆可以用老白茶、老黑茶给客户煮一大壶，围炉烤橙子、烤花生、烤红薯，气氛很好，迎合当下年轻人的喜好：有喝有吃，发圈有片，还有新意，所以满意度很高。自己烤茶体验感很好，拍照打卡很流行，几个好朋友一起互动感更强。围炉煮茶收费标准一般以一炉为单位，固定茶水单是一个炭炉子，几份茶点，一壶茶水，几个杯子，配置几款水果及干果点心。如此，客户人均消费就可以提升，气氛好，人气旺，利润可观，且深受青年群体喜欢。

三、结账与送别服务

结账与送别服务

（一）客户结账时的注意事项

客户消费要及时开单，不能遗漏，切记不遗忘客户的消费项目。要注意提前在吧台准备好账单，结账的时候可以从容应对，并且在第一时间递给客户，不用客户长时间等候，避免引起客户不满或耽误客户行程。

大部分客户希望在包厢里买单，所以把账单和收款二维码及时递给客户，结账流程会显得更加专业、高效。扫码一定要记得查看客户付款成功的记录，扫码付款没有成功扣款的例子很多，需要多注意。有些茶馆只准备一两个收款码贴在吧台，应多制作几张收款牌，也可以贴在账单夹边侧，方便客户扫码支付。

如果客户要求开发票，茶馆不能拒绝消费者开票，因为开具发票是茶馆经营方的法定义务。

（二）送别客户时的注意事项

（1）有无客户遗留的充电器、手机、包、眼镜等物件。

（2）检查包厢内的设施设备，有无缺失，茶具和各种器皿也需要检查，及时发现有无丢失，紫砂壶、茶杯等所有茶具有无损坏。

（3）检查货架产品数量是否一致，陈列的产品是否开封使用。

送客前要确定客户已经结账，叮嘱客户携带好随身物品，提醒不要遗留在茶馆，咨询客户对茶馆提供的体验和服务是否有建议或意见，需要认真对待客户的意见和建议，有必要当场解决的需要联系茶馆经理做处理。务必让茶馆客户满意而归，对之前的不周的服务致歉并做弥补。

任务二 茶馆的服务质量与提升

一、茶馆主要岗位的职责规范

在茶馆开业前期，要由茶馆经理参与起草服务标准，管理团队多次讨论修改后定稿，在茶馆运营中根据实际情况，一年或者过半年要做调查和审核。

新员工入职要做服务标准的培训，每天的例会茶馆经理要评估前一天的运营情况，根据服务标准做总结、点评和奖惩，茶馆经理根据服务标准做奖惩和店务管理。

（一）茶馆迎宾服务人员的职责规范及注意事项

迎宾服务人员负责客户的迎送工作，要体现礼貌服务精神。茶馆是服务型行业，服务人员时刻要有服务精神，言行举止要有礼貌，给客户以舒服感和尊重。茶馆从业者跟人打交道多，经理要懂些服务心理学，了解了客户的需求，茶馆的生意一定会好一些。时时刻刻提醒员工在迎来送往的过程中，要非常注意尊重和落实礼仪礼貌用语，“客户为先”的服务理念要时刻牢记，具体体现在语言、行动、态度上。语言记得要“您”打头：开口说“您好”“谢谢您理解”“谢谢您光临”“谢谢您喜欢我们的茶”“谢谢您带朋友来我们茶馆”“您往这里走”“我们茶馆给您准备了一份点心”“我们给您准备了停车券”等。

行动上记得用好肢体语言，如手掌礼：“您这里请。”记得不得用手指头去指，应该伸开手掌弯曲并且指向方向。“您请用茶”，记得要给客户示意请茶的礼貌动作。

在门口迎宾的服务人员要注意观察停车场，有老客户的车子停下来，可帮忙开车门、拎东西。茶馆有五星级茶馆，不仅仅是环境要求五星，更要求服务达标五星级。细致入微、体贴周到的服务是一个好的茶馆、高端的茶馆所必须具备的。茶馆要一一培训，实施，落实到位。

茶馆是一个经营场所，客户看到喜欢的东西都会询问，此时茶馆里每一件器物都是产品，都可以销售以赚取利润。员工要对价格和产品特征、销售价格都非常熟悉，并能够对客户做详细的介绍。迎宾岗位的服务人员也要有一定的销售能力，清楚并牢记茶馆的各项设施及服务项目的用途及收费价格，以便应答客户咨询及适时推销。一位金牌服务员，是需要下很多工夫的：对茶馆提供的服务及价格要了如指掌，对茶馆销售的货品，其产品名称、产地、特点和价格以及功能等各项特征都要非常熟悉，牢记在心，随时给客户做详细的介绍、精心的服务，以促成销售，完成业绩。

迎宾服务人员要对包厢的预订做好登记和安排，电话或者其他形式联系茶馆预订包厢的第一时间要有记录。大部分茶馆有预订座位管理系统，有些茶馆也制作纸质的登记本，每一天的包厢做记录。接预订电话的同时拿起笔打开预订本，逐一记录预订人的姓氏、性别、联系电话、到茶馆的人数与时间，根据人数再安排好包厢。同时咨询客户："给您安排在三楼临电梯旁边带小阳台的陆羽阁，可以坐5个人，您看合适吗？"要简单描述所预订包厢的情况，询问客户是否满意，最后告知安排的包厢名字，以避免客户来茶馆发现预留的包厢不符合客户邀约客户的人数等需求，或客户不喜欢预订包厢的风格而出现混乱。带客户进茶馆的迎宾服务人员要询问客人是否有预订、是谁预订、预订的包厢号，以避免包厢重复带客，或者带着客户走错包厢。日常运营中每个茶馆都会出现走错包厢带错客户的情况，切记仔细落实好包厢预订的具体细节工作。

在茶水吧台负责结账的服务是茶馆非常重要的一项工作。客户来茶馆消费实现了销售，做好收款工作非常重要。吧台工作人员要关注茶馆的哪几个包厢已经有客户到、客户离开，客户已经在包厢几小时，点单的茶品和服务是否都已经送到并完成服务，预估客户离开茶馆的时间，提前计算好金额，准备好买单的二维码。客户离开茶馆，吧台人员和包厢的服务人员要互相示意，表示已经买单或者没有买单。所有服务人员要全力协助吧台顺利完成好买单工作。很多茶馆是服务人员带着二维码在包厢里买单的。一定要把握好茶馆客户出入关，防止走单。对于茶馆来说，走单这个错误是绝对不能发生的，在管理制度上要落实责任到个人，在实施过程中要有奖有罚。

大堂的卫生工作，要保持整洁有序，在实施中要落实责任到人。如果有责任人休假的情况，必须有人及时顶班。大堂是茶馆的重要场地，给客户留下一个好的第一印象非常重要。

对于小费的管理非常重要。中国人的消费习惯是不收取小费的，大部分茶馆是严禁服务人员向客户索取小费的。

上岗前做好仪表仪容的自我检查：仪容端庄、仪表整洁，符合门店要求。茶馆是服务性行业，个人卫生尤其重要。上班第一件事情是自己检查，自查卫生，每天茶馆经理早会时要逐一检查再把关。女员工不美甲，不化浓妆，指甲要注意不能长，不允许戴戒指，可以戴手镯和手链，不喷抹香水；男员工要及时清洗头发，不文身、做好个人卫生清洁，手指甲要及时清洗并及时剪短，及时剪短鼻毛，不留胡须；等等，茶馆人员务必注意个人卫生细节。

员工工号牌佩戴在左胸，残缺、字迹不清、有污垢的号牌需要及时向茶馆经理汇报并换新。禁止佩戴不合规范的工牌，且不得串戴工牌。工牌是茶馆对外形象的一个展示。茶馆经理在每天早会的时候，有一个流程是检查员工工牌，在早会上发现工牌有任何问题，需要早会现场及时纠正和完善。

茶馆的工作服要求着装规范统一。每个茶馆在设计工装的时候，要结合茶馆特色购买集体的工作服装，面料要讲究，因为工作服经常要清洗，入水洗过后要熨烫平整。员工的工作服要求无污垢，特别是领口与袖口一定要保持干净。茶馆经理在每天例行的早会时，要做逐一检查，发现问题及时改正及时解决，绝不让员工穿着不合规的服装上岗。

站姿端正，上班要精神饱满，面带微笑，以彬彬有礼的风度、热情周到的服务，做好客户的迎送工作。

回答客户的各项咨询，态度热情，使用文明用语及敬语，说话声音清晰流利，音量适中。

大部分茶馆多使用玻璃门，应经常注意和检查大门拉手、玻璃等是否处于良好状态之中。特别是门把手，由于人员进出次数多且使用频繁，容易造成连接处松动。如发现问题第一时间报修，并及时安排抢修。玻璃门擦干净了要贴标记，避免客户撞上玻璃门发生意外情况。 关注大门周围的卫生工作，保持岗位周围环境的整洁，维护门前秩序。

迎宾员上岗及换岗、交接班制度落实到细节，很多茶馆的交接班通过交接单签字来进行管理。

进入营业现场前必须整理好着装、戴好手套、测试好耳机，按部门指定路线准时到达岗位。

茶馆经理要统计考勤以约束员工行为，在新员工上岗前要向其明确考勤制度。交接班、离岗及辞职的要求，请假辞职制度以及开除员工的制度要落实完善。入职前要告知薪酬制度。要用制度管人而不是人管人，员工先知道制度，明白哪些事不能违反，知道应该完成哪些工作。

茶馆所有的规章制度都要符合劳动法。茶馆在编排班表时，要按实际情况作适当修正，并确保准时上班下班。在加班员工的管理上要遵循劳动法的细则。人事调动、休息请假、纪律处分等，负责执行仪容仪表标准，以及工作服标准等，都要不断完善且建立制度，公开张贴告知员工。

迎宾工作服务流程与规范如下。

热情待客、礼貌服务，主动介绍产品，做到精神饱满，面带微笑，有问必答。

每天对店面、店内地砖、样板间等需要清洁的地方按要求进行彻底清扫，做到任何地方均明净无灰尘。

所使用的卫生清扫工具，应统一放置在客户眼光触及不到的地方，并做到清扫工具保持清洁。

保证营业时间内至少有一名员工在门口或入口处站立值班，负责迎宾接待。

茶馆经理安排、指导茶馆员工及时补位，当有员工为客户进行导购，其他人员在没有其他工作时，要补位到迎宾位置。

以上是茶馆迎宾工作制度的主要内容，具体实施时可以根据茶馆的实际情况进行适当调整。

（二）茶馆销售人员的职责规范及注意事项

茶馆销售人员需着工装、化淡妆，打卡后参加早上的例会。例会由茶馆经理主持，内容包括前一天工作信息、茶馆销售及促销新政策、当天工作布置、自查仪容仪表和个人卫生等。

早上的例会后检查茶馆销售区域的商品，包括过夜不新鲜食品的清点，发现异常及时汇报。归类整理商品，清洁地面、货架、商品及设施，保持干净、整洁。货架上要经常整理，补充上销售空缺的商品，商品的灰尘要及时擦拭干净，销售空的产品要及时从仓库补货，或者汇报茶馆经理进货以补足销售空缺。

商品陈列与价格检查要落实责任到人，检查商品价格标签，确保货价相符，标签齐全，货签对位。茶馆很多利润来自商品的销售，茶馆的商品不能摆错价格标签、不能卖错，不能陈列错位引起客户的不满意，或者在买单的时候发现报价错误，这些都会影响销售成交。卖错了、卖贵了，客户在结账买单的时候不满意，甚至因价格虚高错过成交；报低了，结账买单时，客户会非常不高兴，大概率会不肯付款购买。茶馆需要一货一码一价，很多茶馆把价格贴在商品上，杜绝卖错价格。茶馆销售人员多、产品多，搞混价格搞错价格的情况非常多，切记要注意处理好这类事项。销售过程中要对商品进行归类、整理，陈列保持整齐、丰满、美观、大方。要及时完成补货工作，保证货量充足。用心接待每一位客户，提供高品质的服务，积极介绍商品情况，态度热情诚恳，实事求是，耐心解答客户提问，百问不烦。在接待客户的同时，通过聊天做有心人，做好市场信息收集，收集竞争对手的产品、价格、市场信息，并反馈给茶馆，为茶馆经理决策提供参考。严格执行茶馆退换货制度，积极接待和处理客户咨询和投诉。

茶馆人员的日常行为规范如下。

第一，准时上下班并完成考勤，工作中精神饱满，愉快热情。

第二，工作期间手机应处于振动状态，不处理私人事情，有特殊情况跟茶馆经理或领班请假或协商。

第三，遇事须提前请假，病假要提供有效证明。提前请假是为了茶馆经理能够及时安排同事顶班，安排好人员的调配，以避免出现空岗及重要岗位缺岗无人，以避免引起不必要的慌乱，给客户带去不好的体验，以致让茶馆受损失。茶馆员工要有主人翁精神，茶馆是我家，强盛靠大家。每个员工把茶馆当成自己的事业、自己家的事业去做，茶馆赚钱才能经营下去，员工才有工资、有奖金、有工作岗位。员工岗位培训及茶馆经理每天早班的时候都要做培训和引导。

第四，上下班途中需注意安全行车。工作期间，要重点关注消防安全、水电安全及人身安会。茶馆的地面要保持干燥整洁，避免因地面湿滑引发摔伤事故。全体人员应提高安全防范意识，强化责任担当，确保茶馆安全运营。

第五，茶馆管理中的销售报表、仓库盘点表、工资表、易耗品的领用消耗管理台账等都非常重要。茶馆最重要的环节就是管理，如果茶馆老板或者股东忙于其他业务，茶馆交给职业茶馆经理管理，那么每个月的账目管理是非常重要的。平时完成日、周、月的报表填写工作，做好销售记录和定期盘点库存，确保商品账实相符。

以上这些规范有助于员工更有效地开展日常工作，提升服务质量，同时也保障了门店运营的规范性和效率。

（三）完善点单收银人员的职责规范及工作制度

点单收银人员要严格执行茶馆各项规章制度，注意个人卫生及着装。该岗位人员负责在营业前整理收银区域内的环境卫生；营业期间负责快速准确收银，礼貌接待客户，回应客户的咨询与投诉。

完成茶馆经理交办的各项工作。交班或营业结束将营业款项上交负责人处，完成款项交接手续。积极主动与茶馆经理进行沟通、反馈意见。遵守收银岗位的各项规章、制度、标准，结果第一、理由第二。熟知促销活动的内容，并做积极的推广。

点单收银人员岗位要求如下：

① 具有优良的思想道德品质。

② 具有灵活的应对能力。

③ 具有良好的气质、形象以及真诚耐心的服务态度。

④ 具有敬业爱岗的工作热情和吃苦耐劳的工作精神。

点单收银人员上岗前的要求如下：

① 自检仪容仪表。早例会礼仪训练，包括目光接触、面部表情柔和、微笑、声音清晰洪亮。

② 早会内容的熟知及传达。保证工作区域的卫生，开机并查取备用金。

③ 检验点单收银机，内容包括日期是否正确，机内的程式设定和各项统计数值是否正确。

④ 打印纸装置是否正确，点单收银机的键盘是否能够使用，消磁设备是否正常等。

⑤ 熟悉并确认当日的特价品、变价商品、促销活动及重要商品信息。

⑥ 清洁整理点单作业区，包括点单收银机、抽屉、购物袋、打印纸及收银区四周环境。

点单收银人员工作中的要求如下：

① 随时注意款台周围动态。

② 处理客户咨询，人走款清，及时发现并解决问题。

③ 保持工位台面及周围环境的清洁。

④ 有空闲时，积极配合协助茶馆其他人员的工作。

歇业后的工作要求如下：

① 留意检查是否有客户遗忘物品或未带走的物品，若有，需按茶馆规定登记并报备给管理人员。

② 做交班结账台账，清点收款及礼券、消费卡。

③ 整理工位及周围环境卫生。

④ 检查 POS 机等机器电源是否关闭。

⑤ 汇总当日商品信息反馈表。

⑥ 协助茶馆其他人员处理下班善后工作。

其他规定及注意事项如下：

① 以员工规章制度为准则，积极完成上级分配的其他工作。

② 遵守茶馆的规章制度，服从领导的工作安排。

③ 熟悉店内所有在售产品信息，解答客户的疑难问题，打造茶馆良好形象。

④ 规范操作，确保点单收银工作的正常执行。

⑤ 热情礼貌、文明待客，在服务过程中应耐心周到，彬彬有礼，多使用礼貌用语和询问语，做到来有迎声，去有送声，例如："您好，请稍等""对不起，让您久等了""请慢走"等。做到唱收唱付，要求吐字清晰，严禁出现将票据"摔、甩、扔、丢"等行为。

⑥ 尽量建议客户使用二维码收款到茶馆的账户，对于老客户可以推荐办理会员卡和储值消费，并及时做好每笔经营款项的记录。尽可能减少收现金，但是茶馆不能拒绝使用现金。茶馆要建立现金管理规范制度，妥善保管营业现金款，不贪污，不将营业款带出场外。当天营业结束后，将全部款项及结账单上交现金负责人，并由现金负责人填写现金收款收据，存入银行。

⑦ 熟悉茶馆经营法律法规。例如：根据商务部制定的关于《单用途商业预付卡管理办法（试行）》，茶馆行业的储值消费卡限额是单张记名卡限额不得超过 5000 元，单张不记名卡限额不得超过 1000 元。充值后资金余额，单张单用途卡充值后资金余额不得超过前述规定的限额。茶馆行业要注意遵守这个规定。

以上是茶馆吧台收银员的工作制度的概述，各茶馆实际经营中根据岗位职责、任职要求、营业前后的具体要求及其他相关规定，应分别做好规章制度的建设和管理。

二、客户反馈与投诉处理

（一）面对客户反馈的态度

客户反馈与投诉处理

在茶馆经营管理过程中，合理完美解决好客户的反馈和投诉非常重要。

（1）对待客户的反馈建议，茶馆经理要在经营过程或者例会时做收集整理，根据情况记录并及时汇报茶馆老板或者股东们一同协商。

（2）对待客户的反馈建议，好的建议要采纳和调整，并且准备一些小礼物给反馈的客户做答谢。

（3）茶馆的服务是与时俱进的，要经常开会讨论总结，如何给客户提供更好的服务。只有注重提升服务令客户满意，茶馆的业绩才会提升，生意才会稳定。

（二）面对客户投诉的态度

（1）首先要尽可能预防和避免纠纷的发生，发现客户有不满的情绪时要及时疏导，出现的疏忽及时弥补，以阻止事态的扩大。

（2）服务人员一旦与客户之间产生了纠纷，服务人员必须马上冷静下来，及时处理诉求，及时解决矛盾，防止矛盾激化和扩大。

（3）出现纠纷投诉时，茶馆经理和茶馆服务人员都应严肃、认真对待；处理原则是要勇于面对客户提出的意见和批评，认真、诚恳、合理、迅速地解决纠纷。

（4）态度诚恳很重要，很多纠纷或投诉，客户只是要一个好的态度，切忌对客户态度恶劣；对于茶馆方的错误、失误、不足，要勇于承认，敢于纠正，及时向客户道歉。

（5）如果问题在客户一方，遇到无理投诉的情况，茶馆方要宽容忍让，委婉处理。

（三）处理矛盾纠纷的方法

1．态度友好，主动退让

当矛盾出现时，茶馆服务人员应保持友好的态度，对客户进行恰当的退让，往往就能缓和紧张气氛，不将矛盾激化，同时为解决矛盾营造一个好的开始。茶馆服务人员姿态谦逊，客户的怒火容易消退平息，绝大部分的客户只是需要茶馆的一个态度，这个态度包括认识错误的态度、对投诉的态度、对客户提出的需求的态度。

面对客户的不满和要求，茶馆服务人员注意不能产生抵触情绪，更不能表现出不耐烦，要真诚地表示感谢，要主动示以友好，使可能发生的纠纷局面得以扭转。茶馆服务人员可根据当时的情况，首先向客户直接道歉，说一声“请您原谅，是我疏忽大意了”，“对不起，刚才是我态度不认真”，“不好意思，给您添麻烦了”等。

一般情况下，客户面对服务人员这种主动放低姿态的做法，通常会谅解服务人员，显示自己的宽容大度。客户大概率不会无理取闹。遇到客户投诉、建议，要做好记录，及时汇报给茶馆经理或部门主管。对于真诚有效的建议，谨慎考虑后可以采用，因为客户和茶馆的角度不一样，处在不一样的角度，看待问题的视角就不一样，好的建议可能会对茶馆提高客户的满意度有帮助，也有可能会给茶馆带来不一样的商机，从而开拓茶馆业务的增长点。

2．宽宏大量，谦和忍让

如果客户不了解情况而说错话、做错事，服务人员对此应给予谅解，对其失当之处多加包涵，不必深究。在必要的时候，还可以主动承担责任。服务人员如能对客户的错误过失不予计较，可以有效降低双方产生正面冲突纠纷的可能性。

很多时候，处理问题的目的是解决投诉，而不是争个你对我错。有些事情无法论对错，每个人的要求都会不一样。高端客户需要得到的服务会更多，要求更高，愿意付出的酬劳也会更高。茶馆经营者服务好高端客户，就可以获得更高的盈收。服务好一位高端客户，让他满意喜欢茶馆，可能会带来很多或者更多的客户群。“老客带新客”是茶馆引流的一个很好的方法，服务好客户、提高满意度，就是最好的一个方法。

3．进退有度，转移视线

极个别客户会得理不饶人或蛮横不讲理，找到了服务人员或茶馆的错误，往往会紧抓不放，甚至无理取闹。面对这类纠纷，服务人员需要保持自我克制，不与对方较劲，在委婉诚挚地做出适当的解释、说明或道歉后，消除负面情绪转而正常工作，不可因一时气愤，与之争执不休，这样会引起事态的恶化。服务人员要做到有礼有节，不与客户对抗，客户的怒气通常会逐渐消退。

这些方法贯穿始终的是“礼”。服务人员应处处以礼待客，即礼貌、礼节、礼让，遵守相关的礼仪规范。

（四）对待客户投诉的方法

纠纷发生时或发生后，客户会进行举报投诉。这里的投诉是指客户正式向有关部门、有关人员进行申诉或反映。茶馆要对客户的投诉加以严肃认真对待。

在对待客户投诉方面，茶馆要做好以下工作。

（1）处理客户投诉由专人负责。客户有权对服务提出批评、建议或投诉，茶馆老板或茶馆经理要对客户投诉亲自出面处理。

（2）设置客户意见簿、意见箱或投诉电话，以便客户快捷地反映意见或不满。此项服务至关重要，不可虚设，要落到实处，茶馆经理需要对投诉及时处置。客户提出批评或进行投诉，不论其方式、态度是否恰当，都应当将其视为对自己的监督和促进，应当明确地表示欢迎客户批评。在倾听客户申诉的过程中，要体谅对方的心情，做到真诚有礼、耐心友善。

（3）及时礼貌沟通。在接到客户的投诉后，茶馆一定要积极与客户进行有效沟通，了解客户的本意，表达对投诉意见的重视。

（4）及时妥善处理。采取行之有效的妥善办法，及时、合理地当场解决。需事后处理的，要对具体时间有所限定，让投诉者放心，给处理人员以压力，并且言出必行，按时解决。

（5）若对方对解决方式不满意，可再次与其协商研究处理。实在难以调解时，可由消费者协会做出谈判仲裁。

三、提升服务质量的措施

（一）加大茶馆环境和配套设施的投入

提升服务质量的措施

做好资金的筹划，每年从营业收入里提取一部分资金来改善茶馆环境。很多茶馆三五年就做调整和装修，茶馆好的环境会给客户提供更好的体验。真金白银投入茶馆中，有投入才有收入。

茶馆消费一部分是消费场景、消费空间。一般茶馆在装修设计初就要有定位的思考，装修的定位也是茶馆的定位之一。高端客户会非常重视茶馆的舒适度和体验感。在营业过程中，需要维护好茶馆空间的卫生、陈列，一年四季要有变化，随着季节的变化做调整。在空间装饰的材料上，夏天要轻薄凉爽的，冬天要给客户温暖的体验。如果夏天在茶馆包厢用棉厚材质的窗帘、桌布、茶席、靠垫，闷热感会使顾客感到烦躁不安。在材质上，建议夏天用竹席，冬天用厚的棉布，随着季节的改变而用心做改变调整。茶桌的茶席、凳子上的坐垫，都要随季节更替。一年四季的插花也要随季节做调整，春天插樱花，夏季插荷花，秋季可以选果入席，冬天插一枝梅花，整个包厢都会有不一样的风景。

地处上海豫园城隍庙商圈的相爷府茶楼

相爷府茶馆门口

相爷府茶馆包厢

（二）增强员工的业务能力和服务意识

茶馆要想有好的体验，必须做好每一位员工的培训指导。制定提高服务质量的奖惩制度，有奖有罚，有制度可依。让员工知道提高服务质量的重要性，提高服务意识，加强岗位练兵，练好自身技能：能够熟练介绍茶馆各款产品的优势和卖点，冲泡好各款茶，熟悉茶品，熟悉茶馆在售的各款产品。

经过培训，茶馆从业人员确知岗位职责，有服务意识。保持对本职工作热爱，敬业爱岗珍惜工作机会。客户消费是茶馆收入的来源，客户是每位工作人员的衣食父母。很多服务人员不理解这个道理，以为疏忽对待了一两位客户是没有关系的，时间久了就会有很大的影响。

茶馆需要珍惜每一位客户，服务好一位客户才有下次的再次消费，获得好口碑。老客会带新客，老带新是每家茶馆都在努力追求的效果，金杯银杯不如口碑。茶馆需要接待好每一位客户，日积月累，才能开好茶馆，茶馆的生意才能兴隆。一些茶馆只顾眼前利益，疏忽长久的打算，长期主义才是茶馆生存之道。

任务三　茶馆的管理制度

管理是茶馆经营过程中通过计划、组织、控制、激励等环节，与领导、控制等职能来协调茶馆员工的活动，使员工和管理者一起实现既定目标的活动过程。

茶馆管理是协调人际关系，激发员工的积极性，以达到共同目标的一种活动。

茶馆管理的目的是团队一起实现个人无法实现的目标。茶馆的团队需要靠茶馆管理，实现店里各项目标，如到店人数、实现销售、客户回购，给客户好的服务体验是销售产品的前提。

茶馆管理是一个有目的、有意识的行为过程。茶馆团队的分工、协作以规章制度的形式规定下来，使每个员工明确自己的职责与义务。

茶馆管理既是管事，更要管人。要处理好人际关系，如管理者和员工的关系、管理者与管理者之间的关系、员工之间的关系等，形成良好的氛围，激励团队努力工作，提高效率，完成任务。

茶馆需要具备良好的管理制度并准确高效执行，能够把分工协作系统化，才能有效提高工作效率。

一、员工培训与考核

员工培训与考核

（一）员工岗前培训计划

岗前培训是新员工入职茶馆第一件要做的事，也是非常重要的一次培训。新员工入职后，需要由带班组长或者茶馆经理做上岗前培训。岗前培训是告诉员工怎么在茶馆开展工作，该做些什么，不该做些什么，哪些是绝对不能做的事。每家茶馆都会有一些自己的规矩或者一直沿用的习惯，在新员工上岗第一天，就需要告知，给新员工立规矩，要依规行事。

（二）日常员工早会培训

员工早会培训通常在茶馆员工上班人员到齐之后，在搞卫生之前。由茶馆经理或值班组长负责。每一天上午茶馆都要有人组织开早会，不管茶馆的规模大小与员工多少，早会都不可省略。早班培训时长建议在 10 分钟到 20 分钟之内，可以站立在茶馆的空地上进行，站立成一排，给员工提提精神，一大早就可以精神抖擞地开始工作；也可以互动喊喊口号，鼓舞茶馆员工的士气。

员工早会培训内容如下。

（1）早会的内容一般是总结前一天或者前几天的工作，总结工作中的疏忽漏洞的地方，犯错失误的地方。

（2）早会的内容针对新一天的分工合作安排，讲工作重点、难点。

（3）早会要通告员工客户已经预订的包厢安排，预约几点到茶馆。员工要提前做好安排准备：准备茶水、茶点、水果和矿泉水，调节好包厢的空调温度。

（4）早会时间要知会每一天休息的员工名单，空缺岗位的候补，或轮岗。

（5）早会要排摸当天缺少的易消耗品物资，有必须的应及时采购，补给要提前到位。

（三）员工年度培训计划

每一年做一份员工培训计划，培训员工提高能力和工作水平，就是提高茶馆整体的员工素质。每一个新年计划里可以做预留培训计划，包含预留时间和预留培训费用的计划。

很多茶馆在招聘茶馆员工的时候会要求有行业经验、有职业资格证书，一般要求是中级茶艺师或中级评茶员，在茶行业有多年的从业经验，参加过系统的学习培训。获得技能等级证书只是面试的敲门砖，大部分茶馆经理会看新员工的综合素质，据此来判断是否录用员工。有一些茶馆开出的待遇好、薪资高，对员工综合素质要求也会高一些，如要求来应聘的人员需要有高级茶艺师证或者高级评茶员等证书。

有一些茶馆招聘的时候对职业技能等级的要求低一些，安排新员工入职到岗以后，送到专业的职业技能等级鉴定点学习，同时也在茶馆实际工作中学习和培养。很多茶馆经理也会传帮带，手把手带徒弟。

茶馆在新员工入职后要做好培训计划，有计划地分期分批地进行职业技能培训，这对提高员工的职业素养和茶馆整体的业务水平，有很大帮助。

（四）员工专项业务培训

茶馆根据本茶馆业务特征，选择一些名师做一些专项的培训，如插花、香道等。由茶馆出资为员工作培训，或由员工自己报名参加培训。在茶馆经营和服务实践中要发现人才、培养人才、用好人才。

茶与茶文化是中华民族优秀的传统文化。茶与人们生活息息相关，紧密相连。茶的发展是在不断地演变的，从茶品种的培育到茶的加工制作的工艺都是随着历史的前进与发展在变化创新。茶馆对整个经营团队要经常做知识更新和培训，认识到传统的茶文化时刻在发展，从创新的本质出发，树立茶馆经营应与时俱进的理念，将优秀传统的茶文化赋予当今时代的特色。

二、物资管理与成本控制

物资管理与成本控制

（一）制定茶馆物资管理制度

1．建立详细的规章制度

对仓库保管员的工作岗位职责和工作负责范围精准落实和规定，对茶馆物品的领用和借还制度作详细的规定。

2．建立详细的账目

按照固定资产、销售商品和茶馆耗材物资等目录类别，做详细的清单。对茶馆各类物资进行全面盘点，包括茶叶、茶具、茶点、办公用品、清洁用品等，逐一记录名称、规格、数量等信息。

（二）落实茶馆物资管理制度

1．分类存放与标识

根据物资的性质、用途等进行分类存放，例如将茶叶按照品种、产地分类放置在干燥通风的仓库中；茶具则按照材质、品种等分别存放。

对存放区域和物资进行清晰的标识，便于查找和管理。

2．制定采购计划

根据过往的销售数据、客户需求及库存情况，合理预测物料的需求量，制定合理的采购计划。与可靠的供应商建立长期合作关系，确保物料的质量和供应的稳定性，同时争取有利的采购价格和付款条件。

3．严格入库管理

新采购的物料在入库时，要进行严格的质量检验和数量核对，确保与采购合同一致。及时更新库存记录，包括物料的出库和入库的数量、时间、保质期等信息。

4．定期盘点管理

定期对库存物料进行实地盘点，检查实际库存与记录是否相符。

对于盘盈或盘亏的情况，要查明原因并及时处理，调整库存记录。

5．物料领用管理

明确物料领用的流程和审批权限，员工领用物料需填写领用单，注明用途和数量。对高价值或消耗量大的物料进行重点监控，防止浪费和滥用。

6．保质期管理

对于有保质期的物品，如茶叶、茶点等，要遵循“先进先出”的原则，确保在保质期内使用。定期检查登记，发现临近保质期的物品要及时进行处理或促销。

7．成本控制

分析物料的采购成本、储存成本和损耗成本，寻找降低成本的途径，如优化采购渠道、减少库存积压等。

8．信息化管理

利用专业的库存管理软件，对物料的采购、库存、领用等信息进行实时记录和分析，提高管理效率和准确性。

9．安全管理

确保物料存放区域的安全，采取防火、防潮、防盗等措施以保障安全。

（三）茶馆成本控制的方法

在做茶馆成本核算之前，需要先分析茶馆是一个什么类型的企业，做好充分的准备，进行资金测算与运营模式的规划等。

茶馆是服务型企业，为每一位到店的客户提供周到优质的服务，客户才能满意，才能获得好的体验。所以，茶馆是劳动较密集型企业，员工人数正确的配置、科学的配置是成本控制一个非常重要的工作。人手配置少了，服务跟不上，客户体验差，茶馆没有回头客，没有老客带新客，生意一定难以维持。员工控制其实是需要控制一个平衡点。

茶馆是一个高成本低产出、高投入慢回报、一次性多投入、八年十年才能收回成本和实现盈利的行业，在投资茶馆时一定要了解这个特征，要有心理准备。

茶馆制定与完善各项规章制度，本质上是控制经营成本的方式，用制度严格管理茶馆，有利于规范员工的行为，减少员工犯错产生的风险，奖罚分明。控制茶馆运营不出大的偏差，守法经营，杜绝因违法或违规而产生的罚款，也是节约开支、控制成本。

1．茶馆房租的控制

茶馆相较于其他行业，选址不追求流量大，人流量稀疏的地段也适合。例如可以选择僻静的新小区、写字楼里，总体避免高租金的房子。茶馆是一个重资金投入的项目，房租是一项很大的开销，茶馆选址很重要，开始营业前就需要控制成本。

2．茶馆场地使用率的控制

茶馆是重资产重投入的企业。茶馆需要较大的空间，茶馆各板块的功能一一落实，需要的总面积就不小了。茶馆需要门厅、吧台、茶水间、商品展示柜区域、包厢数个、备料间、仓库（包括茶具仓库、茶叶仓库、包装盒仓库）、卫生间、洗手盆区域、茶食间等。有一些茶馆有厨房、熟食间、舞台区等区域，在设计茶馆装修之前就要合理统筹布局。好的布局可以节省空间，提高空间的利用率。在有限的空间面积做最优化的利用，控制好布局就是控制好成本。

3．茶馆人员成本的控制

茶馆是服务型企业，需要员工相对较多。以中型茶馆人员设立为例，分析如下。

中型茶馆设立茶馆经理 1 名，不加入人员测算，因为一般情况下，要确保茶馆经理出差或者不在茶馆，茶馆能够正常运行。以此为标准，员工的休息请假考虑在内，一般测算以包厢数为普通员工的人数预备，例如 6 个包厢，设立员工 6 人，2 个班组倒班，营业时间可以从早上 9 点到晚上 9 点，员工上班时间是早上 8 点到晚上 10 点。茶馆要求是早上营业前提前 1 小时员工到岗，做好前一晚营业的收尾、维护工作，并且做好新一天的营业准备工作。

大部分茶馆工作人员中午基本不休息，早班 8 小时、晚班 8 小时换班开展工作。

4．茶馆盈利点的控制

茶馆经营不易。茶馆是服务型企业，茶业也不是暴利的行业，当今社会互联网发达，交通也四通八达，没有信息差，没有暴利，客户买茶叶经常是一边咨询产品价格，一边在手机端查询产地和规格、价格。茶馆在销售产品上是赚取微薄的利润，只有做好服务赚取服务费用。客户带着很高的期望值来茶馆，因为是付费服务，只有让客户满意，才会有一个满意的收费单，才会有客户下次的再消费，才会有客户推荐亲朋好友来消费。由此可见做好服务工作的重要性。

茶馆在采购进货、在销售出货的时候，对价格的控制就是对茶馆盈利点的很好的把控。茶馆的盈利点一定要多做测算，进货成本太高会减少利润，销售价格过低也会减少利润。所以盈利点是茶馆的命脉所在，千万要注意把控好。

可以开发品质过关、性价比高的新产品以确保盈利点，可以淘汰性价比低的产品以确保盈利；可以投资开发属于茶馆自有的性价比高的品牌产品，以把控市场确保较合理的盈利点。

5．能耗和消耗品的控制

茶馆空间大面积大，客户来往人多，一年中自来水、电、矿泉水、糕点、水果、纸巾等损耗较多，日积月累费用很高。茶馆经理在日常的经营中要时刻以勤俭节约为理念，节约能耗和消耗品，同时建立健全相关制度。如消耗品要有专人把控仓库库存盘点和保管，把控每天的物品领用和登记；日常能耗也要形成制度化，随手关门关灯等规章制度都可以帮助茶馆减少日常开销，帮助茶馆做好日常的管理。

6．环保回收再生利用和持续利用

日常茶馆里能够回收的物料一定要回收，由专人管理。纸箱等可回收物料卖的钱做一个单独的账户，时间一长就是一笔不小的收入，可以当作员工的团建资金或者作为员工的奖励。

尽可能不使用或少使用一次性物品，以减少污染环境。茶馆是长线经营，平时注意选择可持续使用的物品，不仅环保，而且积累起来，费用可观，茶馆老板和茶馆经理们一定要加倍注意。

三、食品安全管理

（一）制定完善茶馆食品经营管理制度

茶馆作为食品经营单位，建立食品经营管理制度需要遵循以下要求。

（1）遵守法律法规。茶馆必须严格遵守《食品安全法》及国家有关食品安全的法律法规，确保提供的食品安全卫生。

（2）食品安全管理小组。成立食品安全管理小组，茶馆法人是本单位食品安全第一责任人，配备专职或者兼职食品安全管理员。

（3）内部检查管理。食品安全管理员负责对食品生产经营全过程的食品安全状况实施内部检查管理，督促检查食品安全制度的落实情况，积极预防和控制食品安全事件。

（4）岗位自查与全面检查。各岗位负责人、茶馆经理每天在部门内开展岗位自查，食品安全管理员每天在操作加工时段进行一次以上食品安全检查，食品安全管理小组每周至少进行一次食品安全全面检查。

（5）应急处置方案。依法制定并落实食品安全事故应急处置方案，关注社会食品安全预警提示，积极预防和控制食品安全事件。

（6）从业人员培训。食品生产、经营、餐饮人员必须在接受食品安全法律法规和食品安全知识培训并经考核合格后，方可从事餐饮服务工作。

（7）食品原料控制。指定专（兼）职人员负责食品索证索票、验收以及台账记录保管等工作，台账应妥善保管并随时可供查验。

（8）供货商管理。选择具有相关合法资质的供货商，并建立供货者评价和退出机制，对供货者的食品安全状况等进行评价，及时更换不符合要求的供货者。

（9）食品经营过程控制。制定食品采购计划，选择供货商，签订供货合同，索取食品的相关资料，对食品进行查验，按照《进货台账制度》对购进食品的名称、规格、数量、生产批号、保质期、供货者名称及联系方式、进货日期等内容进行登记，建立台账。

（10）食品安全设施。具有与经营的食品品种、数量相适应的经营设备或者设施，有相应的消毒、更衣、盥洗、采光、照明、通风、防腐、防尘、防蝇、防鼠、防虫、洗涤以及处理废水、存放垃圾和废弃物的设备或者设施。

（11）食品安全管理人员。有专职或者兼职的食品安全管理人员和保证食品安全的规章制度。

（12）设备布局和工艺流程。具有合理的设备布局和工艺流程，防止待加工食品与直接入口食品、原料与成品交叉污染，避免食品接触有毒物、不洁物。

茶馆通过这些步骤和要求，同步建立起一套完善的食品经营管理制度，确保食品安全，保护消费者健康。

（二）制定完善茶馆食品安全制度

（1）开展茶馆食品经营安全自查

① 发现食品安全事故潜在风险时，停止经营活动并向市场监管部门报告的时限及程序要求。

② 按照自查（检查）制度规定的要求，定期对销售等的食品安全状况进行检查评价。对自查（检查）发现的问题，逐项分析原因并立即进行整改。

（2）建立茶馆食品安全追溯体系

① 按照法律法规和本单位相关要求，如实记录并保存食品进货查验、贮存、运输、销售等环节涉及的主体信息及其证明文件、合格证明文件，以及相关设施设备运行数据等，确保食品可追溯。

② 鼓励采用信息化手段采集、留存相关经营信息，建立完善食品安全追溯体系。

（3）办理食品经营许可证

① 从事食品销售活动，应当依法申请取得食品经营许可证。应当在许可有效期内开展经营活动。销售食用农产品、食品添加剂，不需要取得食品经营许可证。

② 许可事项发生变化的，应当在变化后 10 个工作日内向原发证的市场监管部门申请变更经营许可。经营场所发生变化的，应当重新申请经营许可。在茶馆显著位置公示食品经营许可证正本，也可以电子形式公示。

③ 通过第三方平台进行交易的食品销售者在其经营活动主页面显著位置公示，公示内容应当清晰可辨。

（4）落实茶馆从业人员食品安全知识培训

① 食品安全管理人员的配备、培训、考核要求，记录培训和考核情况。

② 建立茶馆食品安全责任制，明确企业主要负责人、食品安全管理人员、其他与食品相关人员，以及食品安全管理机构的食品安全管理责任及分工。

（5）配备茶馆兼职食品安全管理人员

① 落实企业食品安全管理制度，对本企业的食品安全工作全面负责。

② 建立并落实食品安全责任制，督促检查相关人员落实岗位职责情况，落实供货商管理、进货查验、食品安全自查、追溯体系建立、经营过程控制等环节要求情况等。

③ 参加企业组织安排的食品安全法律法规、标准和专业知识培训和考核，经考核应当具备食品安全管理能力。应当记录培训和考核情况。

④ 执行岗位职责，协助企业主要负责人做好食品安全管理工作。

⑤ 配合市场监管部门随机进行的监督抽查考核。

（6）制定食品安全员工作职责

① 督促落实食品经营过程控制要求，检查食品安全管理制度执行情况。

② 建立健全食品安全管理档案，管理维护食品安全经营过程材料，按照要求保存相关资料。

③ 每日根据风险管控清单进行检查，形成《每日食品安全检查记录》，对发现的食品安全风险隐患，应当立即采取防范措施，按照程序及时上报食品安全总监或者企业主要负责人。未发现问题的，也应当予以记录，实行零风险报告。

④ 对不符合食品安全标准的食品或者有证据证明可能危害人体健康的食品以及

发现的食品安全风险隐患，及时采取有效措施整改并报告。

⑤ 记录和管理从业人员健康状况、卫生状况。

⑥ 协助组织本企业从业人员进行食品安全法律法规和食品安全知识培训。

⑦ 配合有关部门调查处理食品安全事故。

（7）做好食品安全日常监督检查

① 配合监管部门在经营场所醒目位置张贴日常监督检查结果记录表。记录表应当保留至下次日常监督检查。

② 日常监督检查结果不符合，有发生食品安全事故潜在风险的，应当立即停止食品经营。

③ 配合市场监管部门开展食品销售日常监督检查，保障监督检查人员依法履行职责。应当按照市场监管部门的要求，开放食品经营场所，回答相关询问，提供相关合同、票据、账簿和其他有关资料，协助现场检查和抽样检验。

④ 按照监督检查人员要求，在现场检查、询问和抽样检验等文书上签字或者盖章。

⑤ 市场监管部门发现可能误导消费者和社会舆论的食品安全信息，需要组织食品销售者进行核实、分析的，应当予以配合。

⑥ 按照自查（检查）制度规定的要求，定期对销售、贮存等的食品安全状况进行检查评价。对自查（检查）发现的问题，逐项分析原因并立即进行整改。记录自查（检查）的相关情况、发现的问题以及整改情况，并保存记录。

四、环境卫生与安全管理

环境卫生与安全管理

（一）茶馆环境卫生管理

1．环境卫生管理方法

（1）认真执行《公共场所卫生管理条例》《公共场所卫生管理条例实施细则》等规章，服从卫生监督部门的监督、检查。

（2）必须持有有效的公共场所卫生许可证，从业人员每年应进行一次健康检查。

（3）建立日常卫生保洁制度，并应有专人负责督促检查。

（4）加强卫生宣传工作，设置吸烟室。

（5）内外环境应整洁、美观，地面无果皮、痰迹和垃圾。

（6）有专人负责消毒工作。

（7）经营场所内必须有机械通风及空调设备，空气流通，整洁舒适。

（8）厕所应设有洗手设施和机械通风装置。

（9）座位套应定期清洗，保持清洁。

（10）茶馆服务人员上班应做好个人卫生。

2．茶馆环境卫生管理重点内容

（1）茶馆员工的个人卫生。

（2）茶馆外围区域的卫生。

（3）茶馆包厢会客区域的卫生。

（4）茶馆卫生间厨房等区域的卫生。

（5）茶馆物料的卫生如桌布、窗帘、抹布等。

3．《公共场所卫生管理条例》的主要内容

茶馆属于公共场所，相关的卫生管理的法律常识，也是茶馆经营者需要熟悉和关注的。

《公共场所卫生管理条例》是为创造良好的公共卫生条件，预防疾病，保障人体健康而制定的。

条例的内容主要包括：条例适用的公共场所的范围；公共场所应符合国家卫生标准和要求的项目；公共场所的“卫生许可证”制度；公共场所的主管部门的卫生管理制度；公共场所经营单位的卫生责任制度；卫生防疫机构对本辖区范围内的公共场所的卫生监督职责；公共场所经营者违反条例应承担的法律责任；公共场所卫生监督机构和卫生监督员违法应承担的法律责任。

相爷府茶馆四楼

相爷府茶馆民国风的五楼

相爷府茶馆独立包房陈列摆设

相爷府茶馆的独特评弹文化体验

相爷府茶馆中式包厢

相爷府茶馆内部环境

相爷府茶馆小景照片

相爷府茶馆楼梯小景照片

4. 茶馆的卫生管理

（1）茶馆经营的国家卫生标准和要求

① 空气、微小气候（湿度、温度、风速）、水质、采光、噪声、客户用具和卫生设施等应符合国家对经营场所的环境要求。

② 国家对茶馆以及新建、改建、扩建的公共场所的选址和设计实行“卫生许可证”制度。茶馆符合相关制度由县级以上卫生行政部门签发“卫生许可证”。

③ 茶馆的经理应当负责经营场所的卫生管理，建立完善卫生责任制度，对茶馆的从业人员定期进行卫生知识的培训和考核工作。

④ 茶馆从业人员，持有“健康合格证”才能从事本职工作。患有痢疾、伤寒、病毒性肝炎、活动期肺结核、化脓性或者渗出性皮肤病，以及其他有碍公共卫生的疾病的，治愈检查，确保不具备传染性前不得从事服务工作。

⑤ 经营单位须取得“卫生许可证”后，方可向工商行政管理部门申请登记，办理营业执照。每一位员工要办理健康许可证，每年到期后要及时进行复检，新员工上岗前要完成办理健康证，先持证再上岗。

⑥ 茶馆进货需要有专人把关验收新鲜和卫生情况，发现不合格的产品，切记不可以进茶馆，专人负责卫生这一块，因不符合卫生标准和造成危害健康事故的，经营单位应妥善处理，并及时报告卫生防疫机构。

⑦ 凡有下列行为之一的单位或者个人，卫生防疫机构可以根据情节轻重，给予警告、罚款、停业整顿、吊销“卫生许可证”的行政处罚：卫生质量不符合国家卫生标准和要求，而继续营业的；未获得“健康合格证”，而从事直接为客户服务的；拒绝卫生监督的；未取得“卫生许可证”，擅自营业的。

⑧ 违反条例的规定造成严重危害公民健康的事故或中毒事故的单位或者个人，应当对受害人赔偿损失。违反条例致人残疾或者死亡，构成犯罪的，由司法机关依法追究直接责任人员的刑事责任。

⑨ 对罚款、停业整顿及吊销“卫生许可证”的行政处罚不服的，在接到处罚通知之日起 15 日内，可以向当地人民法院起诉。但对公共场所卫生质量控制的决定应立即执行。对处罚的决定不履行又逾期不起诉的，由卫生防疫机构向人民法院申请强制执行。

（2）茶馆卫生管理条例

茶馆作为条例适用的公共场所之一，必然要遵守有关管理条例和相关规定，做到合法合规。根据《茶馆经营管理通用规则》（GH/T 1103—2015）有关规定，与茶馆业有关的卫生要求如下：

① 应具有茶叶产品正常的色、香、味、形，不得混有非茶类物质，无异气、异味，无霉变。

② 污染物限量应符合 GB 2762 的规定。

③ 农药最大残留量应符合 GB 2763 的规定。

④ 茶叶包装应符合 GH/T 1070 的规定。

⑤ 水质应符合 GB 5749 的规定。

⑥ 茶具等用品用具应符合 WS 205 的规定。

⑦ 经营场所应符合 GB 16153 的规定。

（二）茶馆的安全管理

茶馆属于公共场所，在茶馆试运营之前就应制定合法合规的安全生产规章制度，并开展安全管理培训，监督员工按规章制度落实执行，坚决遏制安全事故的发生。

1. 茶馆生产安全法规

安全生产关系到国家和人民群众生命财产安全，关系到社会稳定和经济的健康发展。为加强安全生产，我们必须贯彻“安全第一、预防为主”的方针，按照“企业负责、行业管理、国家监察、群众监督和劳动者遵章守纪”的总要求，以及管生产必须管安全、谁主管谁负责的原则，建立健全安全生产领导责任制并实行严格的目标管理。

茶馆的经理应当制定详尽周密的安全生产规章，健全各项规章制度和安全操作规程，落实全员安全生产责任制。要加强安全生产管理机制，不断改善劳动条件，定期进行安全检查，对存在的事故隐患应按规定及时排除。要加强对职工的安全生产教育和培训，教育他们严格遵守有关法律法规及规章制度和操作规程，增强安全生产意识，帮助他们学习并掌握必要的安全生产知识，熟练掌握岗位安全操作技能，提高自我保护和处理突发事件的能力。

（1）茶馆食品经营人员的卫生要求

① 工作前、处理食品原料前后或接触直接入口食品之前都应当清洗消毒洗手；

② 不得留长指甲、涂指甲油、戴戒指；

③ 不得面对食品打喷嚏、咳嗽等其他有碍食品卫生的行为；

④ 不得在食品加工和销售场所内吸烟；

⑤ 工作人员应当穿着整洁的工作服；食品操作人员应当正确佩戴口罩，穿戴洁净的工作衣帽，头发应梳理整齐并置于帽内。

（2）茶馆从业人员健康管理制度

① 从事直接接触食品工作的人员应当每年进行健康体检，取得健康证明后方可上岗工作，健康证明应当在有效期内，人证相一致。

② 对经营制售类食品、直接接触散装食品的从业人员，应当在每天上岗前对其进行健康状况检查并记录检查情况，鼓励对其他从业人员进行每日上岗前健康检查。

（3）茶馆场所及设施管理制度

① 与有毒、有害场所以及其他污染源保持规定的距离。

② 具有与销售的食品品种、数量相适应的场所。

③ 保持场所环境整洁卫生。有良好的通风、排气装置，并避免日光直接照射。地面应做到硬化，平坦防滑并易于清洁消毒，并有适当措施防止积水、积霜。

④ 具有合理的设备布局和工艺流程，防止待加工食品与直接入口食品、原料与成品交叉污染，避免食品接触有毒物、不洁物。

⑤ 食品分类分架、离墙离地放置。不得将食品挤压存放。

⑥ 食品贮存应当设置专门区域。食品应当有固定的存放位置和标识。食品贮存区域不得设在易受到污染的区域。

⑦ 具有与销售的食品品种、数量相适应的设施设备，配备相应的消毒、更衣、盥洗、采光、照明、通风、防腐、防尘、防蝇、防鼠、防虫等设备设施。

⑧ 直接接触食品的工具、容器和包装材料等应当具有符合食品安全标准的产品合格证明。直接入口的食品应当使用无毒、清洁的包装材料和容器。食品与非食品、生食与熟食的贮存容器不得混用。

⑨ 采用物理、化学或者生物制剂进行虫害消杀处理时，不应影响食品安全，不应污染食品（接触表面、设备工具、容器及包装材料）。

（4）茶馆禁止销售的食品

① 禁止使用腐败变质、油脂酸败、霉变生虫、污秽不洁、混有异物、掺假掺杂或者感官性状异常的食品。

② 禁止使用标注虚假生产日期、保质期或者超过保质期的食品。

③ 禁止使用无标签的预包装食品：无中文标签的进口预包装食品。

④ 禁止使用含致病性微生物，农药残留、兽药残留、生物毒素、重金属等污染物质以及其他危害人体健康的物质含量超过食品安全标准限量的食品。

⑤ 禁止使用超过保质期的食品原料、食品添加剂生产的食品。

⑥ 禁止使用被包装材料、容器、运输工具等污染的食品。

⑦ 国家明令禁止销售的食品以及其他禁止销售的食品。

⑧ 禁止使用其他不符合法律法规或者食品安全标准的食品。

2．茶馆安全事故处理法规

安全事故发生后，事故现场有关人员应当立即直接或者逐级报告企业负责人。企业负责人接到重伤、死亡、重大死亡事故报告后，应当立即报告企业主管部门和企业所在地劳动部门、公安部门、人民检察院、工会。企业主管部门和劳动部门接到死亡、重大死亡事故报告后，应当立即按系统逐级上报；死亡事故报至省、自治区、直辖市企业主管部门和劳动部门；重大死亡事故报至国务院有关主管部门、劳动部门。发生死亡、重大死亡事故的企业应当保护事故现场，并迅速采取必要措施抢救人员和财产，防止事故扩大。

轻伤、重伤事故，由企业负责人或者其指定人员组织生产、技术、安全等有关人员以及工会成员参加的事故调查组进行调查。死亡事故，由企业主管部门会同企业所在地设区的市劳动部门、公安部门、工会组成事故调查组进行调查。重大死亡事故，按照企业的隶属关系由省、自治区、直辖市企业主管部门或者国务院有关主管部门会同同级劳动部门、公安部门、监察部门、工会组成事故调查组进行调查。事故调查组提出的事故处理意见和防范措施建议，由发生事故的企业及其主管部门负责处理。

3．茶馆安全管理建议

安全管理至关重要，涉及资金、水电、燃气、食品、消防以及员工上下班等多个方面。

（1）茶馆资金安全专项管理

应建立完善合规的财务管理制度，加强收款管理和对财务人员的监督，确保各类收入都能够及时入账，茶馆各项支出有准确的申请和审批，定期进行内部自查和财务审计，防止财务风险和内部偷窃等行为。

此外，茶馆经营者应根据实际经营情况履行纳税义务，纳税管理应遵循国家税法规定，办理税务登记及相关涉税事项，在合法范围内财务人员可以进行税务筹划，咨询当地税务机关，利用如小微企业税收减免等税收优惠政策减轻税负。

（2）茶馆用电安全专项管理

应聘请专业电工定期来茶馆维护检查电器设备和线路，确保电器设备布置合理，大功率电器装设漏电保护器，使用符合防火安全要求，避免触电事故发生。严禁使用非标准的电器产品，对于存在安全隐患的电器和插座必须及时更换，并配备如绝缘手套、绝缘鞋靴、安全地线等合规的用电防护用品，定期组织员工用电安全教育和防触电伤害教学，提高员工的安全意识。

（3）茶馆用水的专项安全管理

茶馆应使用符合国家生活饮用水卫生标准（GB 5749—2022）的水源，确保提供的饮用水不危害人体健康，并经过消毒净化器处理。

茶馆应配合水务集团人员对供水管网进行定期巡检与维护工作。确保水源安全，定期检测水质，防止水源受到污染。

应确保茶馆用水区域的清洁卫生，定期进行消毒，特别是吧台、卫生间、洗手池等区域。同时，加强用水设备的维护，避免水资源浪费，确保供水系统的正常运行。

（4）茶馆燃气的专项安全管理

茶馆应配合燃气公司对燃气设备进行定期检查和维护，使用符合安全标准的燃气设备和配件，加强燃气泄漏的监测，制定燃气泄漏应急预案，确保日常燃气使用安全。

（5）茶馆的消防安全的安全管理

制定消防安全制度，包括防火巡查、检查制度，保障安全出口和疏散通道的畅通，值班制度，组织员工定期的消防安全培训和演练。工作人员都需经过专业安全培训，熟悉防火知识和操作规范。茶馆厨房内应配备足够的消防器材，定期检查燃气管道和电器设备，确保生产安全。

（6）茶馆员工上下班安全管理

制定完善员工上下班的安全规定制度，组织交通安全教育，确保员工在上下班途中的安全。同时，对于加班管理制度，应有明确的规定和审批流程，保障员工的合法权益。

这些措施可以有效地提升茶馆的整体安全管理水平，为客户和员工提供一个安全的休闲和工作环境。

步瀛老茶馆

【思考与练习】

一、选择题

1．茶馆的服务流程中第一步工作是（　　）。

A．品茶　　B．迎宾　　C．点单　　D．泡茶

2．茶馆客户要求提供发票，但会计请假，茶馆工作人员的回复正确是（　　）。

A．茶馆都是不开发票的，而且会计请假了

B．您下次来的时候一起给开发票

C．我们会计今天休息，开不了发票

D．给我您的开票信息，会计上班后尽快给您开票

3. 茶馆早会的时候，仓库保管员提出要求领用物资的时候都必须要领用人签字，员工们嫌麻烦觉得没有必要，以下说法正确的是（　　）。

A. 销售的产品必须要签字，不是销售的物品不需要签字

B. 都不需要签字记账，因为收银台都有收款单的

C. 销售茶品签字，领用易耗品也需要签字

D. 整天盘点算账太麻烦，看好库房大门就行，不用签字

二、简答题

1. 简述茶馆工作人员在点单服务的三个主要步骤。

2. 简述茶馆工作人员对待客户投诉的方法。

三、课后实践

学生利用课后时间到本城市的知名茶馆里消费一次，体验到茶馆喝茶的感受。可以告知茶馆工作人员是学校要求的参观体验课程，请茶馆工作人员带着参观学习，回学校写一篇《茶馆参观体验报告》，不少于300字。

项目五

茶馆的产品和营销

思维导图

- 茶馆的产品和营销
  - 茶馆的市场分析与定位
    - 目标市场的确定
    - 消费者行为分析
    - 市场趋势与机会
  - 茶馆的营销策略
    - 产品策略
    - 价格策略
    - 促销策略
    - 渠道策略
  - 茶馆的品牌建设
    - 品牌定位与形象塑造
    - 品牌传播与推广
    - 品牌维护与提升

学习目标

知识目标：

- 掌握常见的9种茶馆市场类型；
- 掌握确定茶馆市场策略的基本方法；
- 理解茶馆的产品类型以及相应的定价策略。

技能目标：

- 能通过分析自身资源条件和比对市场类型来确定茶馆的目标市场；
- 能理解消费者的需求和行为，从而为茶馆制定市场策略。

素养目标：

- 通过项目的学习提升对市场的理解力和问题分析能力；
- 通过项目的学习提升品牌意识和掌握基础的品牌运营能力。

任务一　茶馆的市场分析与定位

市场环境是变动的，不会一成不变，商机更是有可能稍纵即逝，对于茶馆经营者来说，无论是在开店之前还是在开店之中，都要具备市场分析的敏感和掌握市场分析的能力。具体来说，要掌握三个方面的能力，分别是：①找到符合自身条件和资源的目标市场。②理解消费者的需求和行为，以便制定市场策略。③在市场的变化中洞察趋势和找到机会。

茶馆的市场分析与定位

一、目标市场的确定

经营者需要找到一个与自身条件和资源相匹配的目标市场。这绝不是一个简单的选择过程，而是基于对两个条件的了解之上做出的综合决策，其一是对市场类型的了解，其二是对自身条件的了解，包括自身的优势和局限。比如，一个位于繁忙商业区的茶馆，其目标市场可能是追求快速休闲体验的上班族；而一个坐落在文化古迹旁的茶馆，则可能是吸引那些寻求文化体验和宁静环境的游客和本地居民。

（一）市场类型

研究茶馆的市场定位，我们首先要对所有茶馆的业态进行分类和归纳，找出其中的规律。

业务定位包括但不仅限于以下要素：消费人群、客均单价、主营产品、业务特点、选址（流量）要求、可复制性等。

从一般市场规律来说，客均单价越高，覆盖消费人群越高端，企业毛利也就随之升高，但是获客成本同时也会更高，商业模式的可复制性越弱；反之则相反。

在介绍类型之前，提醒我们的读者和同学，以下 9 种类型只是一种分类思路。每一个类型之间并非截然不同，实际上每个类型之间都存在相互交叉重叠的部分，一家茶馆可能同时属于好几种类型。运用这种分类方法可帮助我们理清思路，进一步做出定位。

1．棋牌娱乐型茶馆

棋牌娱乐型茶馆一般也叫棋牌室、麻将馆，以提供麻将、棋牌休闲娱乐的场所为主营产品，同时提供茶水及简单的餐饮和零售服务，平均客单价在 50 ～ 150 元，覆盖从低端到中高端消费，选址一般在社区周边或者大型单位附近。

棋牌娱乐型茶馆是最有群众基础、最有生命力的茶馆形式，它的优点是客源较稳定，消费门槛低，但是后端消费的增长空间大。棋牌娱乐的社会需求广泛而密集，所以棋牌娱乐型茶馆比较容易实现快速正常运转，从一线城市到乡镇都能找到棋牌娱乐型茶馆。

棋牌娱乐型茶馆通常装修成本和人工成本不高，如果房租成本控制较好，能较快实现盈利。其业务模式简单，需求又很旺盛，所以也比较容易复制，能够形成连锁。这种类型茶馆的代表是逐鹿茶楼、避风堂，在西南地区几乎每个小区每条街都有棋牌茶馆，是老百姓重要的社交场所。

棋牌类茶馆的缺点是有一定的政策监管风险，要格外注意治安、消防等风险。此外这类茶馆一般晚上会比较热闹，需要安排员工值夜班，人工成本会比普通茶馆略高。

2．轻茶饮型茶馆

这种类型等同于奶茶店、咖啡馆。近年随着国潮兴起，人们更多地强调中国茶的属性，也称这类茶馆为新茶饮 ，涌现出了一些较为知名的品牌，如喜茶、奈雪的茶、煮叶等。

轻茶饮茶馆以调制茶饮为主营产品，有的也提供面包、蛋糕等简餐，业态上直接对标星巴克，选址多在商圈、学校门口等年轻人流量聚集之处，客单价在 20 ～ 30 元，属于中低端消费。

轻茶饮茶馆注重装修的时尚化、产品的标准化、营销的网络化，有较好的客户复购率，同时也具备较强的复制性，倾向于快速发展加盟或者借助资本扩大规模，是近年来投资者投资开店关注的热点。

轻茶饮茶馆有两个显著的缺点：一是非常依赖流量，二是必须持续创新。其品牌的生命周期往往较短，可能很快火起来又很快冷下去，但更多的是一直都不火，只好持续不断地更换品牌。

3．网红打卡型茶馆

这是随着社交网络兴起而诞生的一种现象型茶馆，风格更接近于咖啡馆或者奶茶铺，一般都有很高的颜值，以有个性的装修风格、有记忆点的茶饮产品或者有IP属性的店老板为特点，在社交网络上成为热点，吸引了一定量的粉丝到店打卡。

网红型茶馆的主营产品也是调制茶饮，有的也提供面包、蛋糕等简餐，客单价多在30～50元，和轻茶饮茶馆消费区间接近，属于中低端消费。这类茶馆对地址或者经营者有极强的依赖性，可复制性不高。

4．商务会谈型茶馆

商务会谈型茶馆本质是售卖包间空间，提供会谈会议相关服务，对空间单独收费，或者将空间的成本折算进入茶饮服务的费用之中。客单价在100～300元，选址多在写字楼、商务区，属于中高端消费。

商务会谈型茶馆对选址、装修、服务和产品的要求较高，因此可复制性较弱，且多为店主自营，与轻茶饮型茶馆恰好相反，是生命周期较长的业态。商务会谈型茶馆的优点是客户黏性高，后端可拓展的产品体系丰富。

5．高端会所型茶馆

高端会所型茶馆是面向高端人群提供个性化服务，包括茶礼定制、文化鉴赏、高端餐饮、个性接待等活动的场所。客单价通常在几百元以上，上不封顶，有较高的利润空间，同时对选址、装修、产品和服务都有很高的要求，不具备可复制性。

高端会所型茶馆不追求人流量大，但在私密性较好的前提下需要交通方便、停车方便。

6．大众旅游型茶馆

这是一些景区地标性的茶馆，如北京的老舍茶馆、成都的鹤鸣茶社、杭州的湖畔居茶楼。它们凭借独有的历史文化渊源，成为所在城市的一张历史文化名片，自然也得到了当地文化旅游资源的支持。

文化旅游型茶馆的客单价在10～100元，覆盖从低端到中端的消费，这类茶馆主营产品通常是餐饮和表演，其次是文创产品，但它们不太具备可复制性。

7．餐饮服务型茶馆

这种类型本质是餐馆，营业收入以餐饮为主，但是以茶馆或茶楼命名，同时提供茶水服务和茶叶零售。其客单价弹性较大。这类茶馆往往是务实而接地气的，经营成功的概率较高。但是餐饮的管理链条较长，模式的复制性较弱，如果餐与茶两条线都要经营好，需要投入的人力物力都很大，较难实现连锁化、规模化。

这类茶馆中较为知名的品牌有：王府茶楼（北京）、瓦库茶馆（西安）、水中天茶馆（西安）等。

8. 茶叶售卖型茶馆

这种类型一般是从茶叶店转型升级而成了茶馆的门店：原来是卖茶叶的，后来因为客人有谈事的需求，慢慢增加了服务的空间，变成了茶馆。这类茶馆的数量也非常庞大，大型的茶叶企业发展的经销商、代理商往往都会采用这种门店的形式来开展经营：既有门脸展示自己的产品，也有空间服务自己的客户。

茶叶售卖型茶馆和商务会谈型茶馆在形态上比较接近，只是两者的起点不一样。茶叶售卖型茶馆的发展往往一开始就伴随着茶叶品牌的招商或者品牌直营，是茶叶新零售的一种主力形式。知名的品牌有：大益茶（云南）、八马（福建）、苗品记（重庆）、华祥苑（福建）、品品香（福建）等。

9. 文化主题型茶馆

这种类型有一个鲜明的主题，同时提供的服务是以茶水或者茶餐为主，如佛教主题、香文化主题、古琴主题等。茶馆既可能是实质的主体，也可能是给主体做配套服务的载体。这类茶馆因为文化属性强，特点鲜明，复制性较弱，一般是以打造文化地标为其发展思路，做成功会形成品牌，有长久的生命力和很好的盈利能力。

较为知名的品牌有：北京的露雨轩茶馆、河北的赵州茶馆、扬州的云水三千香文化茶馆等。

上述 9 种类型茶馆的几个重点特征汇总见表 5-1。

表 5-1 各种类型茶馆的重要特征

类型	定位	客单价	利润率	流量依赖性	可复制性
棋牌娱乐型	中端	100 元左右	较高	较低	高
轻茶饮型	中低端	20 ～ 30 元	低	高	高
网红打卡型	中低端	30 ～ 50 元	高	高	低
商务会谈型	中高端	150 元左右	较高	较高	较高
高端会所型	高端	差异大	高	低	低
大众旅游型	中低端	50 元左右	低	高	低
餐饮服务型	中端—中高端	100 元左右	中	中	较高
茶叶售卖型	中端—中高端	差异大	较高	中	高
文化主题型	中高端	150 元左右	较高	较高	低

（二）市场确定

茶馆经营者在明确自身目标市场的过程中，通常遵循两条主要路径：其一，已具备清晰的目标市场认知，并据此寻找适宜的店铺；其二，已持有店铺，需在市场中寻找恰当的市场定位以适配。这两个探寻的过程，均旨在确定目标市场。将整个过程系统梳理后，需综合考量以下四个关键要素。

（1）业务。即主营业务范畴，明确茶馆通过提供何种产品或服务来获取主要收益。

（2）选址。涵盖店铺的地理位置、面积、户型结构及各项硬件设施条件。

（3）资源。指茶馆运营所需的各种支持性资源，包括资金、人脉关系、专业技术以及潜在客户群体等。

（4）意愿。体现经营者对茶馆业务的投入程度与对成功的渴望，是不可或缺的内在动力。

优秀的市场定位，源于这四个要素的有机匹配与协同；而市场定位不佳，则往往源于某个要素的显著缺陷。需正视一个现实，即在复杂的商业环境中，多数市场定位趋于平庸，其对应的业务表现亦平淡无奇，但这并不意味着无法生存与发展，仅表明其市场定位并非上乘。此外，市场环境瞬息万变，昔日优越的市场定位可能随时间推移而丧失优势，因此，需保持敏锐的市场洞察力，随时准备调整策略，以适应不断变化的市场需求。

确定目标市场的四个关键要素

这四个要素的影响权重是不一样的，实际上相差很大。其中选址是最核心的要素，能决定超过 50% 的成功概率，业务和选址则是最基本的一对主要矛盾。

好的选址通常除了贵没有别的缺点，放上什么业务类型都能运转起来，这时候就可以更多地考虑所拥有的有利于开茶馆的资源，以及选择什么业务类型的意愿。普通的选址就要好好考虑怎么匹配业务类型了，例如小区门口的茶馆一定更适合开棋牌娱乐室和茶叶售卖型，商场楼上就一定更适合开轻茶饮型或者餐饮服务型。

按照先有选址再考虑业务的顺序，经营者就可以通过提问一系列问题来考虑自己的市场定位。

（1）这个店铺的面积和格局适合植入什么样的业务类型?

（2）每天有多少人（自然流量）会直接从店铺门口经过?

（3）自然流量每天基本稳定吗，还是每天的波动很大，有规律吗?

（4）每天的自然流量都是什么样的人?年龄特征、职业特征、收入特征各是什么?

（5）每天的自然流量是同一群人吗，还是每天都不同?（如火车站附近就每天都不同）

（6）这些自然流量和哪些业务类型比较匹配，和哪些业务类型不匹配?

（7）光靠自然流量能把主营业务养起来吗?如果能,需要多久能达到盈亏平衡?

（8）除了直接从店铺门口经过的自然流量，半径 500 米内有多少常住人口，其中又有多少是潜在消费人群?

（9）潜在消费人群有几种分类?每一种分类对自己的商业价值和获客的难度有什么差别?

（10）用什么方法能把这些潜在消费人群吸引到店?哪些方法效率高，哪些方法花钱多?有足够的资金去使用这些方法吗?

（11）除了从店铺周边引流，还有哪些目标人群是自己的资源和能力可以触达的?

（12）在开店之初，需要依靠资源来获得营收用以支撑早期经营吗?如果需要，有相应的真正可以动用的资源吗?还是仅为假象?

（13）半径 500 米或 1000 米内有几家茶馆?它们活得怎么样?和这些茶馆的老板聊过吗?

（14）想做的茶馆和附近已有的茶馆业务类型一样吗?会不会是竞争关系?还是可以共同做大蛋糕?

（15）如果和已有的茶馆做不一样的业务，有依据能做好吗?还是完全靠尝试?

以上暂时列了 15 个问题，沿着一个一个问题的思路问下去，其实还会有更多新的问题，这里只是展示了一种思考的方法。这种方法不光是在开店之前要运用上，而是处于任何一个阶段，都可以不断地向自己重新问上述的问题，来推动调整和验证自己的目标市场。

二、消费者行为分析

理解消费者的需求和行为是至关重要的。这需要经营者深入研究消费者的心理和行为模式，以便制定出能够打动人心的市场策略。例如，通过问卷调查、社交媒体互动或是顾客反馈，经营者可以了解到消费者对于茶馆环境、茶品质量、服务态度等方面的期望，从而调整经营策略，提供更符合顾客口味的茶饮和更贴心的服务。

（一）消费者行为分析内容

消费者分析就是描绘出消费者的用户画像，就是把消费者的基本属性和主要特征给归纳总结出来，主要的方法是给消费者打标签。

分析用户画像的目的首先是对消费者做分类管理，通常叫客户分类，或者客户分层，都是一个意思。客户分类搞清楚了，消费者类型基本上就搞清楚了。客户分类可以粗糙一点也可以精细一点，取决于客户的数量有多少，管理能力能够支撑多大程度上的精细分类。管理能力主要体现在数字化能力和分析方法，最极致的可以参考抖音这样的公司，几乎能做到千人千面，每个人能看到的界面都不一样。但是显然一般企业不可能具备这样的基础能力，所以原则上建议普通的中小微企业有足够清晰的客户分层思路就够了，最主要的是要便于一线员工理解和执行。

与互联网平台公司动辄上亿的用户数量相比，一般中小微企业服务的客户数量不多，特别是实体门店，一家店能服务 3000～5000 个客户已经是非常不错的数据了。不仅在客户体量上差异很大，在客户标签的颗粒度上，平台型公司和中小微公司的差异也是巨大的。如果只从实操性上考虑，大多数实体企业的客户画像并不需要特别精细，可以只分析客户消费上的三个要素：消费类型、消费金额、消费频次。

1. 消费类型

消费类型在根目录上分为服务类产品和商品类产品两大类别。

例如对餐馆来说，客人到店来吃饭，或者叫外卖，购买的就是服务类产品；如果客人吃完饭之后，觉得喝的酒还不错，在柜台买了一箱酒回家了，那么购买的就是商品类产品（或称零售类产品）。

沿着这两个分支，每一个大类里边又可以分出若干个小类，如服务类产品可以进一步细分为餐饮服务、技术服务、培训服务、咨询服务、代理服务等；商品类产品可以进一步细分为食品、电子产品、工业品、药品等等。

当然，这只是分析产品类型的思路，具体划分到什么程度，完全取决于自身的业务，没有必要去考虑和业务没有关联的产品类型。

比如一家茶馆，它的主要产品类型有餐饮服务（或称茶水服务）、茶叶零售、茶文化培训。这三个类型的产品，内在逻辑不一样，所以成本结构和利润率也很不一样。就算是同一个大类型里面，也可能存在几个性质迥异的小类型。

再如还是在一家茶馆里面，同样是茶水服务这一大类，包间和散座就是完全不同的两个类型。所以在设计茶馆的会员卡类型时，按照上面的分类情况，至少都能划分出四五种不同的消费类型。

2．消费金额

消费金额就是客户当天消费花了多少钱。

消费金额一般是按照数量多少来划分为几个梯度，比如 50 ～ 100 元是一个梯度，100 ～ 300 元又是另一个梯度。在不同梯度范围内，客户的消费心态有着微妙的差异，经营者要善于捕捉这种心态差异，提出不同的成交主张来更好地做高客单价和锁定客户消费。

消费金额和消费类型是直接关联的，有些消费类型就容易做高消费金额，例如企业给领导购买礼品，消费金额就很容易做到 3000 元以上；如果是给员工过节统一采购礼品，量一大就容易达到几万元以上。

除了按照消费金额的数量来划分几个梯度之外，直接定性划分为高、中、低也是可以的。消费金额和设计会员卡类型、制定会员卡门槛的关系较为紧密。一般来说，消费金额高，适合圈子式会员和储值式会员，消费金额中等更适合订阅式会员，消费金额低则更适合积分式会员。

3．消费频次

消费频次就是客户多长时间来消费一次。

消费频次和消费金额一样，既可以按照一定数量来划定梯度，也可以直接按照高中低三个梯度来定性。理论上看，消费频次越高的产品，也就有越高的复购率，越适合会员制，也越容易发展会员客户。

不是所有的产品都会有复购，但是会员制的目的之一就是要提高客户在商家消费的复购率。一般来说，消费频次高的产品适合使用订阅式会员，消费频次中等的产品适合使用储值式会员，消费频次低的产品更适合使用积分式会员。

据前总结：通过分析三个消费要素——消费类型、消费金额、消费频次——就得出了在业务场景当中的一类或者几类消费者的典型画像。

（二）消费者行为分析方法

一般来说，最常用的消费者行为分析方法可以分为定性研究和定量研究两大类。定性研究侧重于理解消费者行为背后的原因和动机，而定量研究则侧重于通过数据来量化消费者行为的模式和趋势。定性研究方法通常用于探索性研究，它帮助研究者深入理解消费者的想法、感受和行为。

常见的定性研究方法包括以下几种。

1．观察法

观察法是通过直接观察消费者在自然环境中的行为来收集数据。这种方法可以是参与式的，也可以是非参与式的。观察法的优点在于能够提供真实、直观的行为数据，但其缺点是可能受到观察者效应的影响。

2. 深度访谈

深度访谈是一种“一对一”的交流方式，研究者通过开放式问题引导受访者深入讨论其消费行为和偏好。深度访谈能够揭示消费者深层次的想法和动机，但其缺点是耗时且成本较高。

3. 焦点小组讨论

焦点小组讨论是一种集体访谈形式，通常由 6 ～ 10 名参与者组成，由主持人引导讨论特定话题。这种方法能够激发群体间的互动和讨论，但可能受到群体动力学的影响。

定量研究方法侧重于通过统计分析来量化消费者行为。常见的定量研究方法有以下几种。

（1）调查问卷。调查问卷是一种广泛使用的定量研究工具，通过标准化的问题收集大量数据。问卷设计需要确保问题的客观性和无偏性，以获得可靠的数据。问卷调查的优点是能够覆盖大量样本，但其缺点是可能缺乏深度。

（2）实验法。实验法通过控制变量来测试消费者对特定刺激的反应。这种方法可以是实验室环境下的控制实验，也可以是现场实验。实验法能够提供因果关系的证据，但可能受到实验环境的限制。

（三）消费者生命周期分析

理想的消费者行为，一定是有良好的复购和转介绍，当然也会有自然的流失率，所以我们得出一个客户生命周期（或称消费者生命周期）的概念。这个概念是指消费者在与组织或机构建立关系时经历的各个阶段，从初次消费到成为常客再到忠诚客户或者流失的整个过程。客户生命周期管理是指根据不同阶段的消费者的需求和行为，通过针对性的策略和措施，最大化客户价值并促进客户忠诚度的管理方法。

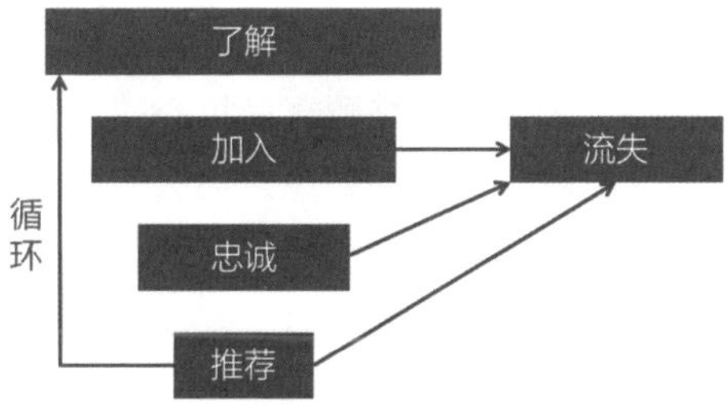

消费者行为的生命周期模型

消费者生命周期可以分为了解、加入、忠诚、推荐四个环节。

任何消费都是先了解，后购买。从了解到购买，可能经过了很长时间的考虑，也可能只有几分钟。在商业组织范畴，加入的意思是付费或者注册成为会员。毕竟是一个漏斗结构，有的消费者能够走完了解—加入—忠诚—推荐的闭环；有的消费者可能在加入之后，还没有到达忠诚，就流失了。忠诚，意味着消费者有一定的复购率，或者频繁地参加组织的活动；推荐，则是消费者积极地向更多人转介绍组织的会员制，吸引更多会员加入。忠诚和推荐代表了消费者对组织的高度认同，是消费者非常活跃的两种表现，也是我们认真做好会员经营所期望得到的结果。特别需要注意的是，会员加入之后的每一个环节，会员都有可能不再活跃，完全的不活跃就是流失。

下面对消费者生命周期中的每个环节的一些技术要点逐一分析。

1．客户了解阶段

客户的了解阶段就是发布信息让客户知晓的阶段，就是寻找符合目标客户的阶段。在建立会员制组织的过程中，要尽量关注那些精准的客户，给他们提供有价值的产品 / 服务 / 经验等，吸引志同道合的人。避免广撒网似的有一个算一个，以免未来去促进会员活跃度的时候，联系到的都是伪客户，浪费过多的资源。

客户了解阶段最高效率的场景是线下付费的“面对面”场景，这时候既然是付费，说明已经是通过筛选的精准客户，“面对面”又能一次提供最大量的信息，客户加入会员的概率就相当高。最低效的场景是在线推广一款非刚需产品的会员，在成交之前的种草动作，可能要做很多次才能接近成交的前奏。所以这个阶段，有两个工作很重要。

（1）正确地传递组织信息。你的组织 / 机构 / 企业是否有一些明确的价值主张？你的会员制（产品包 / 服务包）是否有明确的吸引力？而你是否能够把这些价值主张和吸引力准确地表达出来？并且让客户能够准确地理解？你的文字、图片、视频等的介绍，都能激发起客户的兴趣，并且没有错误的理解吗？这里面当然包括能力、手段、工具等，你是否都有所准备？

例如，要向顾客推荐我们的储值会员卡方案，顾客最关心的可能是权益——能省多少钱、能获得什么礼品，等等，但是顾客最担心的是安全不安全——有没有可能倒闭、有没有可能骗他。要解除顾客的顾虑。那么就要展示自己的实力，可能需要在一个装修得不错的空间环境里成交。要让顾客不担心被骗，可能要给他 / 她 7 天无理由退款（零风险承诺）等。类似这些信息，都应该有张贴出来的海报、文本、链接之类的，并且把销售人员和服务人员培训到位，使他们在对顾客销售的时候，能够完整地传递出组织的信息。

（2）寻找精准的流量来源。在保证信息传递无误的前提下，要找到能提供精准流量的渠道，能真正接触到有效的客户群体。自己去找到流量或者创造流量，几乎是不可能的，一定是去找流量相对汇集的地方，然后从公域引流，导到私域，完成会员化的过程。相对精准的流量来源，通常有以下几种。

第一种，线上精准营销广告。比如实体门店可以投大众点评、抖音、地图的本地生活广告；电商可以在各大电商平台上投关键词的竞价排名广告；做某种专业服务的可以到客户相对集中的区域投电梯广告，到垂类自媒体上投软文广告等。

第二种，线下门店精准选址。线下实体店的流量第一要素就是选址，选址对了就成功了一大半；反过来选址错了，再懂营销的经营者也只是亡羊补牢。选址有很多方法，归根结底是两个点：第一点是一公里之内的需求密度，需求如果很大，你再怎么普通也会有业务做，所以古人说“成行成市”，意思就是把需求集中在一起，形成产业集群，这样大家都有生意可做。第二点是客户到达门店的便利性，离得越近当然越好，很多时候同一个地方，虽然只差了几十米，一楼的生意就比二楼好得多。

第三种，关联商家社群互换。想要的精准流量，往往就在和自己业务有关联的人的社群里，所以要尽可能多发展一些关联商家，也叫渠道合作伙伴。要给他们经济回报或者其他的资源置换。比如奢侈品品牌和豪车俱乐部一起合作搞会员活动，双方都能从中获利，同时双方的会员又得到了会员专属的福利，实现了三方共赢。

2. 会员加入阶段

客户加入会员有一个门槛，就是支付款项或者完成任务，这里面就包括定价问题、任务设计问题。

组织和机构自然是希望更多的会员加入，但前提是精准的会员或是付费的会员。所以“加入”的第一步——设计加入的条件 / 门槛——要依据自己的会员制的属性来决定，是要消除障碍或是设置壁垒。一般来说，圈层式会员制是要设置壁垒，储值式、订阅式、积分式则更倾向于消除或者减少障碍，尽力做大底层的会员基数。

“加入”的第二步，要在会员新加入之后的新鲜期里，尽快地为会员提供服务。这是为下一步的“忠诚”打下基础，也是为防止“流失”而做预防工作。比如，现在最常见的操作是会员付费之后，安排专属的客服添加会员微信，同时将会员拉到某个专门为会员服务的社群。这些都是为了让会员在加入之后，能够很快地获得价值感。

“加入”的第三步，要奖励符合组织 / 机构期待的行为。比如，会员如果在刚加入的前 7 天，每天都登录你的 App，就可以获得额外的积分奖励，积分在未来可以折现或者提现或者兑换其他权益。这套组合拳下来，目的是稳定刚刚加入的会员，培养起会员的使用 / 消费习惯，也防止新会员过早地流失。

3. 会员忠诚阶段

会员忠诚，意味着会员频繁地在组织 / 机构购买产品或服务，履行会员权益，积极参与会员社群的活动。其背后是该会员对组织 / 机构的业务已经了解得比较深、比较透了，并且认可组织 / 机构所提供的价值。为了促进会员忠诚，应该运用各种用户运营手段，然后从中选择几种适合你的组织 / 机构的，优化成组织的流程和方法论，列举如下。

（1）组织会员社群活动。多设计和组织有主题的会员社群活动，真实的线下“面对面”的活动最好，就算没有社群活动，也应该给会员一些分享信息的机会。

（2）对忠诚的会员提供更加简化的购买流程，更加个性化的服务，更加自由的产品 / 服务选择，“一对一”和“面对面”的沟通机会，使他 / 她们有更强的身份认同感和社群归属感。

（3）邀请一些忠诚会员定期或者不定期地参与组织 / 机构内部的产品研发 / 业务研讨 / 头脑风暴等活动，请他 / 她们提出建议和意见，请他们到组织 / 机构的职场来参观学习，对他们提出的有效建议给予奖励，使他们有更强的参与感。

4．会员推荐阶段

会员推荐就是会员转介绍新的会员，使整个模型形成了闭环。会员推荐是会员忠诚的高级阶段，主动为组织 / 机构推荐新会员的，一定是对组织 / 机构本身有很高的认同感，否则无论是物质激励还是金钱激励都很难形成真正的会员推荐。这种高度的认同感，首先是来自对产品 / 服务的满意，其次是对组织文化 / 价值观的认同，二者缺一不可。

引导会员推荐，要给会员提供机制和工具。机制包括精神激励、物质激励、金钱激励，工具包括信息系统、推荐话术、赠品、奖金等。机制解决的是为什么要推荐会员的问题，工具解决的是怎么去实现推荐的问题。

对于大多数的会员制，不建议过于强调物质激励和金钱激励。精神激励优于物质激励，物质激励优于金钱激励。这种观点与组织 / 机构的运转成本没有多大关系，本质是组织文化的建设问题。纯粹金钱激励就相当于渠道合作，以会员的名义来发展产品的代理商。对于非专业干销售代理的人来说，渠道合作的本质是人脉变现，就是透支推荐人的人脉，用关系来推动交易，因为不专业，必然不持久。刚开始可能会有一个爆发式的效果，但是没有持续性，和企业经营所追求的商业模式的稳定性背道而驰。

特别是一些非营利性的会员制组织，设置一些年度颁奖、名誉会员之类的荣誉体系，往往会让会员更加愿意去参与，对拿到的奖项、奖杯也更为珍视。例如，每个地区在异地都有商会，商会的各级会长一般都是在异地创业并得到一定结果的优秀企业家。相比起推荐一个创业者加入商会，商会奖励推荐人一些奖金，推荐人可能更希望得到组织对自己努力为家乡建设作贡献的承认，得到商会或者政府颁发的一本荣誉证书，它的激励效果可能远远胜过发一万元奖金。

相反，如果是着眼于短期利益，为了迅速搭建一个营利性的会员制体系，巧妙地运用好金钱奖励也永远都不失为一种有效的方式。前些年如火如荼的微商代理，绝大多数都是以会员制社交电商的形式发展起来的。但要警惕这种方式可能会对品牌与长久经营带来的损害。对于茶馆经营者而言，应放眼长远，摒弃短期逐利，稳健经营。

会员推荐机制的建立，尤其重要的还有一条，要找到和服务好那些“超级会员”。所谓的“超级会员”，就是会员中的意见领袖，他们未必是会员中消费最多的人，他们是会员中最活跃、最踊跃发言、最喜欢参加和组织活动的人。“超级会员”就是组织 / 机构里不领工资的超级销售，他们有着以一顶百的影响力，无论是为组织 / 机构吸引新会员的数量之大，还是为组织 / 机构打造组织文化的力度之猛，都是求之不得的珍贵人才。对于这样的人才，要发现他们，把他们汇集起来，培养和管理起来，给他们激励和工具，使“超级会员”和组织 / 机构一起共同成长。同时，既然超级会员有很强的建设力，他们当然也会有很强的破坏力。如果没有得到妥善的激励和管理，他们也有可能会摧毁组织和机构。所以经营者对“超级会员”要非常留心。

三、市场趋势与机会

在市场的变化中洞察趋势和找到机会是经营者必须具备的前瞻性思维。市场趋势如同风向标，指引着经营者如何调整航向。例如，随着健康意识的提升，越来越多的消费者开始关注茶饮的健康属性。敏锐的经营者会发现这一趋势，并及时引入有机茶、养生茶等产品，以满足市场需求。

判断市场的趋势通常来说有以下几种方法。

（一）借鉴同行营收法

这种方法的核心在于通过与那些和自身业务类型相似的同行进行深入的访谈，尽可能地扩大样本量，以确保能够获得更具代表性和真实性的数据。在进行这些访谈时，需要特别注意确保访谈对象的多样性和广泛性，以便能够全面了解整个行业的现状和趋势。

在访谈过程中，不仅要关注同行的营业收入结构，还要深入了解他们的业务模式、市场策略以及客户群体等方面的信息。通过这些详细的访谈，可以综合分析出哪些业务领域、哪些茶类品种、哪些具体产品在当前市场中占据较高的市场份额，或者哪些业务和产品正在经历增长的趋势。

通过对这些数据的深入分析，可以得出营业收入的变化趋势，从而为我们的业务决策提供有力的支持。这种基于实际访谈和数据分析的方法，能够帮助经营者更好地理解市场动态，优化产品和服务，最终实现业务的持续增长和发展。

（二）搜集前线信息法

这种方法的核心在于通过收集和整理一线销售人员所掌握的销售信息，以确保决策的准确性和有效性。在具体实施过程中，可以通过多种方式来实现，例如进行面对面的访谈，或者通过非正式的打听和交流。华为公司的创始人任正非曾经提出过一个观点，即让那些离战场最近的人来做出决策。这种做法在销售领域尤为适用，因为一线销售人员是最直接接触客户的群体，他们对客户的需求有着最深刻的理解，也最清楚如何与客户进行有效沟通，从而促使客户做出购买决定。

一线销售人员在日常工作中积累了大量的实际经验，他们能够敏锐地捕捉到客户的真实需求，并且能够迅速调整销售策略以应对市场的变化。通过他们的反馈，公司可以获得最真实、最直接的客户需求信息，从而制定出更加精准的市场策略。同时，一线销售人员也会分享他们在实际销售过程中所发现的最有效的销售方法和技巧，这些宝贵的经验可以为整个销售团队提供重要的参考和借鉴。

总之，通过充分挖掘和利用一线销售人员所掌握的丰富信息，企业能够更好地理解市场动态，优化销售策略，从而在激烈的市场竞争中占据有利地位。

（三）参考专家意见法

这种方法主要是听取来自专家的建议，或者参考行业咨询报告中的观点。这种做法的好处是显而易见的，因为专家和行业咨询师所掌握的信息量以及他们所采用的调查研究方法，通常情况下会比普通的经营者更加全面和深入。因此，专家的意见往往具有一定的权威性和可行性。然而，这种做法的缺点也同样明显，那就是专家给出的意见往往过于宏观，难以具体实施。有时候，即使落地实施了，也会发现实际操作中难以达到专家真正想要表达的意思，从而让自己陷入一种尴尬的境地。

找到市场的趋势之后，经营者将要面临的问题是自己是否要依据对市场趋势的判断来快速调整自己的市场策略，以及自己是否有能够依据市场趋势的变化来调整市场策略的能力和资源。因此，经营者不能看到趋势就盲目行动，需要学会用最小成本模型来测试市场的方法。综上所述，茶馆经营者要想在竞争激烈的市场中脱颖而出，就必须在开店前后持续进行市场分析，不断优化自己的经营策略，以适应市场的变化，抓住每一个可能的商机。

任务二　茶馆的营销策略

茶馆的营销策略

经典的营销理论就是4P理论，分别是产品（Product）、价格（Price）、促销（Promotion）、渠道（Place），下面分别从这四个维度来探讨茶馆的营销策略。

一、产品策略

经营茶馆就是销售各种与茶相关的产品和服务。为了匹配市场的真实需求，这些产品和服务会不断地变化。从一开始是什么都想做，产品种类快速增加；而后精力逐渐聚焦，产品种类随之减少，慢慢达到一个比较稳定的数量，形成了主营产品和非主营产品之间一个比较平衡的比例。有了稳定的产品结构，实际上我们也就有了一套产品体系。

产品和业务是密不可分的，茶馆的三大业务对应的就是三大类产品：①空间业务，对应的是场地和茶饮服务。②零售业务，对应的是茶叶、茶器和其他实物商品的销售。③文化业务，对应的是课程、活动、茶旅等服务。

如果用一个横轴和纵轴组成的一个面来展示出来，那么空间、零售和文化是纵向的三大类，横向展开就是各大业务范畴里的子业务，横向和纵向就构成了最基础的产品矩阵，茶馆所有的产品都可以往里面填。

表 5-2　茶馆的三大产品的矩阵图

空间	包间	散座	包场	茶水	茶点
零售	茶叶	茶器	保健品	礼品	茶点
文化	课程	活动	茶旅	摄影	

这个矩阵里的每一个子项，都可以进一步细化展开，以最主要的茶叶为例：按照形态可以分为散装茶叶、包装茶叶；按照品牌可以分为若干品牌；按照品类可以分为六大茶类；按照品质可以分为若干等级和不同价位；仅仅一个品牌下面，就有多种包装、规格等不同产品。

例如公众较为熟知的小罐茶，它的六大茶类产品齐全，包装也分为金罐、银罐、黑罐、小罐、大罐等，加上定制茶杯茶具，它的整个产品线就有 30 款左右产品。

把它的 30 款产品放在茶馆的整个产品矩阵里，也只不过是零售板块以下的茶叶板块中的一个品牌。可知一家茶馆如果任由 SKU 自然发展，经营者将很快面临库存积压的问题，企业的流动资金也将被大量占用。经营者要做的不是把整个产品矩阵都填满，而是根据自己的资金现状和市场的需求情况，有计划地对这个矩阵选择增加或者减少产品。

上述矩阵模型是按照业务类型来建构的，下面再介绍一个常用的产品矩阵模型，它是从销售流程和客户维护流程的角度来建构的：①引流型产品——引流；②信任型产品——成交；③利润型产品——复购；④裂变型产品——裂变。

这四种产品类型并不是相互完全独立的，将它们划分开来，主要是为了更清晰地认知一款产品需要承担的职能。同一款产品可能同时具备若干种职能，比如它既可能用来引流，也可能带来利润。

而且经营者也应该明白，并不是说所有类型产品都需要准备，它们是配合经营战略和目标去设置的。

（一）引流型产品

引流型产品也叫拉新型产品，顾名思义它的目的就是帮助吸引来更多的潜在用户。

引流型产品一般都是低成本但是市场价值高的产品或者服务，比如美容店的 10 元美甲、医院的免费体检等。对于商家来说，那些物料成本较低，但是房租成本和人工成本等固定支出已经支付的产品或者服务，就比较适合用来做引流型产品。

茶馆适合用来做引流的产品一般有以下几种：①包间的单次体验（正常店内消费为 300 ～ 500 元）。②单杯饮品免费券或者低价抵用券（正常店内消费为 30 ～ 50 元）。③精致的小包装茶叶或茶器。④特定主题的茶会（免费或者适当收费）。

（二）信任型产品

信任型产品也叫养熟型产品，解决最重要的信任问题，有了信任，成交就会变得简单。

信任型产品最好能够创造与客户多次接触的机会，信任感会提升。

实体门店对解决信任问题有天然的优势，到店的客户必然都会消费，所以茶馆经营者并不需要去寻找特定的信任型产品，包间和茶水等都属于信任型产品，也是最主要的产品。归类为信任型产品，就提醒主营产品一定要做到足够让客户信任，也就是它的质量和价格一定要和消费者心目中的高性价比挂上钩。

以我们的经验，茶馆可以进一步优化自己的信任型产品，最常见的就是推出面向不同消费群体的不同性质的会员卡。以会员卡来代替具体的产品，对增加客户的信任有更好的效果，而且更容易成交。

（三）利润型产品

利润型产品是毛利率较高或者复购率较高的产品，能为企业带来较丰厚的利润。

毛利率较高的产品，通常是有一定差异化的，客户在别处不太能够买到的，或者是即使在别处能买到，但是不容易判断真假的产品。茶馆是实体，信誉很重要，毛利率偏高的产品的销售，一定要建立在高信任的基础之上，要保真，要达到虽然价格不菲、利润不低，但是客户仍然感到物超所值的感觉。

毛利率与复购率是两类不同的产品，复购率较高的产品，通常是消耗品或者礼品；

毛利率较高的一般就是年份茶、特定的小产区茶、工艺大师制作的茶器等产品。

高端的非标准化产品，如茶、酒、字画、翡翠之类的都比较适合放在茶馆作为利润型产品，利润型产品需要引流产品和信任产品做配合，与客户的互动需要一个熟悉的过程。一般需要与客户维持密切的关系，通过私人之间的信任来完成成交；或者是通过专家的背书，在茶会上讲解来完成成交。

（四）裂变型产品

裂变型产品是为了引导客户做转介绍。

转介绍是最有效的拓客方式，因为客户的转介绍行为直接帮助解决了最难的信任问题，并且客户介绍的对象往往与客户有相似的需求和购买力。

裂变型产品一般是有条件领取的产品，最常见的形式是返佣、赠品、积分。

但是由于茶馆服务的更多是中高端人群，纯粹的物质奖励对他 / 她们的转介绍并没有太好的效果，中高端人群更在意是否得到了尊重，以及他 / 她所推荐的产品和人是否给到被推荐人真正的价值。所以设计裂变型产品有一个很重要的原则，就是要强化被介绍人所获得的价值，弱化介绍人所获得的价值。

举例来说，设计一个价值 300 元的包间消费卡，如果一个客人储值成为会员就送他几张，但是他本人不能使用，而是签名后可以赠送给朋友使用，限定一个人只能用一次。这个功能通过信息系统来实现会有更好的效果。

储值的客人因为消费过，了解这张卡的价值，他会很愿意分享给同样需要包间的朋友。同时也因为到店后前台工作人员会核对好属于会员推荐的才有效，突出了赠予人的会员身份的尊贵感，所以赠卡和用卡的人都有很好的感受。对茶馆来说最重要的是，茶馆获得了几位同样有购买力的准客户。

二、价格策略

俗话说“定价定天下”。定价是经营当中非常有重要的部分，是经营者永远都要思考改进的课题。定价几乎决定了一家茶馆未来是否能生存，以及是否能生存得好。简单地说，定价这个切入口决定了你认为自己应该提供价值多少钱的产品和服务，也决定了你的客户认为你所提供的产品和服务是不是值得他所付出的钱。

在市场中，无论是选择较高的定价策略还是较低的定价策略，都有其存在的合理性和生存空间。经营者不应该将关注点仅仅放在价格的高低上，而应该更加关注定价策略的有效性和一致性。所谓“有效性”，是指定价策略是否能够有效地促进销售量和营业额的增长，从而提升企业在市场中的占有率或者增加企业的利润率。换句话说，经营者需要评估定价策略是否真正地为企业带来了实际的经济效益。另外，“一致性”则强调在不同产品之间，定价策略是否遵循了一种内在的逻辑和原则，确保各个产品之间的价格体系不会相互冲突，避免给客户留下可利用的定价漏洞。这种“一致性”有助于维护品牌形象，增强客户对品牌的信任，从而在激烈的市场竞争中保持稳定的地位。

因此，企业在制定定价策略时，应当综合考虑市场环境、消费者心理、成本结构等多方面因素，确保定价的有效性和一致性，以实现企业的长期发展和市场竞争力的提升。

（一）定价的常用方法

1．成本定价法

在制定产品价格时，通常会在成本的基础上增加一定的毛利率。这种定价策略一般适用于标准化产品，如那些具有品牌标识的茶叶、茶器等。通过在成本之上加上一个固定的毛利率，商家能够确保在销售过程中获得一定的利润空间，同时也能保持价格的竞争力。这种定价方法简单明了，便于消费者理解和接受，同时也方便商家进行成本控制和利润分析。对于标准化产品而言，由于其品质和特性相对固定，消费者对价格的预期也较为明确，因此在成本基础上加上毛利率的定价方式尤为适用。

2．目标定价法

在定价策略中，以品牌定位为导向是一种常见的方法。这种方法强调品牌的价值和独特性，而不是单纯地考虑成本因素。通常，这种定价策略适用于那些非标准化的产品，或者那些在市场中竞争力较弱但差异化特征明显的产品。通过品牌溢价，企业能够制定出远高于成本的价格，从而实现更高的利润空间。小罐茶就是一个典型的例子，它通过强调品牌文化和独特的产品设计，成功地在市场上树立了高端形象，并制定了较高的价格。

此外，战略性亏损定价也是一种以品牌定位为导向的定价策略。在这种情况下，企业为了迅速抢占市场份额，可能会选择在短期内承受亏损，通过低价策略吸引消费者，从而迅速扩大市场份额。尽管短期内企业可能会面临亏损，但长远来看，这种策略有助于品牌在市场中占据有利地位，最终实现盈利。这种定价策略同样适用于那些具有独特品牌定位和强大市场竞争力的产品。

3．比较定价法

比较定价法就是与同行业的其他竞争者保持一致的定价策略，或者在它们的价格基础上进行略微的上下浮动。这种做法虽然看起来有些偷懒，但却是一种相对安全的定价方式。毕竟，一个行业的定价往往是基于长期的经验总结和市场调研得出的结果，具有一定的合理性和市场认可度。这种定价方式在茶行业和茶馆行业中尤为普遍，因为这些行业的产品和服务相对标准化，消费者对价格的敏感度也较高。通过与同行保持一致的定价，商家可以在一定程度上避免价格战，同时也能保持一定的市场份额和客户群体。

4．拍脑袋定价法

在公司的运营过程中，老板拥有最终的定价权，他认为应该卖出多少价格，产品就会被定价为多少。老板可以根据市场情况和自身判断，随时调整价格。这种拍脑袋定价法并非完全没有道理或逻辑，特别是在市场上没有类似产品作为参考的情况下，通过老板的主观判断来定价，有时也能为产品带来令人满意的利润。此外，这种方法还可以为其他产品树立一个价格参照物，从而在市场上形成一定的价格标准。

然而，仅仅依靠拍脑袋定价法是不够的，还需要结合其他几种定价方法。例如，成本加成定价法是根据产品的成本来确定价格，并在此基础上加上一定的利润率；竞争导向定价法则是根据竞争对手的价格来设定自己的价格；价值导向定价法则是根据产品的价值和消费者的认知来定价。这四种定价方法可以灵活运用，根据不同的市场情况和产品特性进行组合。

一旦定价确定下来，原则上应该保持相对稳定，不要轻易进行调整。至少在一个自然年内，应该保持价格的稳定性，以维护市场秩序和消费者的信任。当然，对于一些具有特殊属性的产品，如年份茶类产品，可以遵循市场上的约定俗成的方式，每年按照一定的比例递增价格。这样既保证了价格的稳定性，又能够适应市场的变化，满足消费者的需求。

（二）空间产品的定价方法

空间产品是茶馆经营的核心特色，具体涵盖三个方面：场地（包括包间与包场服务）、茶水服务以及茶点供应。鉴于全国范围内消费观念的差异，空间产品的定价策略通常采用以下三种模式：①将场地、茶水与茶点三项服务整体打包，进行统一定价销售。②将上述三项服务整体打包，但按人头及座位进行定价销售。③将场地、茶水与茶点分别定价，进行分拆销售。

这三种定价模式均能在全国范围内得到广泛应用，表明它们各自具有优势与局限性，同时也反映了我国不同地区消费者的心理差异。经营者应尊重这种客观存在的消费心理差异，并根据各自店铺所在地区的实际情况灵活采用相应的定价策略。

第一种定价模式在南方地区及三线以下城市较为普遍，名义上免收包间费用，而将相关费用纳入茶水服务中。其优势在于简化了客户的消费决策过程，便于客户接受；但弊端在于提高了客户对茶叶零售价格的预期，可能不利于茶叶的销售。然而，这一问题可通过特定策略予以解决，例如在房租成本较低的地区，以茶叶销售为主的茶馆可提供购买茶叶即可免费使用包间的会员服务，实质上也是将产品进行了整体打包。

第二种定价模式在江浙沪地区较为流行，按人头及座位收费，同时对包间使用人数设有最低要求。相较于第一种模式，其灵活性更强，便于人数较少的客户接受，且便于客户分摊费用。其优势在于只要有客人消费，基本利润率即可得到保障；若客人人数较多，利润将显著增加。然而，其弊端与第一种模式相似，均是从空间角度出发，将空间成本纳入茶水消费中，可能对店内茶叶的零售产生不利影响。

第三种定价模式相对理性，更接近零售思维，商家需在每一项产品和服务中寻求利润，操作相对复杂。其弊端在于若客户主要消费空间服务，则店面可能长期处于微利或无利状态。

在解决包间定价问题后，还需关注茶水的定价。茶水服务根据茶叶的品质和成本划分为多个档次，先确定最低档次，再分为按位收费和按壶收费两种方式。鉴于茶馆提供的茶水通常可续杯，因此单杯定价可适当高于茶饮店的奶茶或咖啡。按位收费的起始价格通常在 30 ～ 50 元；而按壶收费则按单杯价格的 4 ～ 6 倍计算，其中 4 倍定价较为合理。例如，若按位收费最低一杯茶为 50 元，则按壶收费最低一壶茶应为 200 元。最低档次应至少提供 6 ～ 8 种茶品供客户选择，并在此基础上增设更高档次，以每 100 元为一个区间，设置多个区间，以满足从低端到高端客户的全面需求。

至于茶点，应以简单美味为标准，进行统一定价。不宜选择对保存条件要求过高或摆盘耗时过多的产品。

此外，还需注意客户自带茶叶或在店内存茶消费时是否应单独收取服务费的问题。对此，建议采取以下两种应对方式：一是按人头收取 30 ～ 50 元的服务费，并设置每包间 100 元的封顶；二是在非高峰时段不额外收取服务费，而在高峰时段参照第一种方式收取服务费。

（三）零售产品的定价方法

零售产品的定价原则可概括为以下要点：标准品维持低毛利，非标品则追求高毛利。在商业活动中，追求更高的利润是理所当然的，若未能如此，可能意味着成本在其他环节被分摊。因此，如何在不违背人性原则的基础上实现更高的利润，始终是经营管理中的一大挑战。

茶馆经营中的一个核心难题在于，如何将光顾消费空间的顾客转化为零售商品的消费者。这一任务虽然艰巨，但必须始终贯穿茶馆经营的全过程。

其难度主要体现在两个方面：一是顾客原本并非为了购买商品而来；二是茶馆

普遍给人以商品价格偏高的印象。

针对这两个问题，解决方案主要包括两点：一是提供能够吸引顾客注意、单价低且转化率高的商品；二是通过各种方式使顾客认识到零售的商品价格合理。

若深入理解这两点，便能明白为何要将空间与商品分别定价，以及为何要控制茶水的价格，这些措施旨在促进空间消费与零售消费的融合。

标准品之所以维持低毛利，是因为这类商品随处可见且易于购买。它们会在顾客心中形成价格锚定效应，例如农夫山泉矿泉水，其价格普遍为 2 ～ 3 元一瓶。顾客在日常生活中经常接触这类商品，对其价格了如指掌。若茶馆的售价过高，很容易给顾客留下整体商品价格偏高的印象，导致他们除非别无选择，否则不会考虑在茶馆购买茶叶、茶器等商品。

非标品之所以追求高毛利，是因为这类商品没有可对比的价格。部分非标品属于“三年不开张、开张吃三年”的类型，由于消费频率极低，因此必须找到真正的买家。茶馆的非标品通常包括数量稀有的年份茶、高端的核心小产区茶、非遗大师手工制作的茶或茶器等。

（四）文化产品的定价方法

文化产品主要包括课程、茶会以及茶旅等多种形式。这些产品在市场中既有标准化的产品，也有非标准化的产品。根据市场规律，标准化的产品往往具有较低的毛利率，而非标准化的产品则享有较高的毛利率。尽管文化产品在实物成本方面的支出相对较少，甚至可以忽略不计，但它们在人力成本方面的投入却是相当可观的。因此，对于茶馆而言，建议采取平台化的运营模式，与提供文化内容的机构和教师进行合作，共同开发和推广这些文化产品。

文化产品具有显著的边际效应，这意味着它们在生产和传播过程中能够带来额外的价值。因此，对于那些具备一定知识和技能基础的茶馆经营者来说，建议将文化产品打造成标准化的产品，通过大规模的课程形式或者线上课程的形式进行知识付费的输出。目前，许多提供培训课程和付费茶会的茶馆，其收费标准大致为 200 元一次。

茶馆在经营文化产品方面最大的优势在于其物理空间和优质的人性化服务。因此，茶馆在经营文化产品时，必须积极探索线上和线下相结合的经营方式。例如，可以采用线上免费、线下收费的模式，或者线上学习与线下体验相结合的方式，甚至可以推出线上和线下捆绑的会员卡服务。通过这种方式，茶馆可以更好地满足消费者的需求，同时提升自身的竞争力。

在定价文化产品时，最重要的是要深入分析目标用户的心理接受价位。了解消费者的心理预期和支付意愿，对于制定合理的价格策略至关重要。通过精准的市场定位和心理分析，茶馆可以更好地满足消费者的需求，同时实现自身的商业价值。

三、促销策略

关于促销的概念，需进行明确界定。“促销”一词在日常语境中，常被狭义地理解为打折、降价等临时性的销售促进手段。然而，这是对“促销”一词的片面解读。促销的本质含义在于“促进销售”，其所涵盖的促销策略，实则指向整体的销售策略。本章所探讨的茶馆促销策略，即是指茶馆全方位的销售策略。茶馆的销售工作主要划分为以下三个方面。

（1）增强门店零售产品的销售量，例如，通过吸引门店周边潜在客户进店，以及引导到店品茶的顾客实现销售转化。

（2）拓展企业客户、经销商及大客户的集采、定制、团建等业务范畴，这可以理解为发展面向企业的（to B）业务或批发业务。

（3）强化新零售业务，借助直播带货、平台电商、社群电商等多种渠道，以实现产品销售的进一步增长。

（一）门店零售

茶馆的门店零售业务面临着两个主要的挑战，需要负责销售的团队积极应对并找到解决方案。

第一个挑战是如何让周边一两公里范围内的潜在客户了解茶馆所提供的服务和产品，并激发他们的兴趣，使他们愿意走进茶馆进行体验，或者在他们有购买茶叶的需求时，能够优先考虑我们的门店。简而言之，需要解决的是潜在客户对我们的认知问题。

为了解决这个问题，需要采取精准引流的策略。通过精准引流，可以更有效地吸引目标客户群体，提高门店的知名度和客流量。

第二个挑战是如何将进店体验的客户转化为实际购买茶叶的客户。普遍存在的一个观点是，茶馆提供的茶水价格相对较高，因此人们可能会认为茶叶的价格也会偏高，从而不愿意在茶馆购买茶叶。此外，面对电商平台上超低价格的竞争，实体店的零售业务似乎已经变得越来越困难。因此，茶馆需要找到一种方法，在价格上与电商保持相对接近的低价，同时还要提供一种互联网无法替代的现场体验价值。

为了解决这个问题，思路是实现店内实物产品的定价与线上价格的统一。这样可以确保客户在任何渠道购买产品时都能享受到公平的价格。同时，还需要将所有客户引导成为会员，并对会员进行精细化的运营和维护，以增强客户的忠诚度和购买意愿。

通过对这两个核心问题的解决，茶馆的门店零售业务将能够更好地吸引和留住客户，从而在竞争激烈的市场中脱颖而出。

（二）企业客户

面向企业的 to B 业务是茶馆销售中最具潜力和想象空间的一块领域。商务会谈型茶馆通常会选择在商务区进行选址，因为这些区域周边的企业数量众多，这为茶馆带来了巨大的天然流量优势。从广义上讲，to B 业务不仅包括标准的企业客户，还涵盖了消费能力较强的个人大客户，以及那些成为茶馆合作经销商的客户。他们的共同特点在于都会约定每年至少消费一定金额的茶叶产品，从而获得我们提供的大幅折扣价。to B 业务的本质，与传统定义的批发业务非常接近。

to B 业务是与企业进行交易的一种方式，其优点在于单笔交易金额较大，但缺点是决策周期和回款周期相对较长，平均毛利率并不高。企业决策通常是理性的，特别是对于中型以上的企业而言，它们基本上是按照预算进行管理。如果某一年的预算中没有采购茶叶的计划，即使已经谈好了合作，可能也要等到下一年才能进行采购。

正因为 to B 业务的周期较长，通常只能由门店的老板亲自来处理，或者老板需要有足够的魄力和资金去支持几个可能几个月都不能出一个大单的销售或商务人员。要想将 to B 业务做成规模，必须雇用一个专业的团队来进行运营，这将发生非常大的人力成本，以及为了维护客户关系而产生的社交成本。

（三）电商零售

随着互联网技术的飞速发展，电子商务已经成为当今零售业中不可忽视的重要趋势。越来越多的实体店经营者开始意识到，要想在这个竞争激烈的市场中立足，涉足电商领域是不可避免的。而且，进入电商行业的门槛相对较低，甚至简单到只需在社交媒体上发布一条朋友圈，展示并销售商品，便已经迈入了电商的门槛。

目前，市场上存在众多的电商平台，它们各有特色，为商家提供了丰富的选择。例如，淘宝和京东以其庞大的用户基础和成熟的物流体系著称；抖音和快手则凭借短视频的传播优势，成为新兴的电商带货平台；拼多多以社交电商的模式迅速崛起，吸引了大量价格敏感型消费者；有赞和视频号为商家提供了更多的自主性和灵活性；微信小商店则依托微信庞大的用户群体，为商家提供了便捷的开店体验。

在电商形式方面，同样多样化。直播带货通过实时互动，增强了用户的购买欲望；短视频带货则利用视觉冲击力，迅速吸引用户的注意力；内容电商通过高质量的内容吸引用户，从而实现商品的销售；二类电商则通过细分市场，专注于特定领域，满足特定用户群体的需求；社群营销则通过建立用户社群，增强用户黏性，实现口碑传播和销售转化。

对于那些规模较小的店铺店主而言，选择合适的电商思路至关重要。首先，应该关注市场上最流行的平台和形式，找到那些已经取得成功的方法，并加以借鉴和模仿。通过这种方式，可以更好地利用平台的流量资源，实现商品的变现。其次，无论在哪个平台成交，都要努力将用户导入到自己的私域流量池中，比如通过添加微信好友（或者未来的即时通信工具），以便更方便地解决用户的留存和复购问题。这样，就能在激烈的市场竞争中占据一席之地，实现可持续发展。

（四）茶会销售

定期或不定期地举办各种主题的茶会，对于提升客户对茶馆的认同感和客户黏性，从而提高产品销售业绩，具有非常显著的作用。所有的茶馆都应该持续地进行这样的活动。通过茶会，不仅能够为客户提供一个放松和交流的平台，还能通过各种主题的活动，增加客户对茶馆的兴趣和忠诚度。

茶会的形式多种多样，包括但不限于：有主题的茶会，例如围绕二十四节气举办的茶会、某个特定小山头或山场的品鉴会、某些年份茶类的品鉴会等；无主题或纯聊天喝茶的茶会；知识讲座型茶会，如企业股权讲座、AI 发展趋势等；社交沙龙型茶会，如相亲茶会、企业家私董会等。这些茶会不仅能够丰富客户的体验，还能为他们提供一个学习和交流的机会。

茶会的规模可以灵活调整，既可以是三四个人的小型聚会，也可以是三四十人的中型课程。一场标准茶会的人数在 6 ～ 8 人最为适宜；如果是邀请了有名望的人士做讲座，那么三四十人的规模做成分享课程的形式也是可以接受的。这样既能保证茶会的互动性，又能确保每位参与者都能获得足够的关注和体验。

组织一场茶会，通常需要先确定一个主题，并列出希望邀请到现场参加活动的嘉宾名单。接着，制作一张精美的宣传海报或者图文链接，发给嘉宾进行定向邀约。嘉宾到场后首先进行签到，然后进入茶会现场，按照主持人的安排静坐或者与旁边的其他人进行聊天、寒暄、自我介绍。随后，进入茶会的主题时间，可能是由一位老师给与会者讲解，也可能是行茶师一边冲泡一边讲解某款茶，与会者则跟随讲师的节奏去品尝茶品。最后，在临近结束的时候，主讲人或者主持人会进行跟单推介，促使到现场的人当场购买某些产品，随后活动结束。

茶会销售的本质是会议营销，要做好一场会议营销，不能打没有准备的仗。茶会的组织执行需要在两个关键点上下工夫：一是茶会的内容。茶会的内容要有价值，并且主理人要展示得有价值，这样才能吸引客户并让他们愿意参与。二是茶会的流程。整个流程要紧凑，每一个关键节点都要为成交埋好伏笔，如观众没有恰当的反应，就要尽快切换到大众话题，确保活动的顺利进行和最终的销售目标达成。

四、渠道策略

渠道是指那些能够为企业引入客户资源，甚至直接促成销售的合作伙伴。渠道策略本质上属于销售策略的一种，企业拓展外部渠道的核心目的在于推广自身的产品或服务。如果将促销策略视为企业内部销售渠道的管理手段，那么渠道策略则专注于企业外部销售渠道的管理。对于茶馆而言，当前最具实施可行性的渠道主要包括两类：一是关联商家，二是社群和私域。

（一）关联商家

关联商家也称为异业联盟，是一种商家间相互引导流量的机制。一般而言，成为关联商家需满足以下条件之一：一是拥有相似的客户群体；二是在物理位置上相对接近。关联双方或多方愿意相互引导流量，通常基于以下三个基础：首先，各方均有流量需求，并认为对方能为其带来流量；其次，具有相对重合的用户画像，服务于消费属性和消费能力相似的客户群体；最后，能够构建一套互惠共赢、操作简便的流量共享机制。

针对茶馆而言，适合成为其关联商家的类型主要涉及以下几个方面。

1．距离

位于茶馆周边 3 ～ 5 公里范围内，尤其是 500 米以内的商家。

距离过远的商家，其导流效果有限，且因互动不便而难以维持合作。若距离较近，即便业态差异较大，亦可能产生一定的导流效果。因此，在开发拓展关联商家时，应首先从最近的区域着手，并在建立合作关系后，勤于维护，主动沟通，以促进合作的持续进行，直至对方已养成从合作中获利的习惯，方可适当减少维护频次。

2．对象

消费客单价与自然流量和茶馆相近，以及主推会员卡的商家。

客单价相近，通常意味着客户属性亦相近，如中高端餐饮、宾馆酒店、电影院、养生会馆、美容美发、SPA 店、洗车店等中高端消费场所。流量相近的商家，合作更为对等，合作也更容易持续。若流量不对等，则需更加用心维护。例如，一些高端餐饮、电影院等规模较大的餐饮娱乐场所，其自然流量远大于茶馆，是良好的引流入口。但与这些商家合作，茶馆可能被视为蹭流量的一方，对它们增加营收并无直接贡献。因此，这类商家通常对与茶馆合作兴趣不大，茶馆经营者需主动公关，搞好关系，甚至通过送礼等私人关系推动合作。

3．行业

客单价高且获客成本亦高的行业，如整形医院、私人银行、人寿保险等。

这类商家本身对流量需求强烈，获客成本高，消费者决策难度大、周期长。它们通常会选择免费或低价但可包装成高价值的产品作为引流产品，并通过精心设计的步骤逐步转化客户。它们愿意将获客成本转化为合作权益，以返佣或实物的形式与多种商家合作。与这类商家合作相对简单，双方只需设计好权益即可。

（二）社群和私域

社群和私域流量已经成为茶馆运营中不可或缺的元素，它们不仅是当前商业趋势中的热门话题，而且在商业传统中也有着悠久的历史，理解起来并不复杂。私域流量指的是那些属于茶馆自己的、可控的流量资源，与之相对的是公域流量，即那些不属于茶馆但可能经过茶馆门前的流量。在传统商业环境中，公域流量可以类比为商场、商圈或道路的客流量，在线上则可以理解为像百度、阿里巴巴、腾讯（BAT）等大型平台上的流量。尽管这些公域流量并不属于茶馆，但如果茶馆能够吸引它们经过自己的“门口”，就有机会进行销售。

因此，需要采取策略将这些公域流量转化为私域流量，以便能够长期经营和维护客户关系。在传统商业模式中，这种做法通常体现为会员制度。社群作为一种私域流量的载体，相较于会员制度，操作起来更为简便，两者之间存在一定的重叠。随着互联网技术的不断进步和完善，社群不仅可以作为一个独立的运营模式存在，还可以作为会员制度的前期阶段，为会员制度的发展提供有力支持。

社群的形态多种多样，既包括线下的形式，如品鉴会、课程群、活动群，也包括线上的形式，如学习群、团购群、活动群。社群既可以完全在线上运作，也可以实现线上线下相结合，形成一个互动的、互通有无的社区环境。通过这种方式，茶馆能够更好地与客户建立联系，提供更加个性化和贴心的服务，从而在竞争激烈的市场中脱颖而出。

茶馆的社群营销一般有两种做法。

第一，活动社群。

该社群旨在组织茶会、茶旅等各类活动，发布活动通告，并促进茶知识与茶文化的交流。社群成员主要由热爱茶文化的朋友及其友人构成。鉴于该社群主要具备公益性质，直接在群内销售产品的行为并不多见，因此成员的增长主要依赖于个人邀请，社群规模得以自然扩大。此外，门店顾客在添加茶馆的微信后，也可被邀请加入此社群。

运营该社群面临的主要挑战在于寻找合适的运营者及持续策划富有吸引力的活动内容。运营者需负责维持社群的活跃度，引导话题讨论，并有效调控讨论热度。通常情况下，社群成员中约有 90% 为沉默的大多数，他们虽不常发言，但仍可能关注群内消息；另有 10% 的成员较为活跃，积极参与讨论与活动；而 1% 的成员则表现出极高的热情，甚至主动协助组织活动。对于这 1% 的特别热心成员及 10% 的积极分子，应给予特别关注，为前者提供一定的特权及精神与物质激励，以期将其转化为合作运营者。

在内容运营方面，尽管初期难以确保内容的丰富性，但只要制定规划并持之以恒，内容将逐渐累积。内容的好处在于可复用性，当积累到一定程度时，足以支持半年至一年的内容运营需求。

值得注意的是，该社群虽非直接以销售为目的，但旨在提升客户黏性与活跃度。然而，一个运营良好的社群将展现出强大的变现潜力。

第二，团购社群。

这是一个专门用于发布拼团产品及特价产品促销信息的社群。团购社群的成员主要源自门店顾客及员工微信好友。在顾客消费结账前后，应主动引导其添加微信，并询问其是否有意愿加入门店促销群，若顾客表现出兴趣，则将其拉入群中；同时，也应邀请对茶感兴趣、希望获取茶叶知识的朋友加入该群。

团购社群遵循直接的商品销售逻辑，并按照从激发兴趣到实现购买的闭环进行持续运营。该社群通常通过持续激发兴趣来培养群成员的信任感，这一过程可能包括分享茶叶与茶具知识、产品展示，以及茶馆日常经营的短视频或直播等内容，旨在建立群成员对我们的信赖。

当信任积累到一定程度后，销售行为便会自然而然地发生。群成员在经过一段时间的激发兴趣后，会对某些产品产生浓厚兴趣，并期望能够购买到优质商品。此时，需寻找品质优良且价格合理的产品，在群内开展限时限量促销活动。群成员收到商品后，会在群内分享图片与视频，交流使用心得，从而引发新一轮的激发兴趣过程。

任务三　茶馆的品牌建设

茶馆的品牌建设

开店的人普遍怀有创立自有品牌的愿望，这是人之常情，同时也凸显了品牌价值的广泛认知。

品牌具有极高的价值，能够在企业经营的各个环节发挥积极作用：吸引顾客流量，促进销售成交，增强顾客重复购买意愿，以及激发顾客的口碑推荐。

品牌的核心价值在于高效解决消费者信任问题，缩短交易流程。构建品牌是一项系统工程，涵盖多方面的工作内容。大型品牌常通过广告宣传来塑造品牌形象，这一任务通常由企业的营销、市场或品牌部门负责策划与执行，关键在于在预算限制下创作有效的广告内容，并选择能够覆盖目标客户的媒体进行投放。

茶馆作为零售门店，与生产型企业存在差异，属于销售型小规模企业。茶馆的品牌建设虽不必如大型企业般复杂，也不太可能组建专业团队，但其基本原则一致，即围绕以下两个问题展开工作：①期望在消费者心中树立何种形象？②如何使消费者形成这一印象？

第一个问题可扩展为市场调研、竞品分析、市场定位、产品设计、价值理念等子问题；第二个问题则涉及选题策划、内容创作、渠道选择、投放策略、效果评估等子问题。因此，茶馆的经营者需兼具个人团队的能力，同时集中精力于自身能力范围内，战略性放弃非核心目标，围绕核心目标开展工作。

一、品牌定位与形象塑造

（一）品牌定位

在当今竞争激烈的市场环境中，茶馆要想在众多同行中脱颖而出，打造一个具有独特魅力的品牌至关重要。尤其是对于那些规模较小的茶馆来说，品牌建设更是其生存和发展的关键。以下是在茶馆品牌建设过程中需要遵循的两条基本原则。

首先，茶馆经营者必须明确，自己所要打造的是一个服务品牌，而非仅仅是一个产品品牌。茶馆的核心业务在于提供高品质的服务，包括为顾客提供一个舒适的会客空间和价格合理的茶水服务。这些服务构成了茶馆的基础，可以称为茶馆的第一产业。顾客之所以选择光顾某家茶馆，并非仅仅因为其提供的茶叶或茶具有多么出色，而是因为茶馆恰好满足了他们对于会客空间和价位的需求。因此，茶馆在对外宣传时，应当着重强调其服务的优势，如地理位置的便利性、环境的优雅、空间的宽敞、价格的亲民及服务的周到等，而不是单纯地宣传其茶叶或茶具的品质。通过这种方式，茶馆能够吸引那些真正需要优质服务的客户，从而获取稳定的收入。

其次，优先打造创始人的个人品牌，而非一开始就追求公众品牌的建设，这是一个明智的策略。这并不意味着在品牌建设的过程中，要完全忽视产品的推广，而是应该先在服务上建立起品牌，让客户首先认同并信任茶馆的服务，然后再将这种信任转化为对产品的需求。这样，既能满足客户对服务的需求，也能实现对零售产品的销售目标。如果一开始就将重点放在产品品牌上，不仅周期会变长，而且经营效率也会降低。

对于一家小店来说，最好的品牌往往是创始人的个人品牌。这不仅是因为个人品牌更容易操作，而且其价值也更为显著。个人品牌的打造并不意味着小店的名字必须使用创始人的名字，而是要将小店的品牌工作与创始人紧密联系起来。人们往往更容易记住一个具体的人，而不是一个抽象的概念，因此品牌的推广往往需要一个代言人。

例如，海底捞之所以以其卓越的服务闻名于世，很大程度上是因为其创始人张勇一直以来都致力于为他人提供极致的服务，并关爱身边的人；喜茶之所以给人留下高品质原料和不断创新口感的印象，也与其创始人聂云宸在产品研发和原料选择上的专注密不可分。一个具有人格化的品牌不仅便于人们认知和记忆，而且还能赋予品牌以温度，这对于茶馆来说尤为重要。无论是追求高端大气，还是走亲民路线，人情味都是茶馆不可或缺的元素。茶馆的员工数量通常不多，不适合采用过于僵化的管理体制，而应该保持一定的弹性和灵活性。如果缺乏人情味，员工就会缺乏归属感，流动性增大，无法将服务的温度传递给客户，也无法为茶馆积累人气。相反，通过人格化带来的人情味，能够留住客户的心，让他们愿意持续地在店里消费。

在当今这个人人都是自媒体的时代，人们在传播手段上已经实现了技术平权，打造个人品牌不再是难事，甚至不需要额外的投入。如果一家小店的创始人或老板没有意识到个人品牌的巨大价值，那么他们将会错失一个至关重要的机会。在今天的自媒体时代，可以这样说：企业主将资金投入到自己的个人品牌上，每一分钱都不会是浪费。

（二）形象塑造

茶馆品牌的形象塑造主要包括名称、标识、口号。

1．品牌名称

一个优质的品牌名称，其重要性究竟如何？

人们对品牌的初步记忆，往往始于其名称。尽管一个出色的品牌名称并非企业成功与否的决定性因素，但其对成功的促进作用却是显而易见的。

为何说优质的品牌名称至关重要？可以归纳出以下两点原因：

（1）它能显著提升品牌的可记忆性，使消费者在需要再次购买时能够轻易回想起该品牌。

（2）它能够准确传达品牌的调性，帮助消费者理解品牌的价值观。

从这两点来看，优质的品牌名称是品类与调性的统一体现：既能清晰描述品牌所属的品类，又能充分展现品牌所倡导的主张。

一个优质的品牌名称，有助于降低品牌的传播成本和市场教育成本。反之，一个不佳的品牌名称，则会导致传播成本、教育成本和营销成本的相应增加。

基于上述对优质品牌名称的界定，下面进一步细化出以下几个品牌命名的标准和方法。

一是名称中应包含品类的关键词或字，使消费者能一目了然地了解品牌的主营业务。如小罐茶、喜茶、老舍茶馆等，名称中直接包含“茶”字，简洁明了，效果最佳。应避免为了追求雅致而使用晦涩难懂的名称，如江南水乡、皖南风情等，若门头设计再隐晦一些，则更难以判断其是餐饮店、服装店还是茶馆，这样的结果可能导致消费者不愿主动光顾。

有些规模庞大的品牌，本身已直接代表了一个品类，如麦当劳、可口可乐等，它们无须在名称中再增加品类词。但对于大多数品牌而言，名称中仍需包含品类的属性。作为小店，应向身边其他成功的小店学习，而非过分追求向大品牌学习。因为大品牌为了塑造高端形象，其品牌名称往往是某个知名设计师的名字或某个代表某种意境的抽象词，且商标在产品设计中若隐若现，让不懂的人难以辨认。而小品牌则完全相反，其外观设计可能更普通一些，但招牌字一定要足够大，名称一定要足够好念、好记。

二是名称应尽量简短，控制在二三个字以内，加上品类词也不超过 5 ～ 6 个字，以便于记忆。符合人类记忆规律的名称，要么是字数很短的，要么是人们已经熟知的。例如，运动品牌李宁，李宁只有两个字，且是家喻户晓的运动员名字，既有记忆点，又利于记忆。再以茶行业为例，中茶、大益、小罐茶、竹叶青等头部品牌的名称都没有超过 3 个字，读起来很顺口。一旦名称超过 5 个字，且是不相关联的 5 个字，就难以记忆了。例如一款茶的名字叫做“茶檟蔎茗荈”，即使背诵多次也难以记住。

三是名称应注重意象美和音律美，能够激发人们的美好想象。茶馆作为文化气息浓厚的场所，拥有一个文艺范的名称自然是锦上添花。能够带来文艺感觉的，通常是一些美好的自然景象和抽象词汇。例如，自然景象中的花草、月色、名山、大川、寺院、鸟啼、虫鸣、焚香等；抽象意境中的虚、空、境、玄、妙、隐、真、善、明、惠、慧、悟等。景象是实在而具体的，可以通过眼、耳、鼻、舌、身、意去感受；意境则是相对抽象的，可以通过色、声、香、味、触、心去体会。

2．品牌标识

品牌标识也就是品牌的 logo，拥有了一个恰当的名称之后，设计相应的 logo 便相对容易实现。设计 logo 是一项专业任务，应当由具备专业技能的人员承担。一般而言，存在两种途径：较为经济的方式是在图片库网站上购买可用于商业用途的 logo，直接使用；而成本较高的方式则是聘请专业设计师，清晰传达设计理念，由设计师完成设计。

在现代设计理念中，优质的 logo 通常具备抽象、简洁且富有寓意的特征。

当前流行的 logo 设计风格倾向于扁平化，其优势在于：一是辨识度高，即便在远距离也能轻易辨认；二是屏幕显示效果佳，适合在各类屏幕上展示，既能作为形象标识，也能作为功能按键；三是复制性强，便于转化为实体形象或印制于 T 恤等宣传材料上。

logo 的用色也是品牌差异性的重要标志，现代设计风格倾向于采用单色或以一种主色搭配少量点缀色。例如，美团的亮黄色与饿了么的亮蓝色，在视觉上均具备高度辨识度。一般而言，绿色常用于表现健康自然；灰色和银色常用于表现科技时尚；橙色和粉色则常用于表现热销产品。对于茶馆而言，颜色的选择相对有限，过于鲜艳的颜色难以经受时间的考验。因此，多数情况下，茶馆的装修主色倾向于选择原木色，或中国传统色彩中偏青、蓝、灰等中性色调。

简洁的 logo 设计能够激发人们进行多层次的解读，越是抽象的设计，反而越具有阐释的空间。仍以苹果为例，被咬一口的苹果究竟象征着什么？便有着无数的解读。它可能代表着伊甸园中释放的人性，可能代表着不完美中的完美，也可能寓意着新鲜美味值得品尝。品牌的故事性正是在无数人的共同解读中被塑造出来，这无疑是一种高超的营销手段。虽然简洁的 logo 设计具有诸多优点，但其设计难度也相当大。如果茶馆有幸得到高水平设计师的协助，那么无疑是一种幸运。

并非所有茶馆都能设计出既简洁又美观的 logo。因此，对于茶馆而言，采用书法手写体作为 logo 是最简单、最常见且最值得推荐的做法，尤其是能够邀请到德高望重的名人书写更是锦上添花。书法体 logo 既符合中国人的传统习惯，也完全避免了注册商标时可能遇到的问题。

3．品牌口号

品牌口号就是 slogan。口号是简短的，所有人一听就懂的。口号最主要的作用是对内统一思想，对外展现品牌价值观，设计口号要达到这两个目的。

举例来说，华饮小茶馆连锁自 2018 年以来，一直坚持使用一个简洁明了的口号："小茶馆，茶好喝。"这个口号虽然简单，却蕴含着想要传递给外界的核心信息。华饮希望消费者能够一听到这个口号，就立刻明白其茶的品质优良，无论选择哪一款茶，都能享受到美味的茶饮，值得消费者的信任。在信息爆炸的时代，消费者往往没有太多时间去深入探究每一个品牌背后的意义，因此，应力求通过简洁的口号，让消费者一听即懂，进而通过茶馆的服务，让他们在品尝过程中逐渐感受到茶馆的茶确实美味可口。

这个口号对内部员工来说，却蕴含着丰富的内涵。它提醒着每一位同事，要实现"茶好喝"的承诺，需要付出大量的努力。首先，必须具备挑选优质茶叶的能力，并确保连锁店能够稳定地供应这些高品质的茶叶。其次，行茶师必须具备高超的泡茶技艺，保证每一位行茶师都能够以稳定的状态和技能，为顾客泡制出美味的茶饮。此外，还必须确保门店能够提供温馨的服务，因为即使是最优质的茶，如果没有一个舒适的环境和贴心的服务，顾客也难以感受到其真正的美味。因此，华饮致力于为顾客创造一个能够让他们静心品味茶香的环境，让每一位顾客在华饮小茶馆都能享受到一次愉悦的品茶体验。

二、品牌传播与推广

有了品牌的基础，也就是基础性的名称、标识、口号等基础要件之后，可以通过讲好一个品牌的故事来把品牌传播和推广出去。下面就来讲一讲如何讲好一个品牌故事。

故事的力量是无穷的，它能够轻易地触动人心。许多著名品牌的创始人都是擅长讲故事的高手，他们通过讲述引人入胜的品牌故事，成功地吸引了大量的粉丝、客户和投资者。讲述自己品牌背后的故事，是一种非常有效的方法，能够帮助品牌赢得广泛的支持和认可。

然而，每个普通的茶馆创始人也有着自己独特的创业故事，只是很多时候他们缺乏勇气去讲述这些故事，或者担心自己的故事太过平凡，无法引起他人的兴趣。他们还可能担心自己没有掌握讲故事的技巧，害怕在讲述过程中出丑，无法达到预期的效果，从而给自己设定了许多限制条件，最终导致放弃了讲述自己故事的想法。

要想讲好自己的故事，首先需要摒弃这些预先设定的限制条件。想象一下，当一个几岁的小孩子兴致勃勃地向我们讲述她的故事时，我们会介意她的表达是否流畅吗？实际上，我们并不会太在意，只要她愿意分享，我们就愿意倾听。同样的道理，当我们向公众讲述自己的品牌故事时，也是如此。

首先要做的是勇敢地开口去讲述。即使表达不够完美，总会有一些人愿意聆听，这些人往往就是我们最忠实的支持者。即使认真倾听我们故事的人不多，但只要持续不断地讲述，总会有人或多或少地接收到我们的信息，并在无意间对我们产生一定的印象。毕竟，做品牌工作的目的，不就是为了在人们心中留下深刻的印象吗？

其次，关于如何讲述才能讲得好的技巧，会在一次又一次的练习中逐渐提升和完善。就像新员工一开始可能对泡茶一无所知，但只要在店里工作几个月，她们泡茶的动作就会变得熟练流畅，甚至超过许多经验丰富的老茶客。没有其他原因，只是因为她们每天都在不断地练习，不断地为客人泡茶，即使是最笨拙的手也会变得熟练。

最后，品牌故事并不需要刻意追求跌宕起伏的情节或者高尚的品德，不应该为了追求戏剧性而去编造或夸大事实。因为造假对品牌信誉的伤害是无法挽回的。品牌故事最珍贵的地方在于其真实性，最好的故事往往是出乎意料却又合情合理，即使看似平淡无奇，也符合人们的常识和经验。

那么，茶馆的品牌故事应该讲述些什么呢？其实就是人们常说的人生终极三问。

（1）我是谁？我的身份是什么？我是如何成为现在的我？我与其他人有何不同？

（2）我为什么要创业？我的创业初心是什么？是什么事情激发了我的创业激情？我为何而奋斗？

（3）我想要创建一家什么样的公司？我想要打造一个什么样的品牌？为了实现这个目标，我做了哪些努力？我经历过哪些成功和挫折？

将这些问题的答案串联起来，就构成了你的品牌故事。通过讲述这些故事，你不仅能够向外界展示你的品牌理念和价值观，还能让人们对你的品牌产生更深的情感共鸣。

三、品牌维护与提升

茶馆作为一个销售型门店形态的小规模企业，它的品牌维护工作自然和大企业专门的品牌部门、公关部门、市场部门整体来形成的品牌维护工作有很大差距。茶馆的品牌维护工作是具体的、实用的，可以参考以下方法。

（一）向大品牌借势

向大品牌借势，就是通过代理大品牌来提升自己的品牌势能。

代理大品牌的好处主要体现在两个方面。首先，代理大品牌能够为代理商带来一定的流量，使产品更容易销售出去。这是因为大品牌通常具有较高的知名度和市场认可度，消费者对这些品牌的信任度较高，因此更愿意购买这些品牌的产品。其次，大品牌通常拥有更完善的销售和管理培训支持系统，这使代理商能够更加规范地开展工作，从而更像一个真正的品牌。这种培训支持系统不仅包括销售技巧和管理方法，还可能包括品牌理念和企业文化等方面的培训，帮助代理商更好地理解和传达品牌的价值观。

然而，代理大品牌也有一些局限性。首先，可供选择的大品牌并不多，因为一些大品牌并不提供专柜代理的方式，它们只接受专卖店形式的代理。这意味着代理商需要投入更多的资金和资源来开设专卖店，而不是仅仅在现有的门店中设立一个专柜。其次，代理大品牌的门槛通常很高，代理商需要压货 50 万～ 100 万元，甚至更多，同时每年还有基础的销售任务量需要完成。这无疑增加了代理商的经营压力和风险。

因此，需要找到一个既在经营的区域内具有一定的品牌影响力，又能开放以专柜形式来代理销售的品牌。例如，小罐茶就是一个可以接受专柜代理的品牌，它的压货量要求相对较低，这使得代理商在资金投入上更为灵活。然而，需要注意的是，小罐茶给到代理商的利润空间并不大，这可能会影响代理商的长期收益。

代理一个大品牌，门店可以在外部装修上和内部陈列上充分利用大品牌的宣传图片和视频等素材。这些素材不仅能够吸引消费者的注意力，还能够提升门店的整体形象。此外，代理商还可以在自媒体平台上（如朋友圈）发布推广宣传的图片或视频，借助大品牌的影响力，进一步提升自己的品牌形象。通过这种方式，代理商不仅能够借助大品牌的知名度吸引更多的客户，还能够在市场中树立起自己的独特形象，从而在竞争中脱颖而出。

（二）加入行业组织 / 取得资格认证

通过缴纳一定的费用，可以轻松地成为行业协会的会员单位，尤其是那些官方认可的协会组织。例如，如果申请商务部茶馆办公室的星级茶馆认证，将有机会加入全国范围内的四五百家五星级或四星级茶馆联盟的社群。这样的官方组织不仅能够提供丰富的资源，还能带来诸多好处。

首先，加入官方组织后，将有机会结识所在城市中最顶尖的同行。这不仅意味着将拥有更多对话的伙伴，还意味着将在本地行业内拥有更多的话语权。其次，官方组织的认证本身就是一种信任背书，它能够为你的品牌提供强有力的支持。如果能够充分利用这种认证，它将起到四两拨千斤的宣传效果，帮助你的品牌在市场中脱颖而出。最后，官方组织的认证标准将促使你不断完善自己的管理体系、产品体系和服务体系。这种自我完善的过程不仅有助于提升业务水平，还能帮助你更好地树立品牌形象。通过官方组织的认证，你将获得更多的信任和支持，从而在激烈的市场竞争中占据有利地位。

（三）举办群众性活动

通过策划和举办各种大型活动，如大会、比赛等，能够有效地吸引和动员广大群众的参与和关注，这无疑是一种非常有效的方式，有利于打造和提升品牌知名度。例如，如果你在本地某个特定行业中已经具备了一定的资源和影响力，那么可以考虑组织一系列与该行业相关的年度活动，比如雅集、研讨会、行业峰会等。作为这些活动的组织者，你自然会成为人们关注的焦点之一。在活动中，你需要发表讲话，与来自各方的参与者进行交流，甚至在餐桌上与他们共进晚餐、举杯共饮，从而结识许多新朋友。只要能够坚持每年举办一次这样的活动，并且持续不断地坚持下去，随着时间的推移，你将会看到意想不到的积极效果。

（四）参加大赛 / 行业峰会 / 茶博会等公众活动

即使自身缺乏举办大型公众活动的能力，仍然可以通过积极参与各类大赛、行业峰会、茶博会等公众活动来提升自己的知名度和影响力。在这些活动中，应努力争取获得奖项，或者争取在众人面前发表演讲的机会。这些公众活动本身就吸引了大量观众的关注，尤其是那些专业的媒体机构会对这些活动进行报道，从而为参与者提供强有力的背书效果。当你在大赛中获奖或者在大会上发言时，你的照片和视频会被记录下来，并且能够被广泛传播，这些都会逐渐累积，形成你的个人品牌。随着时间的推移，这些素材会不断积累，包括各种证书和奖杯等，这些都将是你未来宣传时可以反复利用的宝贵资源。

（五）结识有影响力的朋友

这里所谈论的影响力特指品牌方面的影响力，它主要体现在能够为经营者提供发声的机会以及帮助经营者获得宣传推广的机会。这种影响力可以分为两个方面。首先是品牌在行业内的影响力，这主要依赖于那些掌握行业话语权、拥有丰富行业资源的人，例如行业协会的主要负责人。他们通过自己的地位和资源，能够为品牌提供发声的机会，使品牌在行业内获得更多的关注和认可。其次是品牌在媒体方面的影响力，这主要依赖于官办媒体的领导、记者、编辑，以及那些拥有大量粉丝和影响力的自媒体大号。通过与这些媒体人士建立良好的关系，品牌可以获得更多的宣传推广机会，从而扩大其影响力和知名度。

结识这些有影响力的人，不仅可以打开你的眼界，还能带来许多你之前看不到的机会。有影响力的人通常是在社会中占据较高资源站位的人，因此，作为茶馆经营者，也需要不断提高自身的修养和素质，为对方创造价值，才能形成良性的循环互动，实现双方的共赢。

此外，还有一种影响力来自社会名人，如影视明星、行业领袖、体育名人等在社会上有广泛知名度的人。这些名人对企业与产品的认可，如题词、合影、视频等，也是非常好的品牌宣传材料。这些材料不仅能够提升品牌的知名度，还能增加品牌的可信度和权威性，从而在消费者心中树立起良好的品牌形象。

（六）充分使用网络自媒体

网络自媒体的种类繁多，涵盖了微博、微信公众号、朋友圈、视频号、抖音、快手、小红书等多种形式。这些平台在互联网时代迅速崛起，成为人们获取信息和娱乐的重要渠道。然而，网络自媒体的发展速度之快令人惊叹，今年可能还风靡一时的平台，到了明年可能就不再受到人们的青睐。尽管如此，传播的核心理念始终不变，那就是我们经营的是自己的品牌，而不仅仅是媒体本身。因此，应当将重点放在内容的创作和呈现形式上，灵活运用当下最热门的平台来传播自己的品牌。

最热门的平台之所以具有价值，是因为它们拥有现成的庞大流量和海量用户。经营者希望在这些平台上发声，以便找到自己的忠实粉丝。平台为经营者提供了庞大的粉丝基础，而经营者与粉丝之间的互动则是一种双向的过程。粉丝通过平台找到经营者，而经营者也在通过平台寻找粉丝，这种互动关系是建立品牌与受众之间联系的重要方式。

对于普通的经营者而言，充分利用这些平台的最大技巧在于学会借助平台的流量。简单来说，就是当网络上有什么热门事件或话题时，要想方设法将自己与这些事件或话题联系起来，从而吸引更多的关注和流量。

对于经营者来说，熟练掌握和运用自媒体已经不再是一门可选的课程，而是一门必须掌握的技能。每一位茶馆经营者，都应该至少通过一个以上的网络自媒体平台，持续不断地进行自我表达和宣传，以此来扩大品牌的影响力和知名度。通过这些平台，经营者可以更直接地与消费者沟通，传递品牌理念，展示产品特色，从而在竞争激烈的市场中脱颖而出。

华饮小茶馆

【思考与练习】

一、选择题

1．确定茶馆的市场类型要考虑的要素有（　　）。

A．业务　　B．选址　　C．资源　　D．意愿

2．以下（　　）是消费者分析主要考虑的要素。

A．消费类型　　B．消费金额　　C．消费时间　　D．消费频次

3．茶馆品牌建设的常见方式有（　　）。

A．向大品牌借势　　B．加入行业性组织 / 协会

C．举办行业大赛　　D．使用多种自媒体

二、简答题

1．什么是消费者生命周期？如何理解茶馆客户的生命周期？

2．茶馆有几种定价方式，各自有什么异同？

3．茶馆有哪些产品类型，从哪些维度对它们分类？

4．茶馆的服务品牌和产品品牌有什么关联？

三、课后实践

1．请以你所熟悉的茶馆为例分析其市场类型和主营业务。

2．实地调查研究一家茶馆，从它的茶单来分析它的定价逻辑和合理性。

3．实地考察一家茶馆，为它的品牌定位提出核心要点。

项目六

茶馆文化的衍生创意与实践

思维导图

- 茶馆文化的衍生创意与实践
  - 茶馆创意文化综合体的开发与设计
    - 茶馆创意文化综合体
    - 茶馆及其衍生空间的创意设计
    - 个性化与主题化茶馆的设计实践
  - 茶产品的创意开发与设计
    - 产品定位与策略
    - 茶产品的创意开发与设计
    - 茶馆文化衍生产品创意开发与设计
    - 茶馆文化衍生产品与茶产品的合理选配
  - 茶馆文化赋能经营模式的创新与实践
    - 个性化经营模式开发
    - 多样化活动的策划与实践
    - 数字化与智能化管理
    - 实现价值引领与多重功能整合

学习目标

知识目标：

- 掌握茶馆创意文化综合体的基本概念、特征与开发策略；
- 充分了解个性化与主题化茶馆的设计实践案例；
- 了解茶产品、茶馆文化衍生产品创意开发的定位、策略与品类；
- 熟练掌握茶馆经验与管理模式。

技能目标：

- 能自主开发设计茶馆创意文化综合体并撰写方案；
- 能自主开发设计茶产品与茶馆文化衍生产品并撰写方案；
- 能合理搭配茶产品与茶馆文化衍生产品；
- 能自主策划与组织多样的茶馆活动。

素养目标：

- 提高审美鉴赏能力；
- 培养创新性思维，提高创新力；
- 增进团队协作能力，培养学生大局观的形成。

任务一　茶馆创意文化综合体的开发与设计

在快速发展的现代社会中，人们对于精神文化的追求日益增强，茶馆作为承载中国传统文化的重要载体，传播茶文化的重要媒介，正经历着从传统向现代的转型升级。

茶馆创意文化综合体的开发与设计

一、茶馆创意文化综合体

（一）概念

文化综合体是通过合理设计的交通疏导空间或公共交往空间，将两种或多种不同属性的文化单体（如博物馆、档案馆、图书馆、规划展览馆、美术馆、科技馆、音乐厅、剧院等）以及商业、休闲娱乐功能有机地组合在同一个建筑实体中，共同形成一个公共文化建筑。这些功能之间建立起一种相互依存和资源共享的互补关系，从而形成一个复合、集约、高效率、协调、统一的整体。

茶馆创意文化综合体，是一种将传统茶文化与现代商业模式、休闲理念相融合，打造集品茗、文化交流、艺术体验、商务洽谈、创意产业等多功能于一体的新型文化空间，以满足现代人对于高品质、多元化精神文化生活的追求。

（二）特征

1. 文化职能多样性

茶馆创意文化综合体是指把多种不同的文化职能，通过对它们的再安排、分配与组合，形成一个完整的、多层次的、相互联系的空间系统。这些职能共同构成了茶馆文化的独特魅力，使其成为社会文化生活中不可或缺的一部分。

（1）社会交际功能。空间的社会学意义在于，它不是一个空洞的容器，而是一个充满活力的社会环境，人们之间的交流、互动，使这个空间变得有生命，有价值。茶馆是社会交际的重要空间，它为人们提供了一个轻松、和谐的交流环境。无论是亲友小聚，还是沟通联谊，茶馆都能满足人们的社交需求，促进建立亲密关系，增进彼此之间的情感。

茶馆中的社交场景（摄影：时蕴茶驿）

（2）文化展示功能。茶馆是茶文化展示与传承的重要平台。在茶馆里，爱茶人士可以学习到专业的茶知识，包括茶品的特性、冲泡和品饮方法。同时，茶馆也是茶艺师们展示茶艺技巧的舞台，他们通过精湛的茶艺表演，吸引更多人对茶文化产生兴趣，从而推动茶文化的传承与发展。

茶馆是一个与城市紧密相连的地方，不同地区的茶馆在装饰风格、茶品选择、茶艺表演等方面都呈现出各自的地域特色和文化差异。这些特色差异不仅丰富了茶馆文化的内涵，还为人们提供了了解不同地域文化的窗口。通过参观不同地区的茶馆，人们可以更加深入地了解当地的历史、文化和风土人情，也为当地人带来了深刻的文化认同感和归属感。

具有浓厚地域特色的茶馆——老舍茶馆（摄影：张文杰）

（3）文化交流功能。在全球化和信息化时代背景下，各种思想、文化相互碰撞与交融。茶馆作为一个具有多重属性的公共空间，成为不同国家、民族之间进行文化交流的重要场所之一。这种文化交流既包括物质层面的商品交易，也涵盖精神层面的价值观念传递等多个方面。通过这一平台，各国各地区的人们可以更加方便地获取彼此所需的知识、经验以及其他相关资源，从而实现跨文化交际的目的。

（4）文化教育功能。茶馆在文化教育方面也发挥着重要作用。除了日常茶馆所营造的茶文化氛围来影响大众外，还会通过茶艺表演、茶文化讲座、茶会活动、茶文化培训等形式向公众普及茶文化知识，提高人们对传统文化的热爱，提升大众文化素养，增强文化自信。同时，茶馆还承担着传承和弘扬民族文化的重任，通过举办各种文化活动，推动民族文化的传承与发展。

茶馆中的茶艺师在进行宋代点茶茶艺表演（摄影：时蕴茶驿）

（5）休闲与审美功能。休闲娱乐自古就是茶馆基本的功能之一。茶馆里的茶客大都是悠闲之人，他们在茶馆里喝茶的最主要目的是消磨时光、放松身心。茶馆的装饰风格符合现代人对环境的审美习惯，多呈现出古朴典雅，营造出一种宁静、舒适的氛围。这种氛围不仅满足了人们的休闲娱乐的要求，还满足了人们的审美需求。在茶馆中，人们可以一边品茶，一边欣赏茶艺表演和艺术品展览，享受身心的愉悦和放松。

2．空间设计文化性

文化性是指建筑应该将其所处城市、区域的文化内涵及人文价值、城市历史文脉、传统建筑肌理、形式等历史文化要素进行反映，在功能、空间、材料、造型的处理方面，都充分将其地域属性表现出来，从而表现出建筑与城市的文化特点。茶馆创意文化综合体内容丰富，有很重要的文化展示作用，其空间的设计不仅是物理空间的规划，更是文化氛围、历史传承、艺术表达与人文关怀的综合体现，主要体现在以下几个方面。

（1）传统与现代的融合。茶馆作为中国传统文化的重要载体，其设计往往融合了传统元素与现代审美。传统元素如中式家具、窗棂、屏风、字画、茶具以及园林造景手法等，与现代设计理念相结合，创造出既具有古典韵味又不失时尚感的空间。这种融合不仅体现了对传统文化的尊重与传承，也满足了现代人对美好生活的追求。

（2）地域文化的展现。茶馆的独特空间形态和布局，不仅可以直接传达出城市的信息和形象，而且还能够让个体在这里获得更深刻的认知，从而成为个体与城市之间的桥梁。在大众媒体上，茶馆被视作一种具有象征意义的媒介，它将传统和现代融合在一起，从而影响着公众对城市的整体理解。

中国地域辽阔，各地文化特色鲜明。茶馆空间设计常常融入当地的地域文化元素，如江南水乡的柔美、京城的庄重、川渝的热烈等，通过建筑材料、色彩搭配、装饰图案等方面展现出来，让顾客在品茗之余，也能感受到浓厚的地方文化氛围。

（3）茶文化的传播。茶馆是茶文化的重要传播场所，设计中会注重茶文化的展示与体验，如设置茶艺表演区、茶文化展览区，或是通过茶室的布局、茶具的摆放、茶席的设计等细节，传递茶文化的精髓。

（4）艺术与人文的结合。茶馆空间设计通过引入书法、绘画、雕塑、陶瓷等艺术品，以及诗词歌赋、历史故事等人文元素，营造出一种高雅而富有文化气息的氛围。这种氛围不仅提升了茶馆的品位，也让顾客在品茗的过程中得到心灵的净化和文化的熏陶。

（5）生态与自然的融入。茶馆空间设计通过引入绿植、水景、竹篱等元素，营造出一种自然和谐的生态环境。这种设计不仅有利于改善室内空气质量，提高顾客的舒适度，也体现了人与自然和谐共生的理念，与茶文化中“天人合一”的哲学思想相契合。

表 6-1　茶馆空间设计文化性的体现案例

体现方面	案例图片
传统与现代的融合	 （摄影：时蕴茶驿）
地域文化的展现	 （老舍茶馆的大碗茶茶摊 摄影：张文杰）

续表

体现方面	案例图片
茶文化的传播	 （摄影：时蕴茶驿）
艺术与人文的结合	 （摄影：时蕴茶驿）
生态与自然的融入	 （摄影：时蕴茶驿）

3．消费群体丰富性

茶馆创意文化综合体消费群体的丰富性主要体现在以下几个方面。

（1）年龄层次多样。老年人作为传统茶文化的忠实追随者，在茶馆中占据重要地位。他们不仅享受品茶的乐趣，还喜欢在茶馆中聊天、下棋、看戏，寻找精神寄托和社交机会。中年人这一群体消费能力较强，对高品质生活有追求。他们常常在茶馆中进行商务洽谈，或是寻找一个放松身心的场所，以缓解工作和生活的压力。年轻人随着茶文化的推广对传统文化的兴趣增加，越来越多的年轻人开始成为茶馆的消费者。他们喜欢尝试新鲜事物，对茶馆中的文化氛围和社交活动表现出浓厚兴趣。儿童与青少年这一群体可能不是茶馆的主要消费群体，但一些茶馆通过提供茶艺课程、茶文化讲座等活动，吸引了他们的关注，培养了他们对茶文化的兴趣。

（2）职业背景广泛。茶馆的消费者来自各行各业，包括企业家、白领、艺术家、学者等。他们因不同的需求和兴趣而聚集在茶馆，形成了多元化的消费群体。

（3）文化背景多元。对中国传统文化有深厚情感的本土消费者是茶馆的主要客户群体之一。他们通过品茶、赏茶、聊茶等方式，感受传统文化的魅力。同时，随着旅游业的发展，越来越多的外国游客来到中国，体验中国的茶文化。茶馆成为他们了解中国文化的重要窗口之一。

（4）消费动机多元。部分消费者以品茶为主要目的，追求茶叶的品质和口感。部分消费者以茶馆作为社交场所，满足自己的交流、沟通的需求。还有部分消费者将茶馆视为文化体验的场所，通过参与茶艺表演、茶文化讲座等活动，深入了解茶文化的内涵。

（5）消费习惯差异。例如，老年人可能更注重茶馆的环境和服务质量；中年人可能更注重茶叶的品质和价格；年轻人则可能更注重茶馆的时尚感和文化氛围。

（三）开发策略

茶馆创意文化综合体开发涉及多个层面，旨在将传统茶文化与现代文化体验、商业模式创新及休闲社交需求相结合，打造具有独特魅力和市场竞争力的文化综合体。

1. 文化主题定位

茶馆创意文化综合体应首先明确其核心文化主题。考虑到茶馆作为中国传统文化的重要载体，其主题应围绕“茶文化”展开，同时可以融入其他相关文化元素，如戏曲、书法、绘画、传统手工艺等，形成多元化的文化体验。其次是根据综合体所在地的地域特色，融入当地的文化元素，如建筑风格、民俗风情、地方特产等，使综合体具有独特的地域魅力。如老舍茶馆所展现的京味文化，使茶馆综合体更具地方特色和文化底蕴。

2. 巧设空间布局

茶馆文化创意综合体的空间布局应根据市场需求和消费者行为，合理规划空间布局，设置茶艺体验区、文化展示区、休闲交流区、商务洽谈区等多个功能区，满足不同消费群体的需求。在装修装饰、家具、茶具等方面注重设计创新，将古朴典雅与现代简约相结合，营造出既有文化底蕴又不失时尚感的氛围。

3. 创新经营模式

茶馆文化创意综合体的开发可以借鉴成功茶馆的经验，在风格、功能和服务上进行创新，满足现代人的多元化需求。例如，提供高品质的茶产品、精致的茶点、优雅的环境和专业的茶艺表演。还可以与餐饮、艺术、设计等领域进行跨界合作，引入新的元素和体验，如茶艺与花艺、茶艺与音乐会的结合，增加综合体的吸引力和文化内涵。开发具有文化内涵的文创产品，如茶具、茶叶礼盒、文化书籍等，满足顾客的购物需求。

4. 打造文化 IP

茶馆文化创意综合体的开发可以创造或引入具有茶文化特色的 IP 形象，如茶文化吉祥物、茶文化卡通人物等，通过 IP 形象的推广和衍生品的开发，增强综合体的品牌影响力和市场吸引力。构建具有文化内涵的品牌故事，讲述茶馆创意文化综合体与茶文化之间的渊源和联系，让消费者在品味茶香的同时，感受到品牌背后的文化魅力。

5. 搭建体验平台

茶馆创意文化综合体的文化体验是其吸引顾客、传承茶文化并促进文化交流的关键部分。设立专门的茶文化展示区，通过图文、实物、多媒体等多种形式展示茶叶的历史、种类、制作工艺、茶具文化以及茶在中国传统文化中的地位和作用。这不仅可以增加顾客对茶文化的了解，还能提升茶馆的文化氛围。定期举办茶文化讲座和课程，邀请茶叶专家、茶艺师等讲解茶叶知识、品鉴技巧、茶艺表演等。顾客可以通过参与这些活动，深入学习茶文化，提升个人修养。结合传统节日或特定主题，举办茶文化节庆活动，如茶会、茶艺文化节等。这些活动搭建起了文化社交平台，为茶友提供交流分享的空间，促进文化传播。

二、茶馆及其衍生空间的创意设计

茶馆作为中国传统文化的重要载体，是人们交流情感、体验文化的场所。随着时代的发展，茶馆的空间设计愈发注重创意与融合，衍生出多种空间形态，以满足不同人群的需求和审美。

（一）茶事空间

茶事空间的设计理念，应贯穿传统与现代相融合的原则，注重文化性、艺术性、实用性和舒适性的统一。在设计中，既要体现中国传统文化的精髓，如水墨画、古典雕刻等传统元素的运用，又要融入现代美学理念，如现代材料、灯光设计等，营造出一种古典而不失现代感的空间氛围。

根据茶馆的主题定位进行整体设计，从装修风格、家具布置到茶具选择、茶艺表演，都围绕主题展开，营造沉浸式体验。例如，打造一个以“宋代点茶”为主题的茶馆，通过复原宋代茶室风貌，让顾客体验千年前的茶艺风情。又如以当地地域文化特色为主题，可利用当地传统建筑材料、手工艺品装饰茶馆，或引入地方戏曲、民俗表演等，展现独特的地域风情，增强顾客的文化认同感和归属感。

（二）跨界融合空间

茶馆可以与其他文化或业态进行跨界融合，创造出独特的空间体验。比如，与书店结合，成为“茶书吧”，顾客在品茶的同时可以阅读书籍，享受知识与宁静的双重滋养；或与艺术画廊合作，定期举办小型画展或艺术品展览，使茶馆成为艺术与茶文化交汇的平台。

（三）生态休闲空间

茶馆的设计应追求自然与人文的和谐统一，融入植物、水等自然元素，如绿植墙、屋顶花园、水景设计、微型园林景观等，营造出与大自然相连的感觉。同时，注重室内光线的自然照明和通风，这样的设计不仅美化茶馆空间，还能让顾客在品茶时感受到大自然的宁静与舒适，促进身心健康。

（四）科技互动空间

利用现代科技手段，如 AR/VR 技术、智能控制系统等，为茶馆增添互动性和趣味性。比如，通过 AR 技术让顾客“穿越”到古代茶马古道，体验茶叶的运输过程；或利用智能泡茶机，根据顾客喜好自动调整泡茶参数，提升品茶体验。

表 6-2 茶馆及其衍生空间的创意设计案例

空间类型	图例
茶事空间	 （摄影：时蕴茶驿）

续表

空间类型	图例
跨界融合空间	 茶书吧（摄影：光阴知味）
生态休闲空间	 （摄影：时蕴茶驿）
科技互动空间	 （来源：视觉中国）

三、个性化与主题化茶馆的设计实践

在茶界实践中，注重茶馆的个性化传达、主题化展示，成为文化赋能经营的重要方向。这方面北京的老舍茶馆、长沙的时蕴茶驿、tea'stone、长沙的小神闲茶馆、昆明的濮越茶行等成为佼佼者。

北京—老舍茶馆

长沙—时蕴茶驿

tea' stone

长沙—小神闲茶馆

昆明—濮越茶行

任务二　茶产品的创意开发与设计

茶叶在国内外经济中都占据着重要地位。随着现代经济的发展，尤其是新冠疫情之后，人们对于健康的需求越来越强烈，茶的健康属性也得到越来越多人的认可，尤其是年轻消费群体所占比例逐步增多，这对茶产品的多样化提出更高的要求。对于茶馆，未来的方向应是为消费者提供更多的健康保障，不断满足消费者对健康属性的需求。

茶产品的创意开发与设计

一、产品定位与策略

（一）明确目标市场

茶馆经营者需要明确茶馆文化衍生产品的目标消费群体，如茶文化爱好者、年轻时尚群体、礼品购买者等，以便有针对性地进行产品开发。

（二）挖掘文化内涵

深入挖掘茶馆文化的历史背景、地域特色、茶艺精神等，提炼出具有代表性和吸引力的文化元素，作为产品设计的核心。

（三）多元选配服务

从不同角度出发，为客户提供较为丰富的可选择空间，在茶产品的种类、价位以及组合搭配上进行个性化定制服务，提升产品附加值。

（四）跨界融合开发

积极推动茶产品与本地特色产业及领域的融合发展，让“茶 +”成为特色与亮点。如将茶与果、茶与花、茶与啤酒、茶与咖啡、茶与糕点等相结合，推动茶食品的综合开发与利用；将茶融入文旅文创、景观设计等，助力标志性地标建设。

（五）多渠道宣传推广

在茶产品宣传与推广的过程中，开发线上与线下相结合的新渠道与新方式，带动茶品知名度与普及度的提升，吸引更多消费群体进行实地打卡，以茶产品的消费升级带动茶馆经济效益的提升。

二、茶产品的创意开发与设计

随着茶产业的迅速发展，绿茶、白茶、黄茶、青茶、红茶、黑茶六大基本茶类以及茉莉花茶等再加工茶类，作为茶产品的开发者就是要以消费群体的喜好为导向，充分挖掘原料的健康属性，从颜值、风味、营养、文化等多方位角度设计产品，并从以人为本的角度引导消费群体接受产品、认可产品。但是，纯茶的受众相对局限，大多数人对口味与特异性风味的追求，促进了调味茶行业的发展，在电商与线下茶饮店繁荣发展下，各种各样的调味茶产品层出不穷，极大地满足了人们对茶饮的特异化需求。所以研究调味茶的发展以及未来趋势，对于调味茶行业的发展以及茶馆就很有益处。根据 GH/T 1247 调味茶分为加香调味茶、加料调味茶、混合调味茶、袋泡调味茶、紧压调味茶。

表 6-3 调饮茶分类

产品类别	产品描述	代表性产品
加香调味茶	以茶叶为基本原料，将适量的食品级香料、香精等食用添加剂添加到茶叶中制成的调味茶产品	荔枝味红茶、蜜桃味乌龙茶、葡萄味乌龙茶
加料调味茶	以茶叶为基本原料，适量加入其他食品级原料组合而成的调味茶产品	小青柑、陈皮普洱、八宝茶
混合调味茶	以茶叶为基本原料，适量加入其他食品级原料和香精、香料等食用添加剂共同组合而成的调味茶产品	柠檬枸杞茶、白桃乌龙茶
袋泡调味茶	将调味茶的原料用过滤材料包装，从而形成的一类调味茶产品	袋泡桂花乌龙茶
紧压调味茶	通过汽蒸、压制、干燥等工艺，将调味茶的原料压制成型，从而形成的一类调味茶产品	荷叶茯砖茶

另外，通过茶叶精深加工，将食品与茶叶完美结合，保留茶叶的香气和营养成分，制成各类茶食品，既符合现代消费者对健康营养的保健需要，又延长了茶产业链。如烘焙类茶食品、含茶糖果、含茶饮料等。

（一）加料调味茶

以茶叶为基本原料，加入适量其他食品原料制成的调味茶产品。如八宝茶、三泡台、枸杞绿茶、玄米绿茶、陈皮普洱茶等。其中柑普茶是比较典型的产品之一，它的传统制作工艺为：柑果分级—柑果清洗—去除柑果果肉—填装茶叶—干燥。

（1）柑果分级。根据不同柑果果径大小，以人工或机械筛选的方式，对柑果原料进行分级，并剔除有腐烂、病虫害果。

（2）柑果清洗。将分级好的柑果用清水冲洗干净，去除表面杂质。

（3）去除柑果果肉。人工或机械将清洗好的柑果开圆顶取出果肉，在取果肉过程中确保果皮的完整性。

（4）填装茶叶。将处理好的柑果摆放整齐，填装普洱茶，根据产品的市场定位，填装不同等级的普洱茶。

（5）干燥。将填装好茶叶的柑果进行干燥，可选择自然晾晒或机械干燥，直至达到足干。

加料调味茶既可以通过拼配制成，也可以融入加工全过程中。这需要根据不同原料的加工属性及特点，将其融入不同类别的茶叶加工工艺当中，从而得到更具特色的调味茶。当我们选择原料时，可考虑药食同源的原料，并充分挖掘其健康属性，配合茶性，开发和设计出具有独特风味和功能特点的茶产品。

（二）加香调味茶

以茶叶为基本原料，加入适量食品用香料、香精等食品添加剂制成的调味茶产品。如柠檬味红茶、草莓味绿茶、薄荷味绿茶、佛手柑味红茶等。食用香精香料具有改善和补充食品的香味、增加香味稳定性的特点。随着物质生活的日益丰富，本身产品原料中蕴含的天然香味物质无法满足消费者味蕾的需要，消费者在选择产品的过程中常把香味作为重要选择依据。

食用香精香料按原料来源主要分为三类：一类是天然香味物质；一类是与天然香料具有同等香味的物质；一类是人造香味物质。在选择添加食用香精香料时，除考虑风味特点及来源，还需特别注意其安全性。一是要严格按照 GB 2760—2014《食品安全国家标准　食品添加剂使用标准》进行添加；二是根据香精香料的特性，严格控制产品包装，由于香精香料一般主要由有机化合物组成，容易受到日光、温度、湿度以及包装材质、重金属含量等因素的影响而导致变质，因此需要重点关注产品的包装形式及储存方式，以免影响产品货架期。

（三）混合调味茶

以茶叶为基本原料，既加入适量其他食品原料，也加入食品用香料、香精等食品添加剂制成的调味茶产品。如柠檬枸杞茶等。

（四）袋泡调味茶

以茶叶为基本原料，加入适量其他食品原料和（或）食品用香料、香精等食品添加剂，经加工形成一定的规格，用过滤材料包装制成的调味茶产品。如玫瑰袋泡红茶等。

（五）紧压调味茶

以茶叶为基本原料，加入适量其他食品原料和（或）食品用香料、香精等食品添加剂，经汽蒸、压制、干燥等加工工艺制成的调味茶产品。如荷叶茯砖茶等。

三、茶馆文化衍生产品创意开发与设计

（一）茶叶食品

以茶叶及茶粉、茶提取物等为原料，辅以各类食品加工工艺制成具有传统风味的茶产品，如茶糕点、茶面包、茶饼干、茶糖果、含茶饮料等。

中式糕点是指以粮、油、糖、蛋等为主料，添加（或不添加）适量辅料，经调制、成型、熟制等工序制成的具有中国传统风味和特色的糕点。在全球范围内，中式糕点的受欢迎程度不断攀升，成为美食文化交流的重要载体。随着国家加强传统文化宣传和鼓励老字号走向国际市场，中式糕点的发展迎来新机遇。未来，中式糕点有望成为全球美食文化的重要组成部分，为世界各地消费者带来更多美味的享受和文化的交流。

例如，河南省信阳市的食小茶与当地茶叶产品及特色产品融合，开发研制出的茶点、茶饮料、茶酒、含茶冰淇淋等一系列受到年轻群体喜爱的茶叶综合利用产品，与企业合作并投入到各类茶事活动中，提升了公众对茶产品丰富性的认知。

食小茶开发相关茶产品

（供图：信阳农林学院茶学院　朱尧）

【茶＋豆腐】新式茶饮品

【茶 + 点心】茶糕点

【茶 + 饮品】速溶茶饮料

【茶 + 酒】酱香奶茶

【茶 + 零食】含茶饼干、蛋糕

【茶 + 酒酿】茶酒酿

【茶 + 冰淇淋】含茶冰淇淋

（二）茶叶礼盒

设计具有艺术感和文化内涵的茶叶礼盒，结合当地文化特色，如手绘图案、书法题字等，提升礼品的档次和收藏价值。茶叶礼盒的创意设计是一个将茶叶的韵味与视觉美学、文化寓意相结合的过程。以下是一些茶叶礼盒创意设计的思路。

1．主题故事化

地域文化主题：根据茶叶的产地特色，设计反映当地风土人情的礼盒。比如，对于西湖龙井，可以设计以西湖十景为灵感的图案，结合古典水墨画风，展现江南水乡的韵味。

历史典故主题：利用茶叶背后的历史故事或传说进行设计，如普洱茶与茶马古道的故事，可以设计成一幅幅生动的画面，讲述茶叶的传奇旅程。

2．材质与工艺创新

（1）环保材质。选用可降解或回收材料，如竹制、纸质、布艺等，体现环保理念。同时，这些材质也能赋予礼盒自然质朴的美感。

（2）传统工艺融合。结合传统手工艺，如刺绣、木雕、剪纸等，为礼盒增添独特的艺术魅力。例如，在礼盒上镶嵌精美的木雕图案，或采用刺绣技术绣制茶叶图案。

3．色彩与图案设计

（1）色彩搭配。根据茶叶的品种和季节特点，选择和谐的色彩搭配。绿茶礼盒可采用清新自然的绿色调，红茶礼盒则可用温暖的红棕色系。

（2）图案创意。设计独特的图案，如茶叶的叶形、茶山的轮廓、茶花的绽放等，结合现代设计手法，如抽象化、几何化等，使图案既具有传统韵味又不失现代感。

4．功能性拓展

（1）多功能设计。将礼盒设计成具有多种用途的产品，如礼盒内部可拆分为多个小盒子，用于存放不同种类的茶叶；礼盒盖可作为茶盘使用，增加实用性。

（2）互动体验。在礼盒中设置互动元素，如 AR 扫描卡片，扫描后可观看茶叶的生长过程、茶艺表演视频等，增强消费者的参与感和体验感。

5．个性化定制

（1）定制服务。提供个性化定制服务，消费者可根据自己的喜好和需求，选择礼盒的材质、颜色、图案、文字等，打造独一无二的茶叶礼盒。

（2）限量版发行。推出限量版茶叶礼盒，设计独特且富有收藏价值，吸引茶叶爱好者和收藏家的关注。

总之，茶叶礼盒的创意设计应注重文化内涵的挖掘、材质与工艺的创新、色彩与图案的精心设计以及功能性的拓展和个性化定制服务的提供。通过这些措施，可以打造出既美观又实用、富有文化气息和个性特色的茶叶礼盒。

（三）茶桌摆件

制作精美的茶桌摆件，如茶宠、茶具架等，既实用又具有装饰性。茶桌摆件作为茶文化中的一部分，不仅具有装饰作用，还能增添品茗时的雅趣。以下是一些茶桌摆件创意设计的思路。

1．自然元素融合

（1）微型山水景观：利用小型的假山、流水、植被等元素，打造一个微缩的山水景观。这不仅能增添茶桌的自然气息，还能在品茶时让人仿佛置身于山水之间。

（2）干花与枝条装饰：精选自然风干的花朵、枝条或果实，搭配精美的容器，制作成简约而富有诗意的茶桌装饰。这些摆件能随着季节的变化而更换，保持新鲜感。

2．文化符号运用

（1）传统图案复刻。将中国传统的图案，如祥云、莲花、龙凤等，以现代设计手法进行复刻，制作成摆件。这些摆件不仅具有文化内涵，还能彰显主人的品位。

（2）书法与篆刻。将优美的诗词或吉祥语以书法形式书写在石头、木块或陶瓷上，再配以篆刻印章，制作成独特的茶桌摆件。这样的摆件既能展现书法的魅力，又能增添茶桌的文化氛围。

3．实用与美观并重

（1）多功能茶具盒。设计一款集收纳、展示与装饰于一体的茶具盒。盒子内部可以放置茶针、茶匙等小工具，外部则采用精美的雕刻或绘画进行装饰。在品茶时，只需轻轻打开盒子，即可取出所需茶具，方便快捷。

（2）茶艺小品。创作一系列以茶艺为主题的小品摆件，如茶农采茶、茶商交易、茶艺表演等场景。这些小品摆件可以单独摆放，也可以组合成系列，讲述一个完整的茶艺故事。

4．现代材料与科技融合

（1）LED 灯光装饰。在茶桌摆件中融入 LED 灯光元素，如设计成发光的茶具、带有灯光的山水景观等。在夜晚或光线较暗的环境下，这些摆件能发出柔和的光芒，营造出温馨而雅致的品茶氛围。

（2）智能互动摆件。利用现代科技手段，设计一些具有智能互动功能的茶桌摆件。例如，通过语音识别技术，让摆件在听到特定指令时做出反应；或者利用投影技术，在摆件上投射出动态的画面或文字信息。

5．个性化定制

（1）定制茶具套装。根据个人的喜好和需求，定制一套独特的茶具套装。茶具的形状、材质、图案等都可以根据个人喜好进行定制，确保每件茶具都符合主人的审美和品位。

（2）定制摆件雕塑。邀请艺术家或手工艺人制作一件定制的摆件雕塑。这件雕塑可以是以茶叶、茶艺或茶文化为主题的艺术品，也可以是具有特殊意义或纪念价值的物品。这样的摆件不仅能装饰茶桌，还能成为传家之宝。

（四）茶服

茶服的创意设计是将传统文化、现代审美与穿着舒适度相结合的艺术表达，旨在为茶友在品茗时提供一种优雅、自然且得体的着装体验。以下是一些茶服创意设计的思路。

1. 融合传统元素

（1）古典图案与色彩。采用中国传统图案，如云水纹、莲花、竹子、梅花等，结合淡雅的色彩，如米白、淡蓝、墨绿等，营造出古典宁静的氛围。

（2）汉服元素。借鉴汉服的宽袍大袖、交领右衽等设计元素，但进行现代改良，使其更适合日常穿着，同时保留汉服的飘逸与雅致。

2. 材质选择

（1）天然面料。选用棉、麻、丝等天然面料，这些材质透气性好、吸湿性强，穿着舒适，且能展现出茶服的质朴与自然。

（2）特殊工艺。运用刺绣、蜡染、扎染等传统手工艺，增加茶服的细节美感与文化内涵。

3. 款式设计

（1）简约大方。追求简约而不失优雅的设计风格，避免过多的装饰与繁琐的设计，让茶服更加贴近自然与人的本质。

（2）多功能性。考虑茶服的多功能性，如设计可拆卸的袖子、可调节的腰围等，以适应不同场合与温度的需求。

（3）茶文化主题。在款式设计中融入茶文化元素，如茶叶形状的口袋、茶具图案的腰带扣等，使茶服成为茶文化的传播载体。

4. 色彩搭配

（1）和谐统一。注重色彩之间的和谐统一，避免过于跳跃或刺眼的颜色搭配，以营造出宁静、舒适的品茗环境。

（2）季节变化。根据不同季节的特点进行色彩搭配调整，如春季可选用清新明亮的色彩，冬季则可采用温暖柔和的色调。

5. 个性化定制

（1）量身定做。提供量身定做的服务，根据个人的身形特点与喜好进行个性化设计，确保茶服既合身又符合个人风格。

（2）特色元素。在茶服上加入具有个人特色的元素，如家族徽章、个人签名等，使茶服成为独一无二的专属品。

6．环保理念

（1）可持续材料。选用可持续发展的材料制作茶服，如有机棉、再生纤维等，减少对环境的影响。

（2）循环利用。倡导茶服的循环利用与旧物改造，鼓励消费者将不再穿着的茶服进行捐赠、交换或改造成其他物品。

所以，茶服的创意设计应注重传统文化与现代审美的融合、天然材质的选用、简约大方的款式设计、和谐统一的色彩搭配以及个性化定制与环保理念的体现。通过这些设计思路的运用，可以打造出既符合茶文化精神又符合现代审美需求的茶服产品。

小贴士：　茶产品的创意开发与设计注意事项

（1）尊重传统：在创意开发与设计过程中，应尊重并传承茶馆文化的历史价值和文化精髓，避免过度商业化或低俗化。

（2）注重品质：确保产品的品质和质量，提升消费者的使用体验和满意度。

（3）持续创新：根据市场需求和消费者反馈，不断进行创新和改进，推出更多具有市场竞争力的茶馆文化衍生产品。

茶产品设计图形图像元素及成品展示

（供图：信阳农林学院茶学院　卫艺炜）

【制茶工艺流程图】茶与皮影结合

【白族三道茶】与民俗茶礼结合

【与当地标志性建筑结合】信阳八景主题茶包装

【茶文创产品】钥匙扣、帆布包、茶包装等

四、茶馆文化衍生产品与茶产品的合理选配

茶馆文化衍生产品与茶产品的合理选配，是提升茶馆整体文化氛围、增加顾客体验感和满意度的重要环节。既要从茶馆本身特色出发，又要符合顾客的多元需求，与持续变化的行业特点相契合。

（一）茶产品的合理选配

1．茶类多样化

根据茶馆的定位和目标顾客群体，选择多样化的茶叶种类，如红茶、绿茶、乌龙茶、白茶、黄茶、黑茶等。确保每种茶叶都有其独特的品质特点，以满足不同顾客的口味需求。同时开发特色的茶与花、果、奶、咖啡等融合的新产品，作为吸引消费者的新品类。

2．品质高标准

选择有良好口碑的茶叶供应商，确保茶叶的品质稳定、可靠。可以考虑选择有种植基地、达标加工厂房的供应商，以确保茶叶从种植到加工的全过程都符合高标准。根据顾客群体的实际需求进行备货与升级，保证品质的前提下为顾客提供更多选择，培养顾客的高品质需求。

3．档次配置协调

（1）大众档次。适合日常饮用和批量购买的茶叶，价格相对较低，品质良好，以吸引大众消费者。

（2）中档次。在质量和价格之间取得平衡，适合追求品质和性价比的消费者。可以选择特色茶叶或有机茶等。

（3）高档次。注重品质和独特性，适合茶叶爱好者和追求奢华体验的消费者。如稀有的茶叶品种、高山茶、名优茶等。

合理选配不同档次的茶产品，供需平衡的基础上进行组合推介，提供定制化茶品选配服务，同时引导顾客自身对产品等级与档次的认知。

4．消费场景差异化

（1）日常饮用。提供适合日常饮用的基础款茶叶，配置不同的品级和价格选择。

（2）品味体验。提供高品质的茶叶，如名优茶、高山茶等，以及特色茶叶产品，让消费者能够品味到独特的茶叶体验。

茶产品选配·茶点（供图：信灵春　肖一柯）

（二）茶馆文化衍生产品的合理选配

1．茶具

（1）种类多样。提供不同材质和风格的茶具，如紫砂壶、玻璃杯、瓷碟等。这些茶具不仅可以用来泡茶，还可以作为礼品赠送给亲朋好友。

（2）实用与收藏。选择具有实用价值的茶具，同时考虑其收藏价值。有些茶具甚至被列为文物进行保护，具有较高的文化意义。

（3）时序变化。依茶品与季节的变化进行合理选配，契合时序变化，构建和谐氛围。

不同季节的茶席布置及茶具选配（供图：信灵春　肖一柯）

2．茶叶糕点与食品

（1）茶叶糕点。将茶叶粉碎、烘焙加工后加入面粉或其他材料制成的食品。如绿茶饼、红茶饼等，不仅美味可口，还融合了茶叶的香气和口感。

（2）创新食品。结合地方特色或创新元素，开发新的茶叶食品。如茶叶丸子、茶叶豆腐等，增加茶叶的营养成分摄入。

3．茶叶衍生品

（1）茶叶化妆品。将茶叶提取物或茶叶粉末添加到化妆品中制成的产品。如茶叶面膜、茶叶洗发水等，具有保健功效和美容效果。

（2）茶叶礼盒与礼品。将不同种类或深加工茶叶装在一个盒子中进行销售，或设计以茶叶为主题的礼品套装，如茶具套装、茶叶巧克力等。这些产品既体现了对传统文化的尊重，又满足了消费者的个性化需求。

4．文化产品

（1）茶艺表演与讲座。定期举办茶艺表演和讲座活动，让顾客更深入地了解茶的历史、制作过程和品味技巧。这不仅可以提升茶馆的文化氛围，还可以增加顾客的参与感和满意度。

（2）茶叶书籍与道具。提供茶叶相关的书籍和道具供顾客阅读和体验。这些产品有助于顾客更好地了解茶叶文化，增加对茶叶的认知和兴趣。

（三）合理配比的策略

1．市场定位

根据茶馆的市场定位和目标顾客群体，合理配比茶产品和茶馆文化衍生产品。例如，高端茶馆可以更注重高档次茶叶和茶具的选配；而大众茶馆则可以更侧重于大众档次茶叶和实用性强的茶具。

注重季节性与节日性。结合季节变化和节日庆典等因素，推出应季或节日特色的茶产品和衍生产品。例如，在春季可以推出新茶系列；在中秋节可以推出月饼与茶叶搭配的礼盒产品等。

2．顾客反馈与调整

定期收集顾客的反馈意见，根据顾客的需求和喜好进行产品调整和优化。例如，如果顾客对某种茶叶的口味反馈较好，可以增加该茶叶的库存量或推出更多相关衍生产品。

总的来说，茶馆文化衍生产品与茶产品的合理选配需要综合考虑市场需求、产品定位、顾客喜好等多个因素。通过科学配比和灵活调整策略，可以提升茶馆的整体竞争力和顾客满意度。

任务三　茶馆文化赋能经营模式的创新与实践

茶馆文化赋能经营模式的创新与实践

文化作为满足人民日益增长的需求的重要因素、高质量发展的重要支点以及发展创新的重要力量源泉，赋能经济社会发展、促进旅游休闲升级、增添城乡社会活力。不同群体在一定空间内以茶会友，以茶叙情，进行社会交往与人际关系协调，加深情感联络以及对茶的感知，所处茶空间内的各类元素均是专门为饮茶活动而设计营造的，既是生活饮茶的重要场所，也是文化交融的展示窗口。

茶馆作为消费场所，进一步推动茶叶产品的销售，同时通过茶文化宣传与茶事活动推广，扩大了茶在市场中的消费占比，同时伴随着新茶饮及新茶饮空间的快速崛起，挖掘并满足年轻一代消费者的需求成为必然趋势。在茶馆经营管理模式的构建过程中，坚持“文化赋能，以文兴业”，促成个性化、多样化、数字化协同发展，实现价值引领与多功能优化整合。

一、个性化经营模式开发

“古老又时尚”的茶馆行业与人们的现代生活紧密相关，近年来，随着新式茶饮、特色茶空间的快速发展，品牌企业争相在经营管理中寻求独具特色的新模式，茶馆茶空间纷纷向个性化经营模式转型，与茶产业发展趋势相适应，为消费者打造“有益、有趣、有意、有品”的体验式茶馆茶空间。

“文化 +”赋能效应之下，茶馆与茶空间的经营者利用场地、设备、环境氛围以及带有消费性质的产品，加强品牌建设，形成个性化经营模式，通过主理人或茶艺师提供的服务活动，进一步满足不同消费群体的需求，营造沉浸式的茶文化体验，实现经济与社会的双重效益。

（一）综合型茶馆的个性化经营

综合型茶馆的魅力在于其跨界融合了众多文化主体与艺术形态，展现出茶与其他艺术形式的创新性融合和创造性转化成果，例如，四川地区综合型茶馆将茶与京剧、熊猫等元素融合，杭州地区综合型茶馆将茶与古琴、香道相融合，湖南地区综合型茶馆将茶与糕点、民俗表演相结合。综合型茶馆经营过程中可以通过专业的把控度、内容的丰富性以及服务的多样化吸引消费者，打破同质化严重，缺乏核心竞争力的局面，逐渐完善细化形成与茶馆内核相契合的个性化经营模式。

（二）培训型茶馆的个性化经营

部分茶馆在场所、人员、器具等方面均具备茶艺师与评茶员技能培训的条件与要求，开展与承载力相适应的大、中、小型培训成为培训型茶馆的经营特点。对培训型茶馆而言，专业讲师团队及培训课程研发人员至关重要，充分利用本地茶学专业高校的人才资源，引进具有影响力的茶人定期开展茶文化讲座、座谈会、知识技能培训等，拓展培训群体，细化培训项目。如与当地小学合作开展少儿茶艺启蒙培训，与事业单位合作开展茶艺茶文化兴趣培训，面向其他茶馆开设茶馆经营与茶艺服务人员的技能培训，逐步吸引更多茶爱好者主动参与培训。

（三）休闲型茶馆的个性化经营

以休闲娱乐为目的的消费者在选择茶馆时对于其环境氛围及周边设施要求较高，或于山水之间可赏自然意趣，或于闹市之中可许半日清闲。近年来越来越多茶馆与自然景区、特色民宿相结合，开设相关休闲娱乐体验项目，符合度假休闲、品茗赏乐的消费群体，部分茶馆定期举办独立主题的茶事休闲活动，例如举办茶与瑜伽结合的清心茶约、茶与市集融合的茶非遗特色产品集市，以及茶学者与茶文化爱好者集聚在文人茶空间共赴茶人雅集。

（四）自助型茶馆的个性化经营

以共享茶室、自助茶馆为典型的茶空间中，可以线上提前预约，线下自主选择，提供基本的茶器与茶水，同时辅助提供一些茶品、茶食品等，供顾客选用；按时长、空间或者人数进行收费，收费形式灵活多样，茶点的种类也十分丰富。如杭州的青藤茶馆，提供自取食物包括主食、小吃、点心、水果等 80 多个品种，有茶又有食的特点成为吸引顾客的重要因素；部分城市开设的 24 小时共享茶室也为消费者提供了较为自由的时间与相对私密的空间。

（五）新式茶饮空间的个性化经营

集原叶茶、风味煮茶、特制茶饮料等于一体的新式茶饮空间，成为年轻消费者接触茶、认识茶、喜爱茶的重要渠道，同时也为喜爱传统中国茶的消费者提供了新式的体验休憩空间。新式茶饮对不同空间的环境营造、产品开发以及服务项目进行差异化设计，同品牌不同店面风格、同茶馆不同茶室装潢等现象，也为消费者提供了更多选择，保持新鲜感和探知欲望。例如奈雪的茶、茶颜悦色、tea’stone 等品牌，均有风格各异的茶空间，将品牌的个性化经营落到实处。

例如，坐落在松雅湖畔的时蕴茶驿，是一家集生活商务茶事服务、茶研究和茶文化传播、茶礼仪传承发扬于一体的综合型茶馆，致力于打造城市高端印象坐标，以茶为载体，文化为核心，推广倡导健康、真实、自然的轻生活方式，复兴已流逝的精行俭德的茶道精神。在经营过程中注重客户的持续体验感，线上宣传与学堂科普进一步提升文化浸润度，线下多个风格茶空间的打造给予顾客多元化选择与差异化体验。在空间内组织多项行业交流活动、承接高等院校合作项目、开展青少年群体茶文化启蒙活动，让有限的场地发挥无限的可能。为茶馆茶空间的经营提供一定的可参考性。

以茶事科学倡导者为主要目标的莫道茶事，集茶艺师与评茶员培训课程、茶楼管理与品牌运营服务等于一体，将培训课程与茶空间茶馆相融合，基于不同课程的开展进行空间打造与更新升级，为茶艺、花道、香道的融合做出了较好表率；以传播信阳毛尖茶非遗为中心的信灵春，围绕茶品、茶事、茶人进行个性化茶空间打造，将非遗魅力与茶人技能相联结，提供专业化的茶品选购与品饮服务。

信灵春茶馆（供图：肖一柯）

中华优秀传统文化是中华民族的文化根脉，其中蕴含的思想观念、人文精神、道德规范具有超越时空的价值，深化对中华优秀文化的挖掘和学习，推动其与现代茶馆管理相结合，有利于推动其高质量发展与创新性提升。

二、多样化活动的策划与实践

根据《关于运用中华优秀传统文化推进民营企业高质量发展的提案》，茶馆茶空间经营管理可以从中华优秀传统文化出发，丰富思想内涵、创新管理理念、拓展管理影响力与号召力，构建和谐的环境氛围，满足茶文化活动中不同群体的精神文化需求，成为彰显茶馆社会价值的重要途径。

茶文化与其他文化、艺术或商业领域进行跨界合作，例如与书店、画廊、音乐厅等合作，共同举办茶文化讲座、茶艺培训、茶艺表演、茶叶品鉴、主题茶会、国际交流等文化活动，为顾客提供多元化、综合性的文化体验。

（一）群体差异下的多样化活动策划与实践

以老舍茶馆与茶颜悦色作对比发现，不同消费群体之间存在明显的差异化，例如，年长者对饮茶环境及茶品质量的要求更高，常把茶馆的品牌及空间作为首要考虑因素，在喝茶时进行商务会谈与文化交流。但新一代年轻人常从“悦己”“新奇”“必去打卡地”等角度，选择能满足自身好奇心、体现自身追求及自我价值的消费形式，敢于尝试新环境与新产品，因此更注重品牌的基调与茶及茶衍生产品的丰富程度。

茶馆经营的定位中需明确主要消费群体，针对不同消费群体提供差异化的服务，例如部分茶馆引入茶研学的特色项目，其受众群体便会增加少儿群体，如何改变茶馆常规活动的形式，开展符合少儿群体年龄、接受度、兴趣点等的综合活动，便需要进行群体差异分析与策划，从肢体语言、活动形式、环节时长、引导控场以及安全问题进行综合考虑并提出详细的活动方案。

面对不同群体开展的仿宋点茶活动（供图：信阳农林学院茶学院　卫艺炜）

（二）主题差异下的多样化活动策划与实践

茶馆活动的主题灵活多变，与社会热点、季节变化、产品更新、论坛会议等息息相关，将活动主题凝练并提取出来，作为茶馆策划与实践的重点，既要将茶馆空间和人员合理利用与调动，又要紧抓不同主题的亮点特色进行推广宣传。例如，以学术论坛为主的活动应注重茶水茶点的及时供应，以茶叶品鉴为主的活动应突出茶品的讲解与冲泡，以节气雅集为主的活动应加强氛围的营造与茶席的设计，灵活应对不同主题下的活动策划与实践。

以茶品品鉴为核心的茶事活动（供图：信灵春　肖一柯）

以茶艺展示为中心的茶事活动（供图：信阳农林学院茶学院　卫艺炜）

（三）形式差异下的多样化活动策划与实践

茶馆举办形式各异的茶事活动时，需要提前根据实际情况制定活动策划方案，从场地选择、人员安排、供茶形式、茶席设计、活动宣传等多方面进行筹备，做好突发事件的处理备案以期较好达到预期效果。茶会是茶馆经常举办的一种内涵丰富、形式多样的文化活动，以不同主题的茶事活动为例，布一方席，品一盏茶，呈现中国茶人沉静、雅致和自然的生活方式，需要茶、人、器、境、艺的融合统一，以茶为媒，丰富活动的内容，提升参与者的审美享受。

信阳静林源季节主题茶会

【业界案例】

茶香簪韵

“茶香簪韵”基于非物质文化遗产的保护传承，将茶与簪花围、马面裙等非遗元素相融合，以“茶”为主体，“传”为核心，营造“和”之氛围，呈现“新”之风貌，承载着热爱生活、敢于创新、善于融合的年轻一辈在推动优秀传统文化传承与创新的美好愿景，焕发着新的生机与活力。

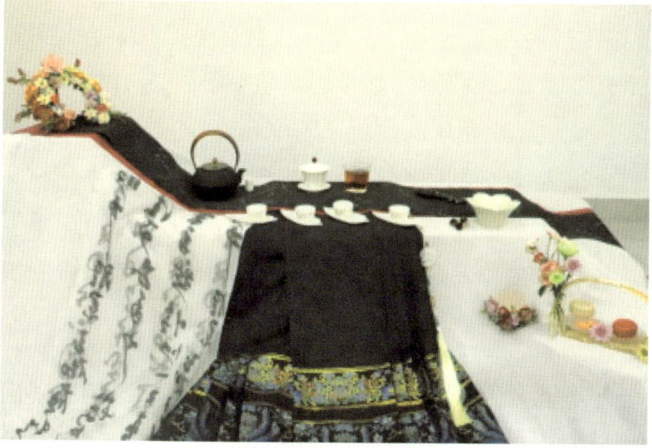

茶与非遗交融碰撞 《茶香簪韵》（供图：温依琳）

【业界案例】

苔

“苔花虽小，亦留满地清香。”苔在艰难的环境中生长，代表着青春时期的坚韧和顽强，即使面临困难和逆境，也能展现出强大的生命力。在茶席上加入青苔、石头、植物等元素，打造微景观如同大自然的缩影，更加能展现自然的质朴与宁静。此设计能让品茗者在感受诗意氛围的同时也引发对自然的敬畏与热爱之情，加强人们的环保意识，促进人与自然的和谐共生。

茶与自然和谐共生 《苔》（供图：李宛洁）

【业界案例】

无我茶会

与传统的坐席式茶会、宴会式茶会、礼仪式茶会等形式不同，“无我茶会”是人人泡茶、人人敬茶、人人品茶的独特茶事活动，参与者均要遵循无我茶会的原则，无尊卑之分、无报偿之念、无好恶之心、求精进之心、尊重公共约定、培养默契，体现团体律动之美、泡茶方式不拘，无流派与地域之分。

如在安徽举行的“海峡两岸茶人交流会暨金秋无我茶会”、杭州举办的“风雅西湖·文学杨堤·无我茶会”大型活动、在信阳开展的“冬日茶韵，思绪飘香”无我茶会等，将茶与文化交流、茶与文学作品、茶与季节更替相融合，赋予每一杯茶与每一次冲泡独有的记忆。

茶馆在既定空间内策划举办形式差异的活动时，充分考虑活动进行中可能出现的情况，需要提前做好多项准备工作，对流程制定、活动备案、宣传总结等环节进行全面细致的策划，如果遇到恶劣天气变化、突发设备故障等不可抗因素，及时组织顾客转移场地或者更改环节顺序，以期保证活动照常进行。

信阳“冬日茶韵，思绪飘香”无我茶会

三、数字化与智能化管理

近年来，茶产业规模持续壮大，文化创意、科技创新、产业融合共同催生新发展动能，进一步满足人民日益增长的文化需求，所激发的文化消费也处于活跃阶段，在科技赋能背景下，茶文化新空间也进入数字化与智能化的发展阶段。

（一）文化创意的数字化呈现

文创是具有文化内涵并结合专业创作的量产商品，而文化创意的承载与呈现往往还需要科技的辅助与加持。例如，中国茶叶博物馆的数字展厅，面向大众提供了常设展厅的全景展示与讲解，开启自动漫游即可获得沉浸式的文化体验与观赏，数字化的呈现打破了时间空间的限制。此外全国茶博物馆联盟中的安化黑茶博物馆设置有数字化展厅与交互空间，中国勐海普洱茶数字博物馆更是利用众多科技手段打造出了茶文化的视觉艺术之旅。

（二）科技创新的赋能与升级

科技的进步改变了人们休闲放松的态度与消费模式，在茶产业新业态发展中，通过智能穿戴设备、沉浸式演出、虚拟导游、智慧旅游、体感互动等科技创新，进一步赋能茶馆的经营管理，丰富了人们对文化和产品的享有方式，促进消费内涵的升级。故宫博物院举办的“茶 · 世界”茶文化特展，以线上线下相结合的形式呈现，线下展览各展厅主题鲜明，路线分布合理且具有整体性，可引导观赏者近距离观赏实物，从茶出中国、茶道尚和、茶路万里、茶韵绵长四个篇章走进茶的世界，品一口历史浸泡的香浓。线上展览设置了展览全景、展览讲座、全部藏品的图文讲解，可供观赏者提前了解藏品信息或者回顾加深文化感知，两种形式相辅相成，给予了观赏者全面、自由、可回顾的综合体验。

中国茶叶博物馆数字展厅

（三）产业融合的智能化管理

茶文旅发展主要有美丽茶村模式、茶香庄园模式、茶文化展览园模式、茶展销商贸中心模式、茶经济综合区等多种模式，围绕茶的自然资源、文化资源，以旅游为抓手，形成融合发展的完整生态链，实现经济效益的增长与综合价值的提升。在多种茶文旅发展模式中，茶馆作为“以茶为基础的空间”，既是茶文化与当地特色文化展示的窗口，也是消费服务的中心，起到至关重要的作用，需要科学合理的“茶文化 + 空间”的智能化管理，才能顺应茶消费趋势，推动产业发展。

故宫博物院“茶·世界”茶文化特展

坐落在信阳的嘉木饮毛尖博物馆有300余平方米，共设茶之源、茶之物、茶之饮、茶之文等9个展厅，来访者通过实景实物以及数字化交互，可以了解到信阳毛尖茶的重大历史事件、茶树生长过程与环境、工艺研发与品鉴方式等。嘉木饮毛尖博物馆是信阳茶文化展示的窗口，同时也是企业接待宣传、产品展示、消费服务的重要场所。

信阳嘉木饮毛尖博物馆（供图：卫艺炜）

在“互联网 +”背景下，数字化创新产品加速涌现，茶馆茶空间的经营受到社会经济的直接影响，必然要走上革新之路，从流通渠道创新到传播途径创新，从传统实体经济到“实体 + 网络”经济的融合发展，都需要经营者及时掌握风向标，敢于争先，勇于尝试，在传承中创新发展。

由于茶馆消费层次多，多元化跨界融合有不断深入的空间，利用互联网和社交媒体平台，打造线上线下相结合的新式茶馆，打造大众喜闻乐见的“习茶、品茶、分享茶生活”的新场景与新空间，提供线上预约、茶叶知识普及、茶艺课程等服务，同时与线下茶馆形成互动，拓宽服务渠道，开辟文化创新和消费升级新场所。

四、实现价值引领与多重功能整合

目前我国茶行业“品类强，品牌弱”的局面还未能破解，在消费者购买意愿调查结果中仍然将“品牌”作为消费者选购茶叶的首要关注因素，因此以需求为导向，开辟新的业务模式，积极促进跨界融合，将为茶馆茶空间带来更多机会，促成无形与有形的价值实现，进一步构建多功能的茶馆文化综合体。

茶馆茶空间可以效仿商业中心的优秀品牌文化推广模式，延长品牌生命力、拓宽品牌的发展道路、激发消费者的认同感与探究欲望，改变古朴、清新、传统等单一风格和清茶吧、茶叶零售店、喝茶摊等传统形式，更加注重文化赋能的丰富形式、深厚内涵以及实际效果。如商业品牌打造案例——深圳、武汉 K11，选择依托于自身文化内涵，突出独有的文化承载力、文化表现力、文化吸引力，以“艺术、人文、自然”为三大核心，强化艺术欣赏、人文体验、自然环保的结合与互动，特色为先，创意为精，以全新的“博物馆体验”赋能商业中心。

深圳 K11 商业中心

（一）茶馆茶空间的价值引领

1．社会主义核心价值观

示范群众茶馆成为弘扬社会主义核心价值观的实践阵地。在四川成都社区内开设的大慈雅韵茶堂，是锦江区众多群众茶馆之一，以传统曲艺为特色，集评书、清音、曲艺表演为一体，与本地特色紧密结合，吸引了茶客、居民、学者等多样化群体，丰富民俗活动，树立文明新风，把社会主义核心价值观的内容糅入作品中，进行潜移默化的推广和宣传。这些有宣传阵地、有志愿服务、有干部联系、有标准标牌、有活动记录、有特色项目的“六有”茶馆，成为弘扬社会主义核心价值观的重要载体与实践阵地。

2．中国传统文化价值

从廉美和敬的中国茶德到客来敬茶的传统礼仪，中国传统文化的精神内涵在茶文化活动中展现得淋漓尽致，茶成为文化符号与重要载体，茶馆作为文化传播与价值引领的重要场所，进一步挖掘传统文化中的自然与人文元素，与茶馆装潢设计、茶产品宣传、茶事活动举办等紧密结合，在传承中发展与创新，通过茶馆品牌与茶馆文化展示传统与现代融合、民族与世界融合的深层价值。

3．健康美好的生活价值

茶叶作为世界三大健康饮料之一，其保健功能被现代科学正视，也被大众接受。随着茶叶消费的升级、饮茶需求的提升，茶馆需要引入健康科学饮茶的价值理念，带动大众群体进一步了解茶叶的功效，同时引导消费者提升对茶的认知，潜移默化地将饮茶作为一种生活方式，成为美好生活的象征与代表，顺应趋势提供相应特色的产品及服务。

4．有保障的品质价值

茶馆在经营管理过程中应始终坚守诚信，保障产品质量与处事法则，严格把控茶产品质量，提升整体服务水平，向消费者提供有保障的茶体验；紧跟行业动态，在合理的利润范围内，扩充产品类型，拓宽服务范围，保证满足不同消费者“性价比高”“品质上乘”“品类丰富”“天然有机”“服务细致”等对产品、服务和情感的多种需求。

5．文化交流的精神价值

茶馆是文明共享与文化交融互鉴的重要场所，发挥好茶馆茶空间的社会功能与文化功能，构建具有鲜明特色的茶馆空间，以“共品一杯中国茶”为契机，传播中国茶文化，与人建立良好的社会关系。不同的消费群体通过“以茶会友”的形式，在品饮过程中开展基于茶的文化交流，从物质与精神层面加深对茶文化的了解与体验，增进和睦和美的氛围，同时激发消费者的文化自信与民族自豪感。例如：2016年9月3日，在G20杭州峰会召开前夕，习近平主席和奥巴马总统在杭州西湖国宾馆举行了一次重要会晤，两人在凉亭喝茶，成为以茶会友、茶叙外交的重要场景。

（二）茶馆的多功能整合

在同质化现象严重的当下，茶馆茶空间的经营管理需要将资源合理利用，延伸出更综合、独特、有竞争力的多功能服务，让茶馆从单一的经营模式，演变成集商务休闲、文化传播、活动演出、研学讲座于一体的综合茶文化交流平台。

1．培养茶馆核心竞争力

茶馆应长期规划，发挥自身专长，不断巩固完善，形成不可复制的核心竞争力。茶馆建立在具有独特优势的地理环境中，利用自然条件打造独特景观，建设品牌并推出系列产品，扩大经营范围，吸引优质顾客，不断提升创新能力，优化管理模式，完善奖惩机制，开展线上线下运营模式培育顾客的忠诚度，围绕文化价值深入打造茶馆文化IP，推出各色周边产品，讲好品牌故事，同时茶馆经营者本身也是关键，注重自身价值的创造提升，制定发展战略，带领队伍建设，弘扬企业精神，保持执行力与上进心，才能更好保持核心竞争力。

2．提升茶馆人员的综合水平

人是茶馆的核心要素，需要能位匹配、因事设人。茶艺师的接待、冲泡、推介等服务能力和技能水平直接影响茶馆的综合服务质量，需要加强人员的技术技能培训，同时注重培养一技多能的人才。进一步细化明确茶馆分工，明确不同人员的职责，带动相互之间的配合，勇于提拔人才，建立积极向上的氛围，激发人员的积极性与上进心，打破传统论资排辈的观念，给予有能力、有潜力、有活力的人员更好的发挥空间。

3．构建新服务与新场景

营造茶馆的内部及外部环境，部分茶馆的馆内空间以现代时尚为主基调，忽略了茶馆外部的空间利用，有的仿古茶馆注重外部环境及门头的氛围营造，但内部缺少器物书画等传统文化载体相呼应，常出现内外两张皮的情况。因此，茶馆应从本身提供的茶事服务的范围出发，综合考虑氛围、器具等因素，构建契合度高、内外呼应，且具有整体性的新场景，不是脱离服务打造空间，而是让空间营造提升茶服务的等级和消费满意度，形成有机整合。

4．完善科学的管理模式

管理是基础，机制是活力。茶馆管理应从实际出发，在基础管理模式上进行改革，保留需要的有效管理方式，摒弃实效性差的管理方法，例如，在数字化发展迅速情况下，线上预约智能点单等功能不需要特定人员负责，但产品介绍及优质服务离不开专业茶艺师的实际执行，这对管理者来说需要进行理念和方式的转变。同时需要进一步完善茶馆的奖惩机制，改变死规矩的机制，积极调动员工的活力和潜能，茶馆管理者与员工形成共创、共担的职责与认知，促进共同发展进步。

5．加强品牌宣传推广

通过有效的推广方式进行品牌宣传，注重宣传内容的选择、目标人群的定位、传播渠道的筛选、整体成本的分配等方面。对中小型茶馆来说，适合选择茶叶产品知识与健康饮茶技巧等内容进行普及，针对不同年龄、性别的消费群体进行针对性的产品宣传与茶品推介，以朋友圈、社交平台、公众号文章等作为休闲性的传播渠道，利用网络传播的低成本优势，进行大范围的迅速传播，同时着重培养消费者的品牌忠诚度，进而促进品牌口碑的建立与传播。

【思考与练习】

一、选择题

1．以下（　　）不是茶馆创意文化综合体的特点。

A．文化职能多样性　　B．消费群体多样性

C．空间设计文化性　　D．文化职能单一性

2．以下（　　）不是茶馆茶空间的价值引领。

A．健康美好的生活价值　　B．文化交流的精神价值

C．商业合作的交往价值　　D．具有保障的品质价值

3．茶产品的合理选配不需要考虑（　　）。

A．消费场景之间的差异　　B．茶产品的多样化

C．产品数量越多越好　　D．茶产品的质量高低

二、简答题

1．简述茶馆创意文化综合体的概念。

2．茶馆及其衍生空间包括哪些？

3．茶馆产品合理选配的基本原则。

4．在茶馆中策划活动时需要综合考虑的因素。

三、课后实践

1．请撰写一份茶馆创意综合体的开发与设计方案。

2．请为身边的传统茶馆与新式茶馆做一份茶产品选配方案。

3．请综合考虑受众群体间的差异，并撰写一份茶事活动的策划方案。

参考文献

[1] 温乐平．魏晋南北朝时期茶叶消费与生产[J]．农业考古，2011（05）：300-305．
[2] 夏涛．中华茶史[M]．合肥：安徽教育出版社，2008．
[3] 吴自牧．梦粱录[M]．杭州：浙江人民出版社，1980．
[4] 祁述裕．中国文化产业国际竞争力报告[M]．北京：社会科学文献出版社，2004．
[5] 赵华明．福和谐：中华福文化与和谐社会[M]．北京：中共中央党校出版社，2006．
[6] 王镇恒，王云，朱世英．四川名茶与四川茶馆文化[J]．农业考古，2000（02）．
[7] 读图时代．老舍茶馆[M]．北京：中国轻工业出版社[M]．2005．
[8] 木子．文化经济携手同行．古国茶事生生不息．老舍茶馆月报，2006（01）：6．
[9] 王姝．老舍茶馆发展的调查研究[D]．安徽农业大学，2004．
[10] 恭永新等．三峡茶文化产业建设的研究报告[J]．华中农业大学学报，2004（04）．
[11] 张婉婷，詹潇洒．新媒体时代茶馆的经营与管理[J]．福建茶叶，2021，43(11)：81-82．
[12] 王金水，陶德臣．茶文化发展现状及主要趋势分析[J]．农业考古·中国茶文化号幻，2004（02）：108．
[13] 姜含春．茶叶市场营销学[M]．北京：中国农业出版社，2017．
[14] 吕才有．茶馆设计与经营[M]．西安：世界图书出版西安有限公司，2014．
[15] 郝申．茶馆装饰中巧妙实用的照明设计[J]．茶馆设计，2018（06）：79．
[16] 刘坚，苏传凤．基于茶文化的中式茶馆设计[J]．设计艺术研究，2021（05）：81-85．
[17] 张金峰．灯光环境氛围营造的茶馆室内灯光设计分析[J]．住宅与房地产，2015（11）：174．
[18] 王荣华．基于传统文化的茶馆环境设计策略[J]．福建茶叶，2024（06）：96-98．
[19] 李佩遥．茶馆景观生态设计的研究与分析[J]．山西农经，2020（08）：82-83．
[20] 刘晓林．成都月光琉域茶馆室内空间设计[D]．昆明理工大学，2019．
[21] 阮海垚，吴云．基于深度学习技术在茶馆类建筑设计中的应用浅析[J]．福建茶叶，2021（12）：76-77．
[22] 王晶．探究体验式茶馆的室内空间设计[J]．福建茶叶，2021（10）：100-101．
[23] 许云良．谈舞台设计基本原则和提高设计效果的措施[J]．企业家天地，2009(03)：128-129．
[24] 李卓澄．教你开一家年赚50万的小茶馆[M]．北京：东方出版社，2023．

[25] [美] 里斯（Ries,A.），[美] 特劳特（Trout, J.）. 定位：有史以来对美国营销影响最大的观念 [M]. 北京：机械工业出版社，2011.
[26] 武汉茶馆的历史变迁与发展现状研究 [D]. 华中农业大学，2016.
[27] 创新茶馆商业模式——全面推行标准管理 中国第一批星级茶馆在京授牌 [J]. 中国标准化，2016（06）：46.
[28] 中国茶馆形制、功能的演变与前瞻 [J]. 农业考古，2009（06）：193-200.
[29] 成都市茶馆区域分布及影响经营因素的研究 [D]. 四川农业大学，2023.
[30] 谭婕. 新式茶饮行业现状及发展趋势分析——以喜茶为例 [J]. 贵茶，2023(03)：73-80.
[31] 俞沅沅. 浅析中国新式茶饮产业 [J]. 商场现代化，2021（23）：23-25. 中国新式茶饮行业研究报告 [C]// 艾瑞咨询系列研究报告（2021 年第 10 期）.
[32] 蒋平利. 茶馆品牌连锁发展理论与策略研究 [D]. 湖南农业大学，2021.
[33] 袁思怡，彭金艳，杨晨，等. 中国新式茶饮行业现状调查与未来趋势分析 [J]. 中国茶叶，2024，46（04）：52-57+65.
[34] 孙红舟，罗贝儿. 现代茶馆经营策略探析 [J]. 福建茶叶，2023，45（08）：57-59.
[35] 蒋小龙. 国内茶叶零售连锁企业在电商环境下的管理模式研究 [J]. 福建茶叶，2016，38（04）：58-59.
[36] 王璐，回瑞娟，孙雨石. 中国茶馆连锁经营的问题及对策研究——以北京市东城区为例 [J]. 现代商业，2013（08）：20-21.
[37] [美] 刘易斯 · 芒福德著；宋俊岭，周鸣浩，李翔宁译. 城市文化 [M]. 北京：中国建筑工业出版社，2009.
[38] 张里晶. 空间媒介视角下拉萨甜茶馆的传播功能研究 [D]. 西藏民族大学，2023.
[39] 李宇馨. 城市文化综合体的复合化设计研究 [D]. 西安建筑科技大学，2023.
[40] 文化和旅游部. “十四五”文化产业发展规划 [EB/OL]. 2021.05. https：//zwgk.mct.gov.cn/zfxxgkml/zcfg/zcjd/202106/t20210607_925031.html.
[41] 张星海. 茶叶商品学 [M]. 北京：中国轻工业出版社，2021.
[42] 李晓东，危兆盖. 群众茶馆弘扬核心价值观 [N]. 光明日报，2016-06-07（02 版）.